农信社信贷风险管理研究

王娓娓　曹　国　王　健　著

科学出版社

北　京

内 容 简 介

农信社是农村合作金融体制的重要组成部分，提高农信社贷款安全性和盈利性有利于更好地服务“三农”。本书回顾了国内外信贷风险管理研究进展，梳理了信贷风险管理的一般流程，提出了信贷风险管理中可使用的各种模式识别模型和方法，具体研究了农信社个人、企业和项目的信贷风险管理特点及其流程、指标和方法，分析了农信社信贷管理信息系统功能组成，设计和开发了用于信用评级和贷款分类的通用信息系统。

本书有利于推动农信社开展信贷风险分类管理，增强农信社风险管理意识和防范金融风险的能力；提出的切合实际的贷款分类方法可以帮助农信社提高贷款的资产管理质量，提高经济效益；也有利于进一步发展贷款风险分类管理的理论和实践。

本书可供金融机构信贷管理部门、信贷工作从业者以及从事信贷风险管理研究的学者参考，也可作为教育工作者的参考书。

图书在版编目(CIP)数据

农信社信贷风险管理研究/王娓娓，曹国，王健著. —北京：科学出版社，2021.12

ISBN 978-7-03-055706-3

Ⅰ. ①农… Ⅱ. ①王… ②曹… ③王… Ⅲ. ①农村信用社-信贷管理-风险管理-研究-中国 Ⅳ. ①F832.35

中国版本图书馆 CIP 数据核字(2017)第 294107 号

责任编辑：许 蕾 曾佳佳/责任校对：杨聪敏
责任印制：张 伟/封面设计：许 瑞

科 学 出 版 社 出版
北京东黄城根北街 16 号
邮政编码：100717
http://www.sciencep.com
北京九州迅驰传媒文化有限公司 印刷
科学出版社发行 各地新华书店经销
*
2021 年 12 月第 一 版 开本：720×1000 1/16
2021 年 12 月第一次印刷 印张：17 3/4
字数：355 000

定价：139.00 元

(如有印装质量问题，我社负责调换)

前　　言

发展农业和农村经济是我国经济发展和加快现代化建设的根本问题，而深化农村金融体制改革，建立和完善农村合作金融管理体制，是我国金融体制改革的重要组成部分，也是提高金融服务水平、促进农村经济发展的重要条件。但是农村信用社所面临的经营环境比较恶劣，广大农户以及农村中的乡镇企业的经营风险比较大，偿债能力不强，抗风险的能力弱等问题，制约了农村信用社的发展，特别是推高了农村信用社的坏账水平。为此，农村信用社必须借鉴国内外相关金融机构的成熟经验和方法，充分利用信息技术，实现信贷及资产业务管理的智能化，提高信用社贷款资产的安全性和盈利性，从而为更好地贯彻国家的“三农”政策而服务。因此，加强农信社信贷风险管理，无论是对中国特有的农信社还是农村商业银行，都具有重要的作用和意义。

同时，信贷风险管理是一个复杂的系统工程，对于农村信用社乃至商业银行都是一个巨大的挑战。随着中国金融市场逐步对外开放，如何管理好银行和农村信用社的贷款资产，降低坏账水平，提高贷款资产的安全性和盈利性，对于农村信用社而言都是一个很难但又必须面对的课题。国际上对于银行开展信贷资产管理已经取得了很多经验，但是由于中国农村信用社的特殊性，目前针对农村信用社的信贷风险管理还没有国外先进经验可以直接借鉴。同时，中国的商业银行和农村信用社所面临的客户以及各自所承担的社会职能有很大的不同，因此直接借鉴也有很多困难。况且中国幅员辽阔，广大农村地区的社会经济状况也是千差万别的。另外，信息技术的发展为金融企业的信息化管理提供了新的手段，也为农村信用社的贷款风险管理提供了新的技术支持。因此，构建农村信用社的贷款风险管理系统并具体实施是一件非常有挑战性的工作，也有大量问题需要深入展开研究。

本书各相关部分，以江苏某信用社的实际应用为背景，以信贷风险管理中贷款管控理论和信用分类理论、数据库分析与设计理论为基础，研究适合农户贷款管控的指标体系和分类方法，研究农村企业贷款的管控模型，最后运用管理信息系统技术进行原型系统开发。其中，每个模型及其应用的研究都遵循从应用领域文献综述到相关模型建立，再到模型实证分析的研究路径。

本书的写作工作得到了江苏省社科基金后期资助项目“农信社信贷风险管理研究”（16HQ020）的支持，在此表示衷心的感谢！本书的研究工作是在信贷风险管理领域专家学者研究工作的基础上进一步展开的，书稿的写作得到了李波、吴婷、王慧娟、许保荣等同学的帮助，在此向他们致敬。

谨以本书献给支持和关心我们的江苏省哲学社会科学规划办公室以及我们的家人，是他们的支持和关心使得本书得以顺利完成，再一次向所有关心和支持我们的人表示感谢！

作　者

2021 年 4 月

目　　录

第 1 章　农信社信贷风险管理回顾

1.1　农信社信贷风险管理

发展农业和农村经济是我国经济发展和加快现代化建设的根本问题，而深化农村金融体制改革，建立和完善农村合作金融管理体制，是我国金融体制改革的重要组成部分，也是提高金融服务水平、促进农村经济发展的重要条件。因此，随着中国金融业市场化进程的加快，中国农村信用社迫切需要提高经营管理水平，提高效益，保证资产质量，积极参与市场竞争。为此，农村信用社必须借鉴国内外相关金融机构的成熟经验和方法，充分利用信息技术实现信贷及资产业务管理的智能化，保证资产质量，提高管理水平，从而为更好地贯彻国家的“三农”政策而服务。

所谓农村信用社贷款风险[1]，就是在贷款资金的融通过程中，各种事先难以预料的不确定因素带来的影响，使农村信用社的贷款未能如期偿还，实际收益与预期收益发生一定的偏差，甚至到期不能收回本金和利息，从而蒙受损失的可能性。所谓农村信用社贷款风险管理，是指农村信用社通过风险分析、风险预测和风险控制等方法预防、规避、转移或化解贷款业务中的风险，以保证贷款资金营运的安全，减少或避免经济损失，从而达到贷款资产结构最优化和利润最大化的目标。它具有两方面的含义：一是在收益一定的条件下使风险最小化；二是在风险一定的条件下使贷款资产的收益最大化。贷款资产是农村信用社的主要资产，其质量优劣直接影响农村信用社的生存与发展。贷款风险存在于贷款资金运动的全过程，贯穿于贷款活动的始终。

农村信用社贷款风险会造成贷款资金的损失，导致贷款资金不能正常循环和周转，其最终结果是造成社会财富的巨额浪费和损失。从宏观上讲，农村信用社贷款风险会对整个农村经济造成危害，集中表现为对社会经济效益的危害。贷款资金的作用是和社会资金一起共同参与社会再生产的循环和周转，促进价值的形成和实现，创造社会财富。农村信用社贷款风险所引起的贷款损失浪费了大量资金，降低了社会效益，进而会对农村经济的增长造成沉重打击。若农村信用社出现巨额不良资产，会使人们对我国农村金融体系的流动性和偿债能力产生怀疑，影响人们对农村金融体系的稳定性和可靠性的信心，易产生信用危机。信用危机则直接引发农村信用社挤兑风潮，从而导致金融危机，直至农村信用社体系的崩溃。从微观上讲，贷款风险的发生大大削弱了农村信用社的支付能力，损害农民利益。农村信用社贷款风险也会影响金融机构经营目标的实现，严重时，还会导致信用社的破产、倒闭。

农村信用社的宗旨是服务“三农”，因此，农村信用社的贷款中有相当一部分是农业贷款。除了一般所说的农村信用社经营风险、会计风险等，农业贷款还具有一些不同于非农贷款的风险。农业贷款的特殊风险，其本质是由农业生产本身的风险决定的。农业贷款的风险包括[2]：

（1）受自然条件影响极大。尽管科学技术的发展已经能够人为地部分改善天气、地理等方面的条件，但是农业生产本身对于土壤条件、气候条件、水源条件等有较强的依赖性。此外，农业生产还容易受病虫害等的威胁。稍有不测，便会危及贷款安全。

（2）回收周期长。农业贷款回收周期长来自两方面的原因：农业生产本身的周期性和农业生产结果受自然、市场等因素影响的不可测性。

（3）没有多样而有效的贷款抵押品。在我国，农业流动性资产较多，可作抵押的资产较少，农民拥有的主要是自身的劳动力以及对土地的使用权，缺乏多样而有效的抵押品。

（4）无法有效控制贷款资金的有效使用。由于信息不对称，对于农业贷款资金的使用，目前金融机构无力进行有效的监督，无法确定贷款资金是否能够真正流向农业发展，也不能有效了解资金是否被应用到高风险的行业。

（5）零散性。我国农业生产的差异性很大，既有大规模的生产基地式生产，也有小农小户的分散经营。小农户因其生产规模小，农业贷款也以零散的小额贷款为主。这种农业贷款的发放具有零散性的特点，使贷款对象多、规模小、管理难度较大，从而导致规模不经济。

（6）政策性。农村信用社承担了一些政策性业务，如扶贫性质的贷款、保值储蓄存款等，由于农村信用社底子薄，自身积累少，故而无力消化。

农村信用社贷款风险的特殊性决定了有必要针对农村信用社自身的贷款风险管理加以研究。

另外，相关资料也表明[3]，农业发展银行、农业银行和农村信用社的贷款余额分别占“三农”贷款总额的 21%、25%、54%。因此，农村信用社在农村金融中的作用可想而知。但是，这一支撑中国农村金融活动的主要力量所面临的市场经营状况要比国有商业银行和城市商业银行差很多。这是因为农村信用社主要面对农村市场，不仅挖掘潜力小，而且质量也低，绝大多数农信社的不良资产率远远高于四大国有商业银行就是一个明显的例证。有学者认为，农信社的不良资产率多数在 50%以上，最高的甚至在 80%以上，4 万多家农村信用社中，只有大约 15%能够盈利，其他的经营状况比较糟糕，甚至有一些面临破产[3]。因此，如何及时发现和防范农信社的信贷风险，提高信贷资产的管理质量，增强信贷资产的安全性、流动性和盈利性，是信用社信贷管理工作的核心主题。其中，如何提高信贷资产的安全性，降低并有效控制信贷风险，提高信贷质量，是信贷管理的工作重点，是稳健经营、健康发展的基础。五级分类方法正是一套对信贷质量进行评估和分类管理的系统方法，可对农信社的信贷资产进行分类和管理，为提高信用社经营效益、降低金融风险提供支持。

国际通用的信贷管理方法，是将贷款按风险程度分类，为特定风险等级的贷款设置相应的准备金提取方案以及其他准备措施。这套以风险管理为基础的贷款分类方法一般称为“贷款五级分类法”[4]。国内比较通行的做法是将贷款按照风险等级及其偿还可能性划分为正常、关注、次级、可疑、损失五类（后三者称为“不良贷款”），分别按不同比例足额提取呆账准备金以供专门用于贷款呆账损失的核销，从而达到控制风险的目的。贷款五级分类法在许多发达国家，如美国，得到了广泛的应用。国内银行从 1998 年引进贷款五级分类法[4]，经过试点后，各类贷款机构已经全面施行贷款五级分类管理，结束了长期以来实行的“一逾两呆”贷款分类管理方式。数年实践证明，通过贷款分类，为央行有效地稽核监督各商业银行的信贷资产质量和信贷管理质量提供了更加统一、科学的手段，有利于央行宏观调控金融市场，使其向健康稳定的方向发展。

农村信用社客户群的特点决定了农村信用社的信息劣势较商业银行更为显著，农村信用社获取信息的信息系统不同于商业银行。以风险管理为核心内容的贷款五级分类法的实施是农村信用社深化改革的需要，也是当前农村信用社资产风险监管的需要，这对改善农村信用社信贷管理、加强资产监管、防范贷款风险有着极其重要的作用。但是，由于农村信用社所面临的具体环境，目前这种分类方法还没有大规模实施。由此可见，实施贷款分类在农村信用社虽然同样会面临着巨大的困难，但又是大势所趋。

1.2　信贷风险管理借鉴

1.2.1　德国银行

德国的银行信贷资产风险管理主要聚焦于信用主体的风险管理。主要涉及技术包括：客户贡献度评价技术、借贷主体信用等级评价技术、行业信用风险评估体系技术、区域风险与国家风险评估技术、信用风险与安全保证指数综合权衡技术、客户发展潜力风险投资技术、商业信用与银行信用互换控制技术（应收账款折价收购业务）、债权信用风险与投资风险互换控制技术（如债转股、推荐债务人进入资本市场等）等。德国银行对信贷资产风险管理的一些细节值得借鉴[5]：

（1）对一个借款人实行全方位、全口径的信用风险监控，对本行向同一借款人参股超过20%特别是50%以上的子公司所有债权风险（包括多币种贷款、担保、授信开证、票据承兑、租赁等）实行“主办分行”制度，由母公司所在地的分行在总行统一管理下，确定统一授信额度并进行日常管理与监督。

（2）以企业历史数据计算的各类指标在信用等级确定中的权重逐渐降低，一般只占40%左右，其余60%则主要是对企业未来5年发展前景的预计，依据其行业发展指数、行业地位、发展潜能、管理者素质与战略选择、与本行目标客户群的吻合程度等因素来决定。

（3）充分利用贷款前的主动地位，保证与借款人谈判得到一个收益与风险匹配的贷款合同。德国明确规定：借款人必须提供充足、真实的财务信息，以克服信息不对称问题；借款人所支付的贷款利息与其主要财务指标（如付息倍数、资本收益率等）、国际评级变化挂钩；借款人不得将企业资产用于其他债务的抵押；为规避银行债权风险，要求借款人必须购买不同的保险，如应收账款保险、财产险、营业中断险等。

1.2.2 美国银行

美国的银行经过200多年的发展，信用风险管理方法层出不穷。但是，20世纪80年代中期，美国的银行贷款及公司债券违约问题突出，投机债券的违约率高达10%以上。因此，信用风险管理的业界人士对所持投资组合业绩表现欠佳非常不满，开始对新的信贷技术表现出浓厚的兴趣。然而这些关注并没有转化为动力去创新贷款风险管理技术，甚至连投资组合技术都没被很好地吸纳。

20世纪90年代中期以来，由于受监管者的压力、贷款动态交易市场的出现以及为了追求股东权益最大化等因素的驱动，业界尝试采用了一系列新方法，如组合管理方法、VAR法等，开发了许多用于信用风险管理的创新产品和结构化的金融合约（如有担保的抵押贷款以及自产支撑证券等信用衍生产品）。

美国的银行在贷款评估时主要考虑的因素包括[6]：

（1）财务报表分析。重点分析借款人的偿债能力、所占用的现金流量、资产的流动性及公司除本农信社之外获得其他资金的能力。

（2）借款人的行业特征。借款人所在行业的特征，如行业周期性、行业竞争状况、行业现金流量和利润的特点等，经常会作为财务报表分析的背景资料来考虑，在评级财务分析时，常要比较借款人财务比率与现行行业标准比率。

（3）借款人财务信息的质量。相对来说，经过会计公司审计的借款人财务报表比较可信。

（4）借款人资产的变现性。银行在评级时既要重视公司规模（销售收入和总资产），又要重视公司权益的账面或市场价值。多数小公司甚至中等规模公司通常都很难得到外界资金，紧急情况下很难在不影响经营的前提下变现资产。

（5）借款人的管理水平。通过对借款人管理水平的评估能揭示其在竞争力、经验、诚实和发展战略等方面存在的不足。评估的重点包括高层管理人员的专业经验、管理能力、管理风格、管理层希望改善公司财务状况的愿望以及保护贷款人利益的态度等，也要考虑关键人物的退休或离开而造成的管理影响。

（6）借款人所在国。特别是当汇兑风险或政治风险较大时，国别风险的分析尤其重要。

（7）特殊事件的影响。如诉讼、环境保护义务或法律和国家政策的变化。

（8）担保因素。充分的担保一般会改善评价等级，特别当担保是以现金或容易变现的资产形式存在时。

美国的银行对反映企业经营状况的财务指标数据进行长期跟踪、积累，在基本掌握财务数据波动状况后，找到一些统计特征（如某一财务指标的中位数），结合整个行业平均值或标准值，确定某一企业评级。例如，1997～1999 年的美国关键行业财务指标对照表（表 1-1），便可以大致估计企业经营水平。

表 1-1　1997～1999 年美国关键行业财务指标　（单位：%）

美国行业长期债务三年期（1997～1999 年）中值	AAA	AA	A	BBB	BB	B
EBIT 的利息保障倍数	17.5	10.8	6.8	3.9	2.3	1.0
EBITDA 的利息保障倍数	21.8	14.6	9.6	6.1	3.8	2.0
运营资金/总债务	105.8	55.8	46.1	30.5	19.2	9.4
自由运营现金流/总债务	55.4	24.6	15.6	6.6	1.9	4.5
资本收益	28.2	22.9	19.9	14.0	11.7	7.2
运营收入/销售	29.2	21.3	18.3	15.3	15.4	11.2
长期债务/资本（包括 STD）	15.2	26.4	32.5	41.0	55.8	70.7
总债务/资本（包括 STD）	26.9	35.6	40.1	47.4	61.3	74.6

注：EBIT 指利息和税收之前的收益；EBITDA 指利息、税收、折旧和摊销之前的收益。

1.2.3　澳大利亚银行

澳大利亚的银行对零售客户的小额信贷业务（包括对私人客户和小型企业客户）多采用历史数据统计分析建立评分卡的方法，通过计算机系统自动审批，一般不需提交个人或委员会审批[7]。澳大利亚信贷风险管理如图 1-1 所示。

澳大利亚的银行对公司客户授信业务，审批操作程序遵循前后台分离、额度控制、分级审批（但不是层层审批）的基本原则。在授信政策指引下，动态风险评级以风险评级为基础，设置授信审批权限，设立客户总量授信额度，建立授信执行标准，进行授信定价、组合管理、资本金配置，动态调整呆账准备金等。

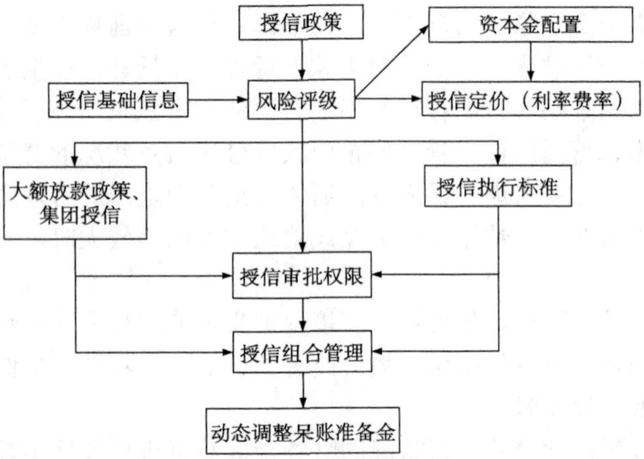

图 1-1　澳大利亚信贷风险管理

澳大利亚的大银行基本建立了较为完整的风险评级体系，能分析预测授信违约的可能性、发生损失的可能性，量化评价授信风险。针对零售业务（如个人贷款、信用卡透支、小型企业授信），普遍运用统计学模型进行信用评分（credit scoring）。采用外部评级与内部评级相结合的方法对大型企业进行风险评价；中型企业以内部评级为主。在量化风险的过程中，要对客户和抵押品分别进行评级，再根据客户评级和抵押品评级的配比情况，得到一笔具体授信业务的风险评级，不同风险评级对应不同的预期违约概率（根据历史数据统计分析得出相关结果）。

1.2.4　法国银行

法国银行的客户风险评价是在综合分析行业与竞争对手风险的基础上展开的，在做出信贷决策之前，必须将客户放在行业的环境中进行考察，主要包括[8]：

（1）现金与价值驱动因素。主要考察在区域和全球环境中行业的增长趋势与驱动因素，行业所处的生命周期以及来自供应商和销售代理商的压力。

（2）竞争优势。主要考察企业的市场份额（由价格、品牌认同程度、研发水平等方面的因素决定），同业竞争对手的市场定位。

（3）外部威胁。技术上的重大变革，国家与行业的制度性影响，法律风险等，都可视为外部威胁。

在分析行业与竞争者的基础上，根据不同行业与不同产业的特点，法国银行信用评估部门内部成立了许多行业分析小组。评级公司客户时，他们首先通过财务评级和经营评级确定借款人自身的风险，再考虑母公司的支持水平和国家风险的敏感性，调整得到内部评级结果，随后参考标准普尔、穆迪、KMV 等外部评级机构的评级结果，最终得到公司客户的信用等级。

1.2.5　新加坡银行

新加坡的银行均建有内部评级模型，如华侨银行信用风险评级模型包括借款人评级和贷款类别评级。借款人评级重点考察财务状况、管理层素质、行业周期性和稳定性、竞争地位和能力等，通过这些因素计算出借款人的违约概率（probability of default，PD）；贷款类别评级即通过对抵押品种、贷款额占抵押品价值的比重、银行查封抵押品和变现的能力，计算出借款人一旦违约所带来的违约损失率（loss given default，LGD）。结合贷款金额，就可计算出一笔信贷的损失值，作为授信审批决策依据。

大华银行建有内部评级系统，评级企业风险并计算客户违约概率[9]。计算依据包括：客户从事的业务（市场、国家、技术、政治等方面）、管理（诚信、历史记录、管理的专业程度）、进入资本市场的能力（股权结构）、账户的运作情况（历史记录，如及时还款等）与财务情况（如现金流量充足情况、资产运用的效率等）。其中，财务方面因素在评级总分中所占比例为 70%。在完成借款人评级后，再考虑信贷的安全程度（如有违约，即考虑预期的损失），即担保条件所能覆盖的风险，最后计算损失的条件。

1.2.6　中国农信社

中国农村信用社为防范贷款风险、强化还款制约，不断加强资产保全措施，但是过分依赖贷款抵押等担保措施，放松了对借款人本身还款能力的审查，片面地以有无担保作为是否放贷的判断依据，存在很多问题，影响了农信社的发展和服务“三农”作用的发挥。很多专家学者提出了各种尝试。例如，有专家提出打造“文明信用评定＋农户联保”的贷款发放管理模式。先期进行文明信用评定，再组建农户联保互助小组，完善文明信用档案系统。信用社对授予的文明信用户、文明信用村按信用等级分类逐户建立永久性文明信用档案，涵盖家庭的经济来源、人均收入、经营项目、效益预测、授信限额、偿债能力和历史借贷记录等内容。

建立完善农村信用社客户风险评价体系，制定科学量化的风险识别和预警体系；密切关注贷款客户经营情况，加强对影响客户贷款偿还的风险因素分析；正确处理好借款人信用能力和担保人（抵押物）保障能力的关系，把担保形式和担保实效有机统一起来；实现全方位、全过程的关注和防范信贷资产风险，非常关键。农村信用社内控制度建设相对滞后，特别是用于贷款核算的计算机软件使用不足，导致了信贷管理内控制度的落实存在一些盲点。农户贷款手工核算不仅工作量大、准确性低，而且难以有效控制操作性风险，给个别不法分子违规操作提供可乘之机。农村信用社人员少、点多面广，难以开展有效的风险监测与管理工作。有些信用社对贷款风险评估、监测与管理，尚未建立一套完善的、可操作的具体办法，导致贷款风险管理制度建设滞后。

农村信用社风险监测过去主要按照资产负债比率的有关指标进行单一的或局部的监测，难以对总体风险状况做出综合评价。这些单一指标很难对贷款风险做出准确有效的事先识别和预警。因此，要结合农村信用社的特点，认真总结以往资产负债比例管理，借鉴国外成熟的监管经验和做法，建立适合农村信用社特点的风险综合评价体系，形成一套科学合理、操作性强的风险识别和预警体系，切实做到事前、事中的有效防范。

即使在金融机构高度发达、竞争不断加剧的美国，信用合作制或互助基金也是一种相当重要的金融组织形式。农信社保持自己的机构特点，寻找比较优势，是信用合作制金融机构立足于金融市场并不断发展的根本。农村信用社在治理结构、经营理念、资金运用方面应当有自己的特点，没有必要在资产负债方面与大银行保持高度同质性，片面追求资金运作规模和高收益。在金融市场竞争不断加剧的背景下，大银行裁撤县级金融机构，使县域金融服务出现真空，这实际是农村信用社发展壮大难得的机遇。占据广大农村市场，不断加强对广大农户的信贷支持，才是农村信用社的比较优势所在。

农户、农村合作社社员、农村企业是农村信用社的主要借款人，他们生存环境和经营的好坏，直接影响农村信用社信用风险的大小。对农村企业的经营状况，可以从企业的资金实力与信用、安全性与流动性方面考核评价。

（1）企业资金实力与信用评价。第一，企业资金自有率。比率越高，说明企业资金实力越雄厚，偿债能力越强，承受经营风险的能力越强，给农村信用社带来的风险越小。第二，贷款偿还率。是指一定时期内，企业当期到期并且偿还的贷款额占全部贷款余额的比例，是评价企业偿还农村信用社贷款情况最直接的指标。偿还率高，说明企业的经营状况正常，信誉好；反之，则企业的经营状况不正常，信誉降低，农村信用社贷款的风险增大。

（2）企业经营安全性评价。第一，资产负债率。即负债总额与资产总额之比，其中的资产总额，是企业偿还负债的全部资金来源，企业资产负债表中不具有资产偿还性能的应剔除，如企业已经支出应由本期和以后备期分摊的待摊费用，以及不能全部计入当年的损益，应在以后年度分期摊销的递延资产等；负债总额为短期负债与长期负债的总和。该指标能反映企业偿债能力的强弱、债权人借出资金的安全程度。一般情况下，对债权人来说，企业资产负债率越低越好，债权人的风险就越小。若资产负债率超过 100%，则表明企业资不抵债。在具体分析该指标时，还应考虑到由企业提供的担保贷款中，担保对象的偿债能力大小给企业带来的潜在负债额与农村信用社信贷风险。第二，流动比率。流动资产与流动负债之比，主要用来衡量企业的流动资产在短期债务到期前可以变现及偿债的能力。比率越高，短期偿债能力和资产变现能力就越强，农村信用社贷款风险就越小；

反之，则短期偿债能力和资金变现能力就越弱，农村信用社贷款风险就越大。第三，速动比率，反映企业流动资产中可以立即偿还流动负债的能力，是对流动比率的补充。

（3）企业经营流动性评价。主要采用总资产利润率、销售利润率、成本费用利润率、销售收入增长率、利润增长率等指标来衡量。

1.3　信贷风险管理内容

1.3.1　信贷风险管理手段

信贷风险管理是一个复杂的过程，是按照一定原则对借款人偿债能力进行分析，根据不同风险情况采取相应风险管理措施。整个过程需要多部门协作，需要统计模型评估风险，需要信息系统支持数据采集、积累和评级、分类等环节。总的来说，为达到信贷风险管理各个目标，需要管理流程、统计模型和信息系统三种手段有机结合，支持整个过程中的各项业务开展。因此流程也是信贷风险管理的核心和骨架，统计模型和信息系统是重要的工具方法和支持平台。

1. 信贷风险管理流程

信贷风险管理流程是农信社根据管理规定设计的用于支持信贷业务开展的组织结构和业务处理工作流，以及决定和指导组织结构和工作流设计的政策和规章的总称（即广义管理流程），它是信贷风险管理的核心。无论是信用评级、贷款分类过程中的统计模型，还是信息系统，都离不开管理流程的支撑，单独依靠统计模型或信息系统是无法完成信贷业务的。

信贷风险管理流程中最顶层元素是信贷风险管理政策及其指导下衍生出来的用于指导具体业务的管理政策。这些管理政策构成农信社信贷风险管理的文化环境，规定了在某种风险情况下进行业务处理时应该采取的基本策略和思路。风险政策在信贷风险管理业务中具体体现为各种业务处理规章、业务处理组织结构、业务处理授权、权变规则以及业务处理工作流等。信贷风险管理流程必须体现出农信社信贷风险管理偏好，落实其风险管理职责要求，符合其组织结构状况及授权流程要求，同时还要求有较高的可操作性。

2. 信贷风险统计模型

信贷风险管理需要使用各种统计模型进行评估，主要用于信用评级和贷款分类。从发展趋势看，统计模型在信贷风险管理中的应用越来越广泛、深入。在信用评级和贷款分类中使用统计模型，可以提高数据处理的准确性、一致性和客观性。信用评级和贷款分类可视为一类模式识别问题。需要指出的是，统计模型在信贷风险管理中虽然能起到重要作用，但并不是使用大量的统计模型就可代替信用评级或贷款分类过程中信贷人员的主观经验判断等。

3. 信贷风险管理系统

信息系统在信贷风险管理过程中起到了极其重要的支撑作用。信贷业务和风险管理过程比较复杂，而风险管理原则上又要求在部门间分散权力。因此，信贷业务需要多个部门协同工作，而信息和数据在部门间的传递需要信息系统的支撑。另一方面，信用风险评估也需要积累大量的历史数据用于统计分析，信息系统在数据保存、检索等方面可为数据挖掘提供良好支持。

1.3.2 信贷风险管理模式

1. 德国——单元金字塔体制模式

德国合作金融的组织形式表现为合作银行，形成了极具特色的合作银行体系，成为欧洲最大的合作银行体系[10]。德国合作体制的组织体系完整，层次分明。

德国是信用合作制度较发达的国家，德国信用合作银行业在西方国家的合作银行业中，具有一定的代表性。为了防止信贷资产的过度膨胀，强化信贷资产的风险管理，德国合作金融组织根据《巴塞尔协议》，加强对合作金融组织的风险管理，主要手段为不断改善其资本充足率，以达到《巴塞尔协议》规定的资产与风险资产的标准化比率目标。

2. 美国——多元复合式体制模式

美国农业合作金融体系主要由联邦土地银行系统、联邦中期信用银行系统和合作社银行系统三大独立的系统组成[10]。

美国农村合作金融体制是政府干预的产物，整个农业合作金融被一分为三。NCUA（The National Credit Union Administration，美国国家信用管理局）专责监理信用银行及管理存款保险基金，利用六项财务比率加以评等，给予五种不同的预警信号，分别为：特优、良好、尚可、劣、不满意，这种评等制度可用于例行性的检查，亦可用于特殊性的分析。

贷款政策规定着美国金融机构的经营方向，如美国银行董事会的重要职责就是研究制定贷款政策，银行行长的职责就是贯彻执行贷款政策。

3. 日本——“农业协同组合”体系

日本是亚洲第一个引入信用合作社组织的国家[10]。

日本合作金融体系包括信用金库、信用合作社、劳动金库、农林系统金融机构以及中小企业系统金融机构。信用金库为社员组织的金融机构，其授信业务原则上仅局限于社员，其业务区域上也有限制，不过信用金库可以让非社员成为其存户，并且无比例上的限制。信用金库的中央机构为全国信用金库联合会，主要负责运营其下信用金库的多余资金。

日本农村合作金融组织的贷款发放程序严格，建立农村信贷保险制度、农业灾害补偿制度和农业信用保证制度等。

4. 简单比较

中国农信社主要是垂直式管理模式，基层信贷部门既是借款人的信用分析者，也是贷款的最初决策者，又是贷后检查的实行者，多种职能集于一身，使得某一层次的负责人在其授权范围内没有制约力量。这种管理模式显然缺少组织制度的合理安排，难以使工作有效安全地完成。

国外银行采用的水平制衡结构相对比较稳定，信贷部门和征信部门分工合作，制定贷款政策，既相互制衡，又能发挥各自的专业优势，决策更为科学；贷后检查有专门的、独立的贷款检查委员会实行，直接向管理部门和董事会下的贷款委员会负责，更能够起到监督作用。同时，信息资源的共享可以减少重复劳动，提高各自效率。

垂直管理和水平制衡两种不同结构的特点如表 1-2 所示，典型的银行贷款风险管理模式如图 1-2 所示。

表 1-2　垂直管理和水平制衡异同

项目	垂直管理	水平制衡
基层部门	信贷部	信贷部、征信部
最初决策者	信贷部独立作出	信贷部在征信部风险分析的基础上作出
上级主管职能	审批信贷部的决策	监督信贷部和征信部的业务是否符合原则和程序
制约的时间	事后	事先、事后
信息是否共享	否	是
贷后检查部门	信贷部	贷款检查委员会
上级部门	行政上级	董事会下的贷款委员会
制约者	无	征信部与信贷部相互制约

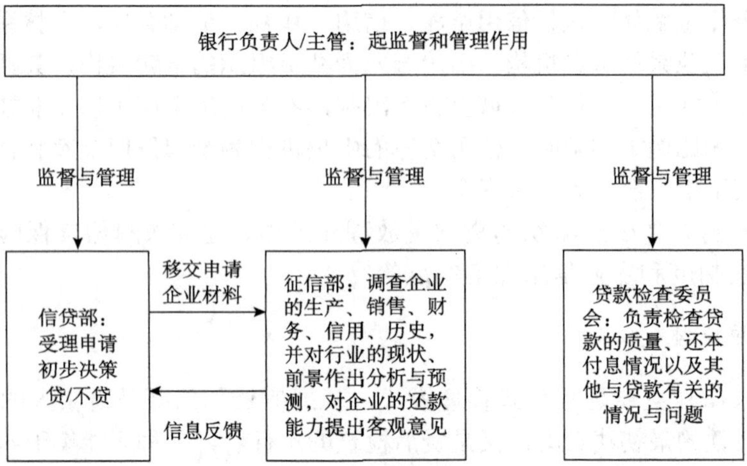

图 1-2　银行贷款风险管理模式

1.3.3　信贷风险评估模型

1. 贷款分类模型

贷款五级分类是目前国际金融监管普遍认同的贷款风险管理方法，是指银行主要依据借款人的还款能力，即偿还贷款本金和利息的实际能力，确定贷款遭受损失的风险程度，将贷款质量划分为正常、关注、次级、可疑和损失五类的一种管理办法。国际上通行的做法可以分为三类[11]：第一类是以美国为代表的、以贷款风险为基础的分类方法，这种分类方法起源于美国，按照这种方法进行贷款分类的国家和地区相对较多，而且有不断增加的势头。其中，按照风险等级的不同又可以分为：五级分类方式、四级分类方式、八级分类方式、十级分类方式、十一级分类方式。美国、加拿大、新加坡、泰国、匈牙利等国按风险将贷款分为五类，即正常、关注、次级、可疑、损失，但各自采用的分类依据有所不同。采用四级分类方式的有日本和马来西亚，即正常、次级、可疑、损失。另外，有一些银行出于谨慎考虑，在遵循监管部门最低分类标准的基础上，制定了内部贷款分类标准。通常将正常贷款和关注贷款按风险程度进一步细分，并与监管部门的分类标准之间存在着固定的对应和转换关系，如八级分类方式、十级分类方式、十一级分类方式等。第二类是按照贷款是否计息，将贷款划分为正常、受损害两类，其中，受损害贷款又可分为停止计息、重组、诉诸抵押担保后收回的贷款，实行这类方法的主要有澳大利亚、新西兰。第三类是大多数欧洲国家的做法，即监管部门基本上不对贷款分类做直接规定，采用的措施主要是道义上的规劝。虽然欧洲各国监管部门不对贷款分类做直接规定，但商业银行从内部信贷管理的需要出发，也自发地采用了以风险为基础的分类方法。新《巴塞尔协议》出台后，形成了新的贷款五级分类方法，但各国在选择分类方法上还没形成统一的模式。

中国人民银行根据世界各国的贷款风险分类方法并结合国情，按风险程度将贷款划分为五类，即正常、关注、次级、可疑、损失[4]。五级分类各档次定义如下：正常，借款人能够履行合同，有充分把握按时足额偿还本息；关注，尽管借款人目前有能力偿还贷款本息，但是存在一些可能对偿还贷款产生不利影响的因素；次级，借款人的还款能力出现了明显的问题，依靠其正常经营收入已无法保证足额偿还本息；可疑，借款人无法足额偿还本息，即使执行抵押或担保，也肯定要造成一部分损失；损失，在采用所有可能的措施和一切必要的法律程序之后，本息仍然无法收回，或只能收回极少部分。我国原有的贷款分类方法基本沿袭财政部制定的《金融保险企业财务制度》中的规定，即把贷款划分为正常、逾期、呆滞、呆账，后三类合称为不良贷款（简称为"一逾两呆"）。这种以期限为基础的分类方法简单易行，在特定的历史时期发挥了重要作用。但是，随着市场经济的发展和现代金融体系的建立，这种分类方法的局限性开始显现，主要表现在：①贷款风险识别不及时。有的贷款虽未到期，但已经出现风险，按"一逾两呆"的标准难以将其划为不良，只能算正常，这就不利于及时发现和防范贷款风险。②贷款风险认定不准确。国际上通常将过期 90 天以上的贷款划分为不良贷款，而我们现行标准则过期 1 天就算不良贷款，认定过严。③贷款风险防范不真实。相关的会计准则和财务制度规定，逾期两年的贷款才挂账停息，呆账准备金按贷款余额 1%差额提取。呆账贷款的冲销也以此为最高限额，这使得银行高估收益，低估成本，虚增利润，隐留了呆账问题，从而极大地影响了贷款风险的防范和化解。采用以风险为标准的分类方法能有效地解决上述问题，较好识别、认定和化解贷款风险。我国商业银行已经正式全面推行贷款五级分类制度，并按照分类结果以不同比例分别提取呆账准备金，专用于贷款呆账损失的核销，以促进贷款经营管理水平提高和贷款资产质量升级。农村信用社客户群的特点，决定了其信息劣势较商业银行更为显著，而且农信社的经营体制也不完善，因此推进贷款五级分类还较为缓慢。

那么，是否可以在农村信用社的贷款管理中直接参照商业银行的做法呢？答案是否定的，这是因为：①商业银行贷款五级分类法非常倚重财务分析，而农村信用社的主要贷款对象——乡村企业和私营企业的财务制度不够健全，这给农信社实行五级分类增加了分析难度，也影响了判断的准确性。②对农户贷款的分类认定也是工作难点之一：一是农户贷款缺少财务数据，其盈亏是粗线条式的估计；既然缺少财务数据，实行五级分类必然要进行非财务因素分析，那么非财务因素应包括哪些方面，定性分析内容如何准确选择和设定，对非财务因素分析的依靠比重究竟确定为多少，这些都是需要研究的问题。二是贷款笔数多，农户、个体工商户贷款户数多、笔数多，如果按照《信贷资产风险分类认定表》等方面进行分类认定，不仅分类资料多，而且分类结果不够直观。因此，在农信社的贷款分类管理中，应该更加关注客户的财产存量、信用品质、抵押物的现值、保证人的经济实力和信用品质，而不是重点关注某一债项的未来现金流。必须通过现场检查和非现场分析手段获取借款人的财务状况和影响还款能力的非财务因素，并进行综合分析。

2. 量化模型

以美国为例，同一个银行对不同的贷款人类型可能采用不同的评级方法，在小企业评级方面统计模型应用得更多，而超过一半的银行用专家判断法评级大客户。美国大多数金融机构主要采用上述方法是因为：某些主要风险因素的主观性非常强；业务多样化可能需要很多个模型；模型需要的数据并不能完全获得；模型的有效性，尤其是经过整个经济周期的有效性还有待检验。

美国联邦储备银行、财政部金融管理局、各州政府的银行管理局等美国金融监管部门，都对信贷政策的目标、内容、贯彻执行办法等做出了强制性规定，并依据金融机构制定的信贷政策来检查工作。也就是说，美国金融监管部门先划出所有信贷经营的大范围，再由各家银行从中自行确定信贷业务的具体工作标准，随后根据各家银行的自定标准来评价和检查各家银行的信贷风险管理工作，从而形成了一种监管与被监管机构之间良性互动、既严谨又灵活的监管机制。

美国银行分析信贷客户时首先分析客户资质。客户资质一般是指客户对外业务中的诚实表现。客户资质除了要说明客户的业务道德水平外，还要对客户的业务能力作出说明。其次是分析客户贷入资金的计划用途，申请信贷时必须详细列出资金用途与资金使用计划，银行要分析客户一旦贷入资金后投入的实际用途，并根据分析决定是否提供信贷。再次是分析客户还贷的主要资金来源，在确定信贷客户资质和资金计划用途都可以接受后，银行还要确定客户必须有最基本的还款能力，即客户将资金投入使用后，能创造出足够的现金流量，并在每个规定的还款期限内向银行还本付息。最后，分析还贷的备用金资金来源，银行不仅要在还贷资金来源有把握的情况下向客户授信，而且也要做好还贷资金来源出现问题时的后续准备，确保在客户贷入资金创造的现金流量不足以支持还贷的情况下，有备用的还贷资金来源，使银行不致遭受损失。

国外银行信贷风险管理的数学模型主要有：古典信用风险模型——专家评分法，即建立信贷风险评价指标体系，然后进行专家评分确定信用等级；Z 评分模型和 ZETA 评分模型，选取一些关键财务指标进行比较，得出其信用状况；信用度量模型，如 VAR 模型、KMV 模型、CreditMetrics 模型等。

古典信用分析方法随着银行的变革而不断地演化。在 20 世纪 30 年代以前，银行的主要业务是为企业的营运资金和贸易融资，银行通常要求贷款企业要有资产或者抵押保证。由于营运资金贷款主要满足企业季节性资金需要，期限多为一年或一年之内，因此银行主要分析借款企业的营运资金状况，通过资产负债表来预测企业清偿能力，而较多地忽视损益表。但近年来，银行业务发生了变化，不仅为企业的营运资金融资，而且还提供固定资产融资。固定资产融资的抵押资产缺乏流动性市场，使得抵押资产在信用决策中的作用逐渐变弱，现金偿还债务被视为还款最重要的来源，因此现金流量分析成为银行重要分析方法。当然，评估企业未来现金流可能会产生误差，未来的一些因素存在不确定性，对企业一些财务指标的估计，需要更多依赖企业内部提供的财务报表和内部人员的估计。

20 世纪 80 年代以来，由于古典信用风险管理方法存在不足，以及国际清算银行（BIS）资本协议中“一刀切”的管制要求，金融工程和信息技术逐渐运用于信用风险管理领域，产生了现代信用分析方法。它是在资本市场理论指导下，运用经济计量技术、模拟技术以及神经网络和专家系统等，进行信用风险计量、定价、交易和套期保值。通过工程化技术处理，信用风险可成为可以重新分解组合和买卖的、具有经济价值的金融商品。VAR 模型、CreditMetrics 模型、KMV 模型、Credit Risk+模型等，都可用来分析金融机构信贷风险[12]。

当然，信息技术的发展为金融业的技术创新提供了新的机遇。越来越多的新技术和新方法被引入银行贷款风险管理的研究中。

Xia 等认为基于贝叶斯超参数优化的信用评分决策树方法是银行正确指导贷款决策的有效工具[13]。Maldonado 等提出了基于支持向量机的信用评分分类和特征选择[14]。Baesens 等提出了利用神经网络规则提取和决策表进行信用风险评估的方法[15]。Kammoun 和 Triki 基于突尼斯小额信贷机构数据分别构建了基于神经网络模型和 Logistic 回归模型的信用评估方法并进行了比较[16]。Hurley 和 Adebayo 提出了大数据时代信用评估面对的新挑战和新进展[17]。Roman 和 Stefano 基于信用评估视角，提出了构建可信数据市场的架构[18]。Lanzarini 等运用竞争性神经网络与优化技术相结合构建了 LVQ+PSO 方法，能够从数字和名义属性中对客户的个人资料进行分类，其关键特征是发现一组简化的分类规则，模型被应用到厄瓜多尔一家信用消费金融机构的实际数据库中[19]。Ogi 等认为许多日本银行利用信用评分模型来管理债务人的信用风险，但通常使用的判别分析模型计算员工不超过 20 人的小型企业的信用评分，但是因为大多数小型企业由所有者的家庭成员经营，其业务产生的赤字由所有者的私人资产补偿。因此，小企业信用评分模型的准确率没有我们预期的那么高，作者将数据周期从 2004 年延长到 2011 年，并使用 100 多万家日本小型企业的数据集进行分析，结果证实了我们的模型具有足够的鲁棒性[20]。Óskarsdóttir 等将移动网络作为一个新的大数据源，通过应用利润衡量和基于利润的特征选择，利用替代数据源提高信用评估统计和经济模型的性能，数据集组合包括通话详细记录、客户的信用和借记账户信息，用于为信用卡申请人创建记分卡。通话详细记录用于建立通话网络，先进的社交网络分析技术用于在整个网络中传播先前违约者的影响，以产生影响分数。结果表明，在信用评分模型中，将通话细节记录与传统数据相结合，可以显著提高其在AUC中的表现[21]。Wang 等基于中国 P2P 借贷行业的快速发展，在自然语言处理研究的推动下，利用借款人的在线操作行为数据，提出了一种基于注意力机制 LSTM 的消费者信用评分方法，将每种类型的事件视为一个单词，构造 Event2vec 模型以将每种类型的事件转换为向量，然后使用关注机制 LSTM 网络预测用户违约的可能性。在真实数据集上对该方法进行了评估，结果表明，与传统的人工特征提取方法和标准的 LSTM 模型相比，该方法可以有效提高预测精度[22]。Sohn 等提出了一个模糊信用评分模型，该模型可用于预测一家根据技术获得批准的公司的贷款违约可能，提出的模糊逻辑回归方法是一种适合于信用评分的模糊输入输出预测方法，与典型的 Logistic 回归相比，该模型的性能有所提高，将有助于语言评价属性技术信用评分的实际应用[23]。Ala'raj 和 Abbod 认为混合集成信用评估模型很少考虑组合数据过滤和特征选择方法、组合不同算法的分类器等不足，提出在集成建模阶段结合 Gabriel 邻域图编辑（GNG）和多元自适应回归样条（MARS）的两种数据预处理方法，提出一种新的混合集成信用评分模型，以提高预测性能。使用五种著名的基本分类器，即神经网络（NN）、支持向量机（SVM）、随机森林（RF）、决策树（DT）和朴素贝叶斯（NB），实验结果、分析和统计测试证明，该方法在平均准确度、曲线下面积（AUC）H-测度和 Brier 评分方面，对所有基本分类器、混合分类器和传统组合方法都能提高预测性能，该模型在七个真实世界的信用数据集上得到了验证[24]。姜凤茹利用支持向量机建立了个人信用评估模型，并引入遗传算法对模型进行参数优化，然后针对两个 P2P 网贷平台的样本做了有效性分析和推广性分析，并根据实证结果探讨了刷信用行为存在的潜在风险[25]。霍源源等基于 Probit 模型构建了制造业企业信用风险评估方法，通过指标选取及检验，认为流动资产比率、资产负债率及总资产增长率等 10 个财务变量可以显著地反映企业偿付能力和发展能力，并作为风险测度模型的解释变量。经过对我国制造业上市企业信贷风险的测度检验，该模型对制造业企业违约事件发生的判别准确率达到 92.97%，并能够提前 1～8 个季度对企业进行信用风险危机预警，可以较好地预测企业违约事件发生的概率，为制造业企业信用风险的防范提供决策支持[26]。蒋辉等针对信用评估模型应用阶段的多变量数据缺失问题，提出了一种新的数据填补算法，以人人贷数据集和 UCI 提供的德国和澳大利亚两个信用评估基准数据集为例，将其与众数填补法、EM 填补法进行性能对比实验，结果表明该方法的数据还原性能和填补后信用评估准确性都明显更优，为解决信用评估时的数据多变量缺失问题提供了一种更好的处理方法[27]。张润驰等实证研究了 8 种属性子集选择策略对 7 种主流模型的性能提升情况，得到了一些有意义的结论；进而设计出一种结合多个属性子集选择策略特征的三阶段混合信用评估模型——TSHCE 模型[28]。熊志斌提出了一种基于变量选择思想的基模型筛选方法，即从备选的单一模型中，利用基于相关性变量选择方法（CFS）筛选出合适的模型作为构建集成模型的基模型，通过这种方法选择的基模型，既保证了基模型具有较高的预测精度，又保证了基模型之间具有较大的差异性。在此基础上，通过堆栈集成结构方式，采用元学习策略方法，将所选基模型有效地融合在一起，构建了一个改进的信用评估集成模型。通过在不同信用数据集上的实验，验证了所提出集成模型的有效性和稳健性[29]。赖辉等以 C2C 网络交易模式为例，在分析影响网络信任的主要因素的基础上，构建了基于云模型的网络信任评估模型，提出了基于网络信任的网络交易信用风险评估方法并进行示例分析[30]。

1.3.4　信贷风险信息系统

商业银行电子化历程已经近 60 年，在信息系统建设、信息资源共享、信息记录保存和使用等方面积累了很多经验，形成了比较有效的管理办法。银行等金融机构建立客户档案，并对资金往来等活动持有完整记录。各金融机构之间大都有信息资源共享协议，特别是有不良记录的借款客户信息，金融机构之间往往及时予以广泛传播，此即黑名单传递制度。

随着现代信息技术的迅猛发展，各国银行不惜投入巨资建设电子化风险管理系统。欧美一些大的国际性银行纷纷建立全球风险控制系统——现代风险管理计算机联机系统，该系统既是贷款风险控制管理系统，也是运营管理信息系统，将银行的信贷政策、会计系统以及市场拓展部门搜集整理的各种信息汇集到一起，进行自动分类整理和分析储存，以供内部管理人员用于信贷审批审查等。这类系统已经初步具备以下功能：一是客户管理功能，用来加强与客户的联系，按年记录并随时补充、修改客户的基本情况，按月（或按季度）监测客户的资产负债表、现金流量表、损益表，以便实施客户战略管理；二是贷款管理功能，完成贷款的调查、申请、审批和发放、检查以及贷后管理的整个过程，完成流动资金贷款、项目贷款、房地产贷款、银票、保函、信用证等贷款业务的处理，随时监测这些贷款情况，形成贷款台账信息；三是风险管理功能，自动生成企业年初和即期信用等级评定结果、全部信贷资金风险度的自动计算、超过临界风险度时系统自动预警、自动生成信贷管理报告（如《信贷资产组合分析报告》《风险资产坏账准备报告》《客户盈利报告》《行业分析报告》《行业信贷风险报告》《信用社信贷客户评级授信报告》《不正常贷款分类报告》《关键遗漏报告》等）、加工整理修改形成监管机构和其他政府部门需要的各类特定业务报告等功能；四是员工管理功能，实现从行长到信贷员的人员管理以及他们的权限管理等。在这类现代信贷管理系统中，几乎都还没有集成贷款五级分类管理的功能，即使存在分类管理模块，其分类方法也是传统的“一逾两呆”。农村信用社还没有按照五级分类方式实现贷款分类管理，因此就更谈不上利用信息技术建立贷款分类系统，为农信社的贷款管理提供辅助决策支持。

1.4 本书框架

本书认为支持信贷风险管理业务和功能开展的基本手段包括管理流程、信息系统和数学模型，只有在这三者的共同支持下才能做到有效的信贷风险管理。信贷风险管理要实现的两大主要目标是信贷风险识别和信贷风险控制，而这两个目标又需要通过贷前信用评级和贷后贷款分类来实现。因此，本书以信用评级和贷款分类为核心，涉及贷前决策和贷后管理全过程的管理流程设计、数学模型构建和信息系统分析。

但是由于农信社面对的贷款对象有很大不同，对不同对象贷前、贷后的具体信贷风险管理手段是有区别的，需要分别进行研究。因此，本书在研究方法上采用从一般到具体逐渐深入的方法论，即先研究一般的信用评级/贷款分类流程、数学模型，然后再结合农信社具体的对象特点，分别研究具体对象的信用评级/贷款分类流程、数学模型。对于贷款信用评级以及各类风险评价，本书构建了数个具有针对性和创新性的决策分析模型。对于信息系统，本书认为，设计得足够灵活的信息系统能够起到工具平台的作用。例如，虽然对于不同对象，其信用评级使用的指标、方法可能不同，但是信息系统作为一个平台，可以根据用户的需要灵活地设置指标体系并选择方法。虽然贷款风险管控信息系统可以作为通用性的支撑平台进行设计开发，但是具体的贷款管理模型与方法需要结合实际问题进行定制化研究。因此，必须运用大数据分析和信息系统分析与设计等技术和方法。

本书主要针对信贷风险管理问题进行研究，具体拟从三个分析维度展开：第一个维度的主线是信贷风险管理的支持手段构成；第二个维度的主线是信贷风险管理的功能构成；第三个维度的主线主要涉及具体的技术方法等。具体框架如图 1-3 所示。

1.5 本章小结

本章回顾了信贷风险管理的主要流程、统计模型以及信息系统构成，重点梳理了德国、美国、日本等国农村金融体系及其贷款风险管理流程和评级模型等，指出了本书的主要研究思路与内容。

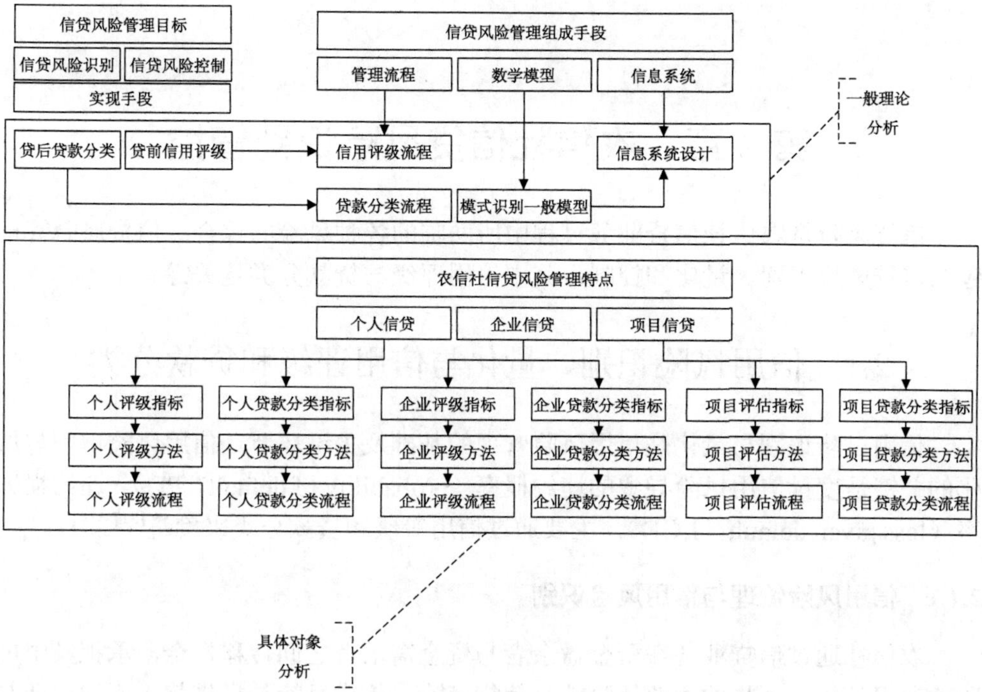
信贷风险管理目标
信贷风险识别
信贷风险控制
实现手段
信贷风险管理组成手段
管理流程
数学模型
信息系统
一般理论
分析
贷后贷款分类
贷前信用评级
信用评级流程
信息系统设计
贷款分类流程
模式识别一般模型
农信社信贷风险管理特点
个人信贷
企业信贷
项目信贷
个人评级指标
个人贷款分类指标
企业评级指标
企业贷款分类指标
项目评估指标
项目贷款分类指标
个人评级方法
个人贷款分类方法
企业评级方法
企业贷款分类方法
项目评估方法
项目贷款分类方法
个人评级流程
个人贷款分类流程
企业评级流程
企业贷款分类流程
项目评估流程
项目贷款分类流程
具体对象
分析

图 1-3　本书框架

第 2 章　农信社信贷风险识别管控

信贷风险是农信社信贷业务过程中所面临的各种风险的综合。信贷风险管理包括信贷风险识别、量化和控制，其中信用评级与贷款分类是关键。

2.1　信用风险识别、量化与信用评级和贷款分类

信用风险识别与量化是信用风险管理的基础及关键环节。信用风险识别与量化的关键是度量信用风险导致的违约概率（probability of default，PD）、违约损失率（loss given default，LGD），主要通过信用等级和贷款分类来度量[31]。

2.1.1　信用风险管理与信用风险识别

农信社通过信贷业务在资金盈余者与资金需求者之间转移资金，承担其中风险并获得补偿，面临的主要风险就是信贷风险。信贷风险是指借款人不能按期归还贷款本息，而引起农信社收益变动的可能性。

信贷风险主要由信用风险组成，信用风险是指借款人由于财务失败而无力偿还债务或借款人虽然具有偿还能力但不愿偿还债务而造成债权资产损失的可能性。在完善的法律环境中，信用风险主要体现为债务人经营失败，即债务人偿债能力决定了信用风险大小。

信用风险管理的关键是信用风险识别、量化和控制。识别、量化的关键是识别出影响借款人偿债能力的各种相关因素，然后定量估计债务人违约的可能性，以及发生违约时贷款可能的损失率。

在信用风险识别和量化的基础上，信用风险控制可以通过规避、分散、转移、对冲、补偿等策略来实现，降低风险损失。贷前通过信用评级，量化出借款人违约的可能性，对于风险高的借款人拒绝向其发放贷款，对于风险中等的借款人要求其提供抵押担保并提高借款利率补偿风险，对于风险低的借款人则可在信用额度内直接授信。贷后通过动态跟踪借款人的偿债能力变化情况，对贷款进行分类，对损失可能性高的贷款，采用严格的风险管理措施保证能够尽可能多地收回贷款，提取足够的损失准备金以减少损失的冲击。

2.1.2　信用风险识别与 PD 和 LGD

信用风险识别的关键要素是违约概率（PD）、违约损失率（LGD）、违约暴露

（exposure of default，ED）以及期限（maturity）。

违约概率是度量贷款遭受损失的可能性，一般与借款人的信用质量、外部经济条件等的因素变化紧密相关。信用质量高的借款人，违约概率小；信用质量低的借款人，违约可能性较大。同时，借款人的外部经济条件，如行业周期、经济周期、利率、汇率、战争、灾害等也会影响违约概率。因此，违约概率可分为条件违约概率和无条件违约概率。无条件违约概率是指外部经济条件正常条件下借款人违约的可能性，条件违约概率是指外部经济条件发生变动时借款人违约的可能性。无条件违约概率由信用风险度量模型量化，而条件违约概率则通过调整过程，由分析人员结合主观经验进行评估。

违约损失率是借款人违约时给农信社造成的损失的比例，即损失的严重程度。通常，农信社不会丧失贷款的全部欠款额。违约损失率一般因农信社贷款种类、抵押类型、追偿贷款方式和程序等不同而不同，也受借款人信用质量和外部经济条件的影响而不同。

违约暴露是由于违约事件出现而使得农信社遭受损失的合约值。违约暴露可以表示为：违约暴露＝交易的市场价值＋未来潜在的风险。由于违约暴露的具体数值是以违约事件发生时刻合约价值的高低来表示的，所以违约事件发生的时刻也会造成农信社价值损失的差异。

期限是影响违约风险的另一因素，在其他条件相同情况下，期限越短，违约风险越小。

单笔贷款的违约暴露和期限是相对确定的，但违约概率和违约损失率必须加以估计，因此信用风险度量关键在于估计违约概率和违约损失率。

2.1.3　PD 和 LGD 与信用评级和贷款分类

有效的信用风险管理关键在于准确地估计违约概率（PD）以及违约损失率（LGD），一般认为 PD 与特定债务人相关，而 LGD 则与特定债项工具相关。

法律完善情况下债务 PD 主要由债务人的偿债能力（内在价值）决定。假设指标集中的指标能够完全描述债务人的偿债能力，则 PD 就可表述为 Λ 的函数，$\Lambda=\{\lambda_1,\lambda_2,\cdots,\lambda_n\}$。因此，要想通过债务人某些特征直接估计 PD，就要构造指标集 Λ 和模型 $\mathrm{PD}=f(\Lambda);\Lambda\in R^n$。然而量化描述债务人内在价值是极其困难的，且各种随机突发因素影响非常大，因此无法找到一个稳定的指标集 Λ 用于描述债务人的偿债能力，更难得到 PD 与 Λ 之间的稳定回归，因此很难直接建立连续的 PD 估计模型。

直接估计 LGD 也存在同样困难。研究表明，虽然无法直接估计 PD，但信用等级与 PD 是显著相关的。根据反映债务人内在价值的一些特征因素，包括财务数据、非财务数据、定性判断以及考虑各种突发事件对债务人内在价值的影响等，按一定的原则将债务人分为若干类别，使每类具有不同的违约概率。由于债务人信用评级不直接使用统计模型估计 PD，而且在方法上强调评级人员的经验参与，所以只能将债务人划分为离散的类别。因此在评定过程中可更有效地考虑各种突发事件的影响（即考虑条件违约概率），使得评级结果相对稳定可行。如表 2-1 中的长期历史数据表明，信用等级与 PD 之间确有显著相关性[32]。

表 2-1　美国公司债券评级违约概率　　（单位：%）

信用等级	违约概率	1 年	2 年	3 年	4 年	5 年	6 年	7 年	8 年	9 年	10 年
AAA	每年	0.00	0.00	0.00	0.00	0.06	0.00	0.00	0.00	0.00	0.00
	累计	0.00	0.00	0.00	0.00	0.06	0.06	0.06	0.06	0.06	0.06
AA	每年	0.00	0.00	0.47	0.27	0.00	0.00	0.01	0.00	0.04	0.04
	累计	0.00	0.00	0.47	0.74	0.74	0.74	0.74	0.74	0.78	0.82
A	每年	0.00	0.00	0.05	0.15	0.08	0.16	0.06	0.17	0.12	0.00
	累计	0.00	0.00	0.05	0.19	0.27	0.43	0.50	0.67	0.79	0.79
BBB	每年	0.03	0.39	0.41	0.67	0.40	0.54	0.21	0.10	0.10	0.46
	累计	0.03	0.42	0.82	1.49	1.88	2.41	2.62	2.72	2.81	3.27
BB	每年	0.44	0.98	3.41	1.78	2.80	1.33	2.75	0.29	1.69	4.22
	累计	0.44	1.41	4.77	6.47	9.09	10.30	12.76	13.01	14.49	18.09
B	每年	1.41	4.31	7.27	6.93	7.06	6.24	3.76	1.96	1.26	1.65
	累计	1.41	5.65	12.51	18.58	24.33	29.05	31.72	33.06	33.90	34.99
CCC	每年	2.46	16.57	17.96	12.17	4.50	12.98	1.63	5.71	0.00	4.41
	累计	2.46	18.62	33.02	41.17	43.82	51.11	51.91	54.65	54.65	56.65

注：发行后 1～10 年的统计。

由表 2-1 可以看出，信用等级从最好的 AAA 级到最差的 CCC 级，对应年份的累计违约概率依次上升，而各年的违约概率以及相邻两级之间的违约概率均没有固定的趋势。累计概率曲线如图 2-1 所示[32]。

进一步分析可以发现，信用等级虽然与 PD 的相对大小之间有明显的相关关系，但是信用等级与 PD 的绝对值之间，并没有长期、稳定的联系。

由图 2-2 可以看出[32]，在不同年份，虽然不同信用等级违约概率的相对大小仍然基本保持不变，但是每个信用等级的违约概率波动却非常大。这与 PD 受各种外界因素影响大、难以直接估计的特性是基本符合的。因此，无论是使用信用等级作为信用风险管理的基础还是使用其他指标（如 KMV 模型中使用的企业股价），一个基本的原则是不能直接（构建企业指标到 PD 的估计）或间接（构建信用等级到 PD 的估计）地估计较长时期的 PD 值。LGD 同样与贷款分类具有较强的相对相关关系，缺少绝对相关关系。

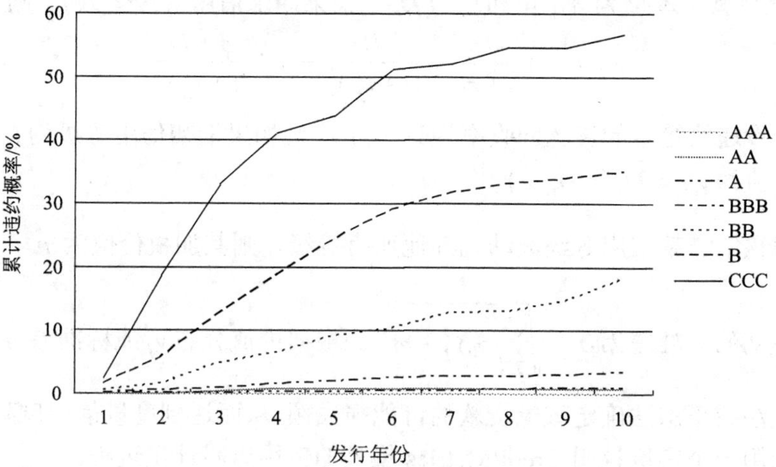

图 2-1　各信用等级债券累计违约概率比较

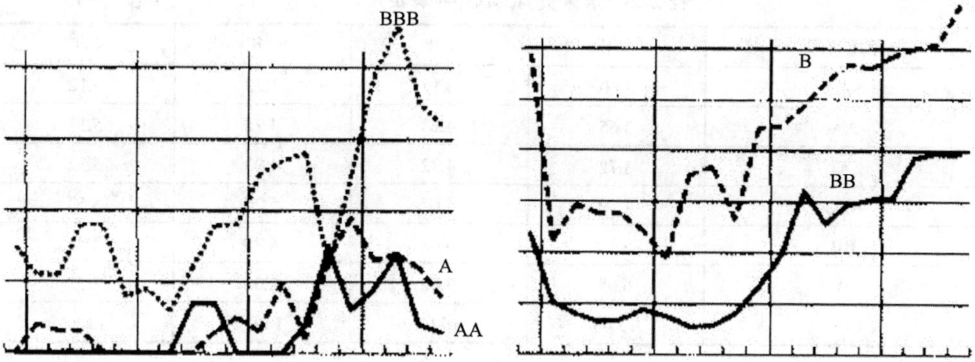

图 2-2　各信用等级 5 年违约概率

2.1.4　PD 和 LGD 与信用风险度量

为计算持有债项及其组合受信用风险影响而可能造成损失的程度，各大银行开发了很多信用风险计量模型。这里以 CreditMetrics 模型来说明信用评级在信用风险计量中的基础性作用[33]。

CreditMetrics 模型是典型的盯市模型（market to market，MTM），它使用信用等级及其变化来评估信用风险及其变化对贷款内在价值的影响。

（1）设信用等级转移矩阵 $P=(p_{ij})_{n\times n}$，表示信用等级从期初的第 i 级在期末变为第 j 级的概率。

（2）设 r_{kt} 为信用等级为 k 的 t 年期债券的无风险收益率，则期初信用等级为 i 的 t 年期贷款（本金为 A，年利息为 D），如果期末信用等级变为 j，则其价值为

$$v_j = D + \frac{D}{1+r_{jt}} + \frac{D}{(1+r_{jt})^2} + \cdots + \frac{A+D}{(1+r_{jt})^t}$$

（3）设违约等级的贷款回收率为 $1-r_{\mathrm{LGD}}$，则如果期初信用等级为 i 的贷款违约，其价值为 $v_{df} = D\cdot(1-r_{\mathrm{LGD}})$。

考虑该笔贷款信用等级波动到其他所有等级，则其加权价值为 $m=\sum_{j=1}^{n} p_{ij}v_j$，其价值波动的标准差为 $\sigma=\sqrt{\sum_{j=1}^{n} p_{ij}v_j^2 - m^2}$。根据价值分布 v_j 或标准差 σ，可以使用百分位法或正态法确定该笔贷款的可能损失额，从而达到度量信用风险的目标。

下面用一个实例说明 CreditMetrics 模型的信用风险计量过程。

设各个信用等级各年的无风险收益率如表 2-2 所示。

表 2-2　未来无风险收益率表　　（单位：%）

信用等级	1 年	2 年	3 年	4 年
AAA	3.60	4.17	4.73	5.12
AA	3.65	4.22	4.78	5.17
A	3.72	4.32	4.93	5.32
BBB	4.10	4.67	5.25	5.63
BB	5.55	6.02	6.78	7.27
B	6.05	7.02	8.03	8.52
CCC	15.05	15.02	14.03	13.52

设信用等级转移矩阵如表 2-3 所示。

表 2-3　信用等级转移矩阵

年初等级	年末等级							
	AAA	AA	A	BBB	BB	B	CCC	D
AAA	90.81	8.83	0.68	0.06	0.12	0.00	0.00	0.00
AA	0.70	90.66	7.79	0.64	0.06	0.014	0.02	0.00
A	0.02	2.27	91.05	5.52	0.74	0.26	0.01	0.06
BBB	0.02	0.33	5.95	86.93	5.30	1.17	0.12	0.18
BB	0.03	0.14	0.67	7.73	80.53	8.84	1.00	1.06
B	0.00	0.11	0.24	0.43	6.48	83.46	4.07	5.20
CCC	0.22	0.00	0.22	1.30	2.38	11.24	64.86	19.79

设不同受偿优先级的贷款回收率如表 2-4 所示。

表 2-4　不同受偿优先级贷款回收率　　（单位：%）

优先级	平均值	标准差
优先保证	53.80	26.86
保证	51.13	25.45
优先附属	38.52	23.81
附属	32.74	20.18
低级附属	17.09	10.90

以价值为 100，利率为 6%，每年付息一次，到期还本的 BBB 级借款人贷款为例，在未来 4 年末有 4 次现金流入：6、6、6 和 106。假设期末等级调整为 A，则 $v_A = 6 + \dfrac{6}{1.0372} + \dfrac{6}{1.0432^2} + \dfrac{6}{1.0493^3} + \dfrac{106}{1.0532^4} = 108.66$。

同样可以计算出转移到其他等级后的价值及概率分布如表 2-5 所示。

表 2-5　贷款价值分布

年末信用等级	价值/元	概率/%
AAA	109.37	0.02
AA	109.19	0.33
A	108.66	5.95
BBB	107.55	86.93
BB	102.02	5.30
B	98.10	1.17
CCC	83.64	0.12
D	51.13	0.18

根据此分布可以计算出贷款价值的均值为 107.09，标准差为 2.99，这样就可以量化表示出贷款由于信用风险可能的损失额度。

因此，信用评级和贷款分类在信用风险识别中有基础性关键作用。为有效识别贷款信用风险，必须建立信用评级和贷款分类系统。信用评级和贷款分类结果是否在每个级别上使得 PD 和 LGD 在统计上具有显著的相对大小分布，反过来也是检验信用评级系统与贷款分类系统是否有效的标志。

2.2 信贷风险控制与信用评级和贷款分类

2.2.1 信用风险管理与信贷风险控制

信贷风险管理的关键是在识别出信贷风险后，通过风险控制措施消除、弱化信贷风险的影响和冲击。信贷风险控制与信贷风险识别是紧密联系的。理论上说，如果农信社可以无限制使用资源调查借款人状况，总能够获得足够信息来消除双方的信息不对称，从而采取最优风险控制措施。但是，由于时间和成本的限制，农信社信贷风险识别深度总是有限的，因此就必须使用控制措施管理风险，基本手段包括预防、规避、分散、补偿等。

预防策略是指在风险尚未导致损失之前，采取一定措施，防止损失或将损失控制在可承受范围以内的策略。由于信用风险难以通过市场转移或对冲，预防策略是降低信用风险影响的重要手段。例如，农信社在贷前采取严格的管理控制措施，识别出信用风险高的贷款企业；在贷后动态分析贷款损失可能，提取资本准备，起到缓冲作用。

规避策略是指采取措施避开风险，以减少或避免信用风险引起的损失。与风险预防不同，规避策略比较消极，在规避风险的同时，往往也可能放弃了获取较多收益的可能性。例如，发放贷款时倾向于发放短期、以商品买卖为基础的自偿性贷款，而回避长期的固定资产贷款，就可能放弃了长期收益。

分散策略是通过多样化的贷款组合来分散信用风险。将贷款分散在不同行业、地区中，其由于各种突发事件影响而受到损失可能就会大大降低。

补偿策略是指在信用风险损失发生前，通过提高贷款利率获得风险补偿，或是在信用风险损失发生后，通过抵押、质押、保证等获得补偿。

2.2.2 信用风险控制与内部信用评级

信用评级（credit rating）是对债务人（obligor）就其将来完全偿还或按期偿还债务的能力及其可偿债程度进行综合评价的过程。美国穆迪（Moody）公司指出："评级的目的，在于设定一种指标，预测债券发行人未付、迟付或欠付而可能导致的信用损失，所谓信用损失，一般是指投资人实际收到的与发行人约定给付的之间，出现了短少或延期。"因此，信用评级实质是对经济活动中借贷信用行为的可靠性和安全程度的分析，并提供有关信用风险程度的信息，因而有助于投资者、授信人，判断某一投资或债权发生损失的相对可能性。

信用等级显著相关到 PD 相对大小这一特性，使得信用评级成为信用风险识别的基础，也是信用风险控制手段的选取依据。

信用评级可为授信额度管理提供支持，在可接受、可控制的风险程度内，提高信贷业务处理能力和服务水平。其基本思想是按信用等级将借款客户分为若干个类别，每个类别具有不同的风险水平，根据风险水平设定每个类别的风险管理措施。对于信用能力好的借款客户，信用风险小，在一定的授信额度内，可简化风险管理措施，以较低的利率直接发放贷款。对于信用能力中等的借款客户，则应该通过一般的风险管理流程，确定其信用风险应该提供的抵押、担保或利率等补偿。对于信用风险高的贷款项目，则应该采取规避措施，拒绝提供贷款。具体作用有：

（1）信用评级为风险控制策略提供依据。信贷政策是农信社经营思路和信用风险控制策略的体现。银行和农信社往往通过信用评估报告的形式，及时向管理层报告借款人贷款组合和整体资产的信用级别、授信额度及变化情况，以便管理者了解不同客户不同资产的信用风险程度，便于管理者制定和调整信贷风险管理策略。

（2）信用评级是贷款审查与监督的基础。信用评级是信贷风险管理极为重要的首道程序，它为贷款审批、贷后管理提供决策依据。通过分析评估客户效益、市场竞争力、流动性、管理水平等，可在贷前对客户偿债能力有全面认识。信用等级高的客户可简化程序，信用等级差的客户就要严格审查，在贷前减少不良贷款的发生可能。

（3）为决定贷款利率提供重要依据。农信社信用风险控制的根本目的，一方面是将信用风险控制在一个可接受的范围内；另一方面是使贷款价格（即利率）充分体现其信用风险的大小，从而使农信社的收益和风险相匹配。根据信息不对称理论，仅使用利率控制信用风险很难达到较好的效果，反而会使农信社借款客户的平均信用风险水平上升，必须使用信用评级和利率结合的方式才能达到较好的风险控制效果。根据巴塞尔委员会的调查，国际大银行都将信用评级结果用于金融工具定价，可为贷款利率确定提供依据。

2.2.3　信用风险控制与贷款分类

贷款分类是指农信社信贷管理人员或金融监管部门检查人员，综合获得的全部信息，对贷款风险程度进行分析、判断，并对贷款作出质量评价和风险分类。

贷款分类不同于客户的信用评级，它是农信社根据企业对具体每一笔贷款的偿还能力而对贷款所做的划分。虽然两者都关注企业的还款能力，但是客户的信用评级是从整体的观点来看还款能力，贷款风险分类更侧重于从贷款个体的角度进行分析，目的在于确保每一笔贷款的偿还。农信社贷款风险分类的现实意义有：

（1）有利于建立现代农信社制度，增加风险管理意识，防范金融风险。现代农信社制度是一种审慎高效的农信社制度，它要求农信社在风险中稳健经营、生存发展，其前提条件之一就是要及时识别和弥补那些确实存在但尚未发生的风险，即内在风险。各国金融危机的教训，尤其亚洲金融危机的教训表明，实行科学合理的贷款风险分类方法，是农信社稳健经营不可或缺的前提条件。农信社还在全面深化改革中，努力向现代农信社制度迈进，所面临的困难和问题还有很多，特别是信贷资产质量的提高和贷款风险的防范十分重要。推行贷款风险分类办法，对于推进农信社改革、建立现代农信社制度、防范金融风险有着很重要的意义。

（2）有利于改善信贷管理，提高资产质量。贷款风险分类是以风险为标准的分类方法，相对“一逾两呆”分类法而言，它是事前的、动态的、综合的和实质的。这些特点对于改善信贷管理、提高资产质量有着重要作用。首先，从事前判断和动态性看，自贷款发放到账面价值消失的整个贷款生命周期中，无论贷款是否逾期，都要分类和监控，这就从制度上保证了贷后管理的落实，对贷款的风险因素有了较好的预警、防范和化解。其次，从综合性看，风险分类法客观上要求信贷管理人员建立完整的信贷档案，收集、保存和更新最基本的信贷资料，全面、动态、准确地了解与贷款有关的全部定性和定量信息，并且建立信贷管理信息系统。这能较好地解决信贷管理中的信息不对称问题。从实质性看，风险分类法抓住借款人还款能力这个实质，将其主营收入作为第一还款来源，这就要求农信社在关注客户利润的同时更加重视现金流量的分析，促使农信社以债权人的身份，更多地介入经营管理，加强监督。它提供了统一的符合会计审慎原则、符合国际惯例的信贷分析框架，无论在贷前审查分析还是贷后分类管理中，都要突出定量分析，更加注重借款人的第一还款来源，更加关注现金流量，这从观念上改变了过去重客户背景、重利润的倾向，促使农信社以债权人身份，持续地关注客户的经营状况，更多地介入管理和监督，克服信息不对称信贷管理造成的影响，从而在贷款风险的防范中变被动为主动，减少风险的发生。

（3）有利于规范信贷标准，加强金融监管。贷款风险分类法符合会计审慎原则、符合国际惯例，具有较高的标准性和统一性，它的推广使用，客观上为农信社、外部审计师提供了统一的分析框架和信贷语言。有了这个基础，监管机构就能通过非现场检查手段，对信贷资产质量进行连续监管，并通过现场检查，独立地对信贷资产质量做出评估。此外，在监管人力薄弱情况下，还能借用外部审计力量开展工作，这些都极大地提高了监管效率和力度。

（4）有利于培养信贷文化，锻炼信贷队伍。贷款风险分类是一个比较科学的方法，它关注贷款的本质问题——贷款还款可能性（即贷款风险性），积极地引导和督促信贷管理人员识别贷款风险、防范贷款风险，努力把贷款损失减少到最低限度，树立高度的风险意识。贷款风险分类法要求信贷管理人员树立实事求是的工作态度，不能只从账表上、报表上和电脑上了解借款人的情况，而是要深入实际，进行调查分析和综合判别；对借款人提供的财务报表等材料严格把关，防止渗假；不能简单地用客户的信用评级资料代替贷款风险分类结果，这些要求从制度上防止信贷管理中的虚假信息和片面认识问题，提倡求真务实的专业精神。由此，农信社就能培养出一种以风险意识为核心、以求真务实为基础的信贷文化。此外，贷款风险分类包含了大量的定量分析和综合的定性分析，是一项专业性、知识性含量很高的工作，其覆盖的知识领域包括：信贷分析、会计原理、法律法规、电脑知识等，只有较好地掌握了这些知识，才能有效正确地使用这套方法。这对信贷队伍的能力提升提出了要求，也为优胜劣汰的用人机制提供了一项基本依据。

2.3　本章小结

本章讨论了信贷风险控制的两个基础环节，即信用评级和贷款分类，它们可提供借款人信用风险的基本信息，是采取不同信用风险控制手段的依据。具体的风险控制操作与农信社的具体风险管理目标、环境、传统等因素有关。因此，农信社应该强化信用评级和贷款分类作为信贷风险管理基础的作用。除了使用信用评级作为授信管理、贷款分类、准备金提取依据等业务应用外，还应在贷款定价、绩效评价、组合风险管理等方面运用信贷风险控制思想，提高农信社经营水平。

第 3 章　农信社信贷风险管理流程

3.1　贷款基本流程

根据贷款管理的一般原则，农信社贷款流程如图 3-1 所示，主要步骤如下[4]。

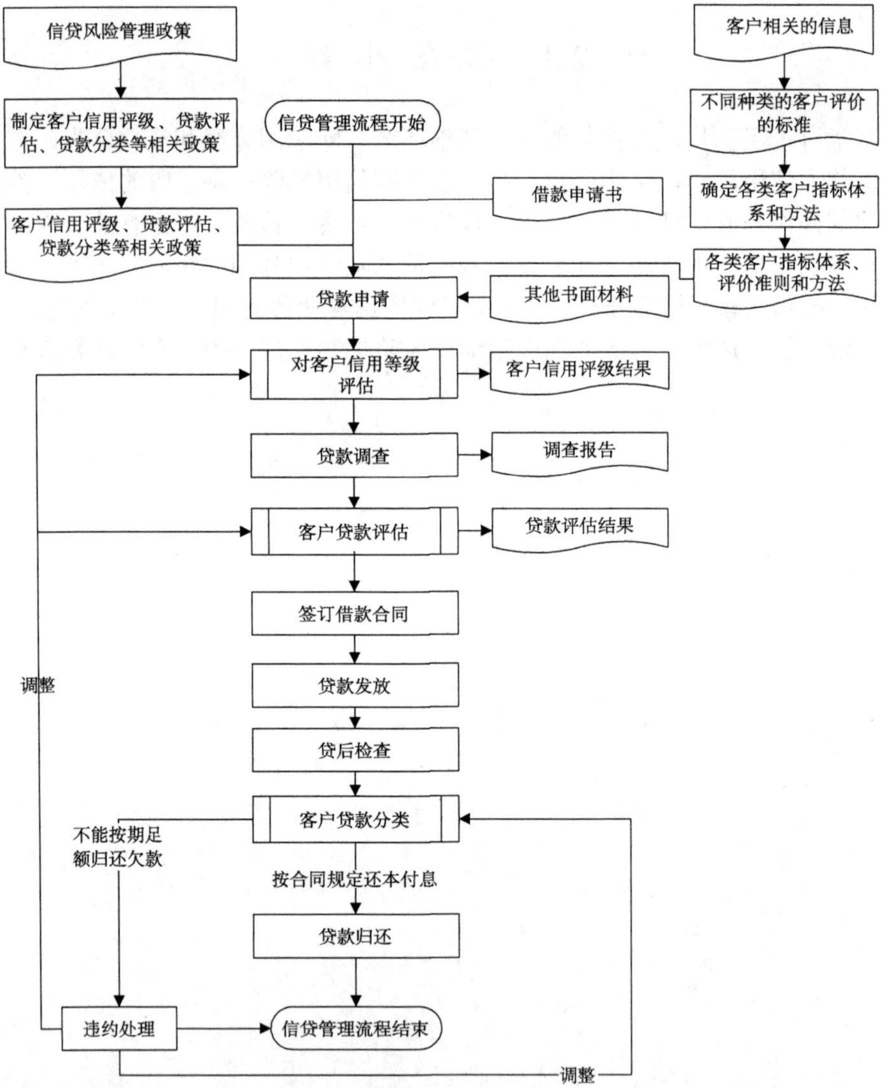

图 3-1　农信社贷款管理一般流程

3.1.1　制定贷款政策

贷款政策是关于贷款决策活动的具体行为准则。制定书面的、科学的贷款政策是贷款管理工作健全的标志，也是贷款风险管理的基本条件。它的宗旨在于通过统一的贷款文化来促进经营稳健和协调一致，追求最佳的经营业绩。贷款文化主要包括贷款价值观、贷款政策取向和贷款行为等。一般来说，在贷款总管（西方一般是指贷款部主任，我国一般是指主管领导）的主持下，组织规划和政策研究部门依据国家大政方针、金融法规、货币贷款政策、“三性”原则和市场经济运行态势等因素，结合本社实力、管理水平、支撑条件等情况，确定本社具体的贷款政策，用以指导贷款投向，决定贷款结构和规模，规定贷款优先支持、一般支持和限制的领域。其主要内容应涵盖：法律限制，贷款基本原则，贷款优先支持、一般进入、限制介入，贷款总额度和结构布局，贷款审批制度，贷款定价（收费）标准，信用质量评判标准和贷款综合管理与监督，并在此基础上形成相应的贷款信用等级评估、贷款评估、贷款分类管理等政策，以便农村信用社管理者掌握本社的贷款管理情况。

3.1.2　贷款申请

借款人填写包括借款金额、借款用途、偿还能力及还款方式等主要内容的《借款申请书》并提供以下资料：

（1）借款人及保证人基本情况；

（2）财政部门或会计（审计）事务所核准的上年度财务报告，以及申请借款前一期的财务报告；

（3）原有不合理占用贷款的纠正情况；

（4）抵押物、质押物清单和有处决权人的同意抵押、质押的证明及保证人拟同意保证的有关证明文件；

（5）若属大额项目贷款，需要有项目建议书和可行性报告；

（6）信用社认为需要提供的其他有关资料。

3.1.3　信用等级评估

根据借款人的经济实力、资金结构、履约情况、经营效益和发展前景等因素，评定借款人的信用等级。评级可由贷款人独立进行，内部掌握，也可由上级部门批准的评估机构进行。注意需要根据变化情况调整已经评级客户的信用等级。

3.1.4　贷款调查

信用社受理借款人申请后，应对借款人的信用等级以及借款的合法性、安全性、盈利性等情况进行调查，核实抵押物、质押物、保证人情况，测定风险度。

3.1.5 贷款评估和审批

信贷员针对特定的一笔贷款进行评估，之后由相关部门和人员进行审批。审查人员应当对调查人员提供的资料进行核实、评定，复测贷款风险度，提出意见，按规定权限报批。

3.1.6 签订借款合同

借款合同应当约定借款种类，借款用途、金额、利率，借款期限，还款方式，借、贷双方的权利、义务，违约责任和双方认为需要约定的其他事项。保证贷款应当由保证人与贷款人签订保证合同，或保证人在借款合同上载明与贷款人协商一致的保证条款，加盖保证人的法人公章，并由保证人的法定代表人或其授权代理人签署姓名。抵押贷款、质押贷款应当由抵押人、出质人与贷款人签订抵押合同、质押合同，需要办理登记的，应依法办理登记。

3.1.7 贷款发放

贷款人按借款合同规定按期发放贷款。贷款人不按合同约定按期发放贷款的，应偿付违约金。借款人不按合同约定用款的，应偿付违约金。

3.1.8 贷款分类

贷款发放后，贷款人应当对借款人执行借款合同情况及借款人的经营情况进行追踪调查和检查，定期对贷款进行分类。

3.1.9 贷款归还

借款人应当按照借款合同规定按时足额归还贷款本息。在短期贷款到期 1 个星期之前、中长期贷款到期 1 个月之前，贷款人应当向借款人发送还本付息通知单；借款人应当及时筹备资金，按时还本付息；贷款人对逾期的贷款要及时发出催收通知单，做好逾期贷款本息的催收工作；贷款人对不能按借款合同约定期限归还的贷款，应当按规定加罚利息；对不能归还或者不能落实还本付息事宜的，应当督促归还或者依法起诉；借款人提前归还贷款，应当与贷款人协商。

3.1.10 年度综合评价

当一个贷款年度完结之后，农信社信贷主管要组织信贷审查委员会专门听取信贷部门的工作汇报和征询审计报告，然后对本年度信贷运行状况进行回顾、分析和综合评述，特别是要围绕以下几方面找出工作中存在的问题和薄弱环节，并提出改进措施，从而为下年度信贷风险管理的完善提供依据。年度综合评价工作包括：

（1）信贷政策是否有偏差和漏洞；

（2）目标市场选定是否可靠，应变措施是否及时有力；

（3）评估分析是否全面、完备，有无失真情况，原因何在；

（4）审贷是否流于形式或是否有贷款未经审批程序；

（5）信贷管理人员业务能力是否适应要求，怎么培训和调整充实。

3.1.11　关键流程分析

纵观整个信贷流程，可大致分为展业、授信、放款、催理四大块，具体如下：

展业：由信贷员受理客户申请后，收集必要的信息（包括行业资料）、了解客户需求后进行贷款业务分析，写出调查分析报告，直接经支行信贷领导审阅后上报分行。

授信：由农信社授信审查部门负责审查，必要时可由业务部门、风险资产管理部门会审，按不同审批权限提出审批意见。分支信用社两级审贷会制度可进一步改革，根据审查对象调整流程，例如，一些风险小的业务可无须审贷会的审查。

放款：授信业务（额度）批准后，在具体发生时经有权审批人审批后，信贷员将放款资料直接交放款中心审核，在手续齐备后交会计部门作账务处理，授信文本正本由放款中心保管，副本由信贷员按户保管。

催理：一是贷后监控（即对授信业务和客户日常检查和管理），由信贷员按规定执行后写出监控报告经信贷主管审阅，必要时上报授信管理部门；二是风险资产的管理，对符合移交条件的须移交资产管理部门进行统一催收和管理。

授信业务流程中涉及的授信调查、审查（包括审贷会）审批及放款、风险管理、授信检查等岗位职责应明确，以便建立考核制度。

授信业务流程可以根据需要进行改造，删去一些不必要的环节，体现授信和专业化操作的原则，从而使得信贷政策风险和业务操作风险大大降低。但这对信贷员的要求有所提高，例如，调查任务书的分析要求更为全面深入。授信审查部门的审查意见可以有所简化，着重分析风险点和授信业务的取舍；放款中心可单独建立，业务检查职责则可放在专门部门。

授信业务流程中的关键部分是“贷款评估分析”。贷款评估分析主要包括行业分析、经营风险分析、财务报表分析和现金流量分析，对期限超过一年的贷款，应对借款人进行财务预测、借款原因分析、还贷能力分析、授信额度的设定、客户及授信业务的风险评级。风险评级是整个授信业务贷款风险管理的基础。评级结果应包括对借款人的评级和对授信业务的评级。客户评级和贷款评估是基于以上各项分析得来的。

3.2 行业分析流程

贷款对象所属行业的风险分析在农信社的贷款风险管理中具有重要的作用。这是因为行业风险分析贯穿了信用社信贷风险管理的整个过程，是影响信用评级、信贷评估以及贷款分类工作的重要因素。行业分析是贷款风险分析和评估决策的基础。贷款决策和风险控制最重要的环节是贷前的信用评级、信贷评估以及贷后的贷款分类工作，这些工作通过一定的方法对借款人的还款能力进行评估和动态跟踪分析。但是不同对象具有不同的风险特征，在信用评级、信贷评估和贷款分类中需要考虑的因素均有区别。因此，必须首先通过影响因素分析对农信社的借款客户进行分类，然后针对每个类别进行具体的详细分析。

行业是影响信用评级、信贷评估以及贷款分类工作的重要因素。不同行业具有不同特点，进而造成在各种评估时需要考虑的因素不同，例如，同样现金流量指标对成熟期行业和成长期行业的风险含义是不同的。总的来说，行业分析对于信用评级、信贷评估以及贷款分类在指标选择、指标评价以及确定管理策略上均有较大影响，以下进行具体说明。

3.2.1 行业分析要素特征

竞争结构、成本结构、成熟度、经济周期、依赖性、替代性以及监管环境七个方面基本包括了行业的风险因素和风险特征，构成了指标体系的基本框架。

竞争结构：竞争结构是指行业的集中程度，理论上竞争结构分为完全竞争、垄断竞争、寡头竞争和完全垄断。竞争结构对行业风险的主要影响是从规模、产品同质性和价格控制能力等方面来体现，越接近完全竞争的行业企业规模相对越小，产品同质性越高，价格控制能力就越低，贷款的风险也相对越高。

成本结构：成本结构是指成本中固定成本与变动成本的比例，固定成本比重大的行业经营杠杆比较高，则达到平衡点所需的销售量越大，风险也越高。但在达到盈亏平衡点后，产量越大盈利性越高，因此盈利前景也比较好。因此，成本结构指标应该与行业集中度以及行业生命周期结合在一起分析，如果行业处于成熟期且行业集中度比较高，则经营杠杆高比较有利，反之则风险高。

成熟度：行业生命周期与行业风险相关性非常高，不同生命周期的行业中的企业，其营运及财务特征都不一样。新兴期的行业投资需求大，销售量低，运营不稳定（包括成本、管理、技术、竞争等），风险比较高。成长期的行业投资需求也很高，但销售增长也很高，运营稳定性进一步提高，但由于缺乏可靠的还款源，风险仍然较高，但是如果前景预期较高，则能够抵消部分风险。成熟期行业投资需求较低，销售收入稳定，有正的现金流，运营稳定，风险比较低。衰退期行业没有太多投资需求，但各方面收入都在下降，而且正处于逐步退出情况下，还款来源不确定，信贷风险较高。

经济周期：随经济周期波动大的行业在经济周期发生变化时受到的影响大，风险比较大。经济周期对行业风险的影响主要体现在行业随周期的波动程度、波动方向和波动时间上。反周期波动的行业在经济高涨时比较萧条。波动时间则反映行业波动是先于经济周期波动还是后于经济周期波动。

依赖性：行业依赖性是指行业对上下游产业，或对供应商和顾客的依赖程度。如果行业对其他行业依赖性越大，则信贷风险不仅包括该行业的风险，还包括其关联行业的风险，因此依赖性对行业风险影响也比较大。

替代性：产品替代性是指那些与某一行业的产品有基本相同功能或能满足相同需求的产品，借款人所在行业有无替代产品或潜在的替代产品、替代程度如何，是行业风险分析的重要因素。

监管环境：监管环境是指法律和政策对行业的支持或限制，以及其变动的可能性。对于有的受政策扶持的行业，如果对行业依赖性比较大、对变化的承受能力较脆弱，则政策变化时对行业的影响比较大。尤其是在加入WTO后，政府对一些行业的扶持逐步减少，从而带来较大的行业风险。对另外一些行业，受政策管制、限制程度比较大，或有受管制的潜在可能性，也会造成行业风险增加。

行业所具有的这些特征因素对信贷风险管理过程中的指标选择、指标评级和管理策略选择均具有较大的影响。

3.2.2　行业分析指标选择

不同行业具有的不同特征因素，对信用评级、信贷评估、贷款分类等过程中的评价指标选择均具有较大影响。

竞争结构：对于垄断程度比较高的行业，其规模一般较大，指标选取时应该降低规模性指标的重要性或减少使用规模指标，其风险主要体现在营运效率、资金使用效率等效率性指标上。而且，对于垄断行业，由于行业内企业较少，难以使用指标的行业水平作为评价标准。因此，对于垄断行业的指标评价，需要使用多个行业平均水平、国际水平或者宏观经济一般研究结果作为评价标准。对于竞争比较激烈的行业，由于单个企业其价格控制能力、规模都比较小，因此，可以根据行业较高水平、一般水平制定各个指标的评价标准。规模、效率都能较好地反映企业的风险水平，竞争行业内规模、运营效率、利润水平等指标均高于行业平均水平的企业一般风险较小。

成本结构：对于固定成本比重比较大的行业，一般要求规模大、产量高，在固定资产和技术研发方面的投资也很大。对于这样的行业，企业的规模和投资产出效率比较重要，因此在指标选择上应该注重上述比率。而对于变动成本比重比较大的行业，例如商业行业，现金流情况和资金运营效率等短期指标和长期趋势是比较重要的指标。

成熟度：对于处于进入期和成长期的行业来说，再投资和扩大规模的需求较大，因此在现金流上有较大的流入趋势。对于这类行业的企业来说，需要重点分析其再投资和扩大生产是否合理，分析行业的前景和发展空间是否能支撑企业的扩张。因此，对这些行业指标选择上应注重考虑投资效率、发展趋势等指标。对于处于成熟期和衰退期的行业，一般具有较少的扩张性投资需求，而且一般应该具有较好的现金流状况。因此，对这类行业应该选取其营运效率、现金流状况和资金使用效率作为评价指标。

经济周期、依赖性、替代性和监管环境：这四方面因素在指标选择上一般没有直接影响，或者说这些因素难以通过企业内部比率数据来反映。对这些方面因素的分析应该作为对某个行业信贷管理策略的基础，起到整体控制的作用。

3.2.3　行业风险管理策略

对贷款的风险管理策略是对农信社信贷风险管理政策的具体化，是根据信贷风险管理政策和某个行业的具体情况，对某个行业企业发放贷款时所要进行的控制和约束的基本观点，对每笔贷款的风险管理起到了指导控制作用。

竞争结构：垄断程度高的行业一般规模大、利润高，其贷款需求也比较大，就单笔贷款来说其风险较小，但是由于单笔贷款额度一般较大，易造成贷款集中。对竞争性行业来说，虽然企业规模小、竞争激烈，但是单笔贷款额度小，而且容易分散。因此，农信社可以根据竞争结构，结合总社风险管理政策，制定具体的风险管理策略，例如，将贷款适度集中在优质的垄断行业，以获得较高的利润率，也可以控制贷款的集中度，将贷款分散到各个行业中以降低风险。

成本结构：成本结构的考虑应该和规模、竞争结构等因素一起考虑。如果行业固定成本高，但是企业规模、产量比较大而且垄断程度高，则风险比较小。而对于变动成本比重较高的行业，如果企业现金流充足、运转速度快，则利润也会比较高。根据农信社的信贷政策可以决定，贷款是集中到固定成本高的行业还是变动成本高的行业，或是在两种行业间进行分散处理，使得贷款的集中度和期限均达到较理想的水平，从而得到具体的风险管理策略。

成熟度：贷款是倾向于投向成长行业还是成熟行业也是具体的行业风险管理策略之一。成长行业风险比较大，但是收益比较高，而成熟行业风险比较小。如果农信社的风险管理政策倾向于高风险高收益的话，在贷款行业分布上应该侧重于前景较好的成长行业，而更稳重的政策则促使贷款多集中到成熟行业。

经济周期：对行业与经济周期关系的分析也会影响到具体贷款的行业控制，在分析了当前的经济周期状况后，一般会限制贷款向与宏观经济发展趋势不相符的行业企业发放。

依赖性：贷款在关联行业间的集中会给农信社带来较大风险，依据农信社信贷风险管理政策所制定的贷款投放策略，应该进一步考虑行业间的依赖性问题。例如，在经济增长期，相互依赖的行业一般会同时出现增长，如果贷款过多投入这些行业，则实际上等同于集中到了同一个行业，从而带来较大风险。如果农信社的风险控制政策强调风险分散，则应该进行详细的行业依赖性分析，从而制定能够控制贷款在依赖性行业集中的管理策略。

替代性：行业替代性分析在风险管理策略中的作用仍然由信贷风险政策决定。如果农信社的信贷政策强调风险分散，则应该将贷款投入相互替代的行业中，控制贷款在行业的集中。如果农信社信贷政策强调利润最大化，则可以尽量投入替代行业中利润高、前景好的那个。

监管环境：监管环境对风险管理策略的影响一般是比较确定的，农信社一般应该避免将贷款投放到监管不健全，或是国家政策限制发展的行业。

3.2.4　行业分析主要流程

行业分析流程的主要管理功能是，在信贷政策的指导下，通过对农信社面对的借款对象进行分类，根据行业特点为每个类/行业的借款对象确定在信用评级、贷款评估、贷款分类工作中需考虑的因素、指标以及指标评价标准；根据信贷风险管理政策为每个类/行业确定具体的风险管理策略。整个流程如图 3-2 所示。

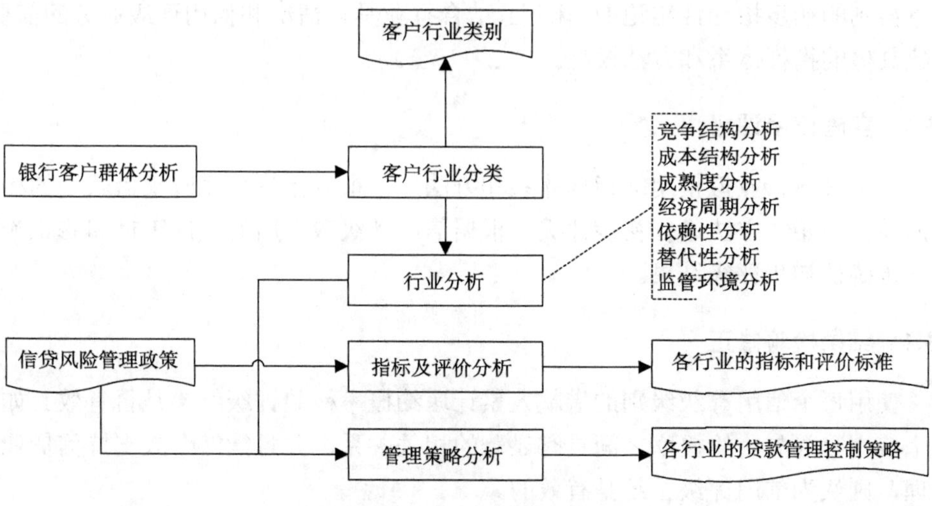

图 3-2　行业分析流程

行业分析得到的结果包括客户行业类别、各行业的指标评价标准、各行业的贷款管理控制策略，这些都是后续开展信用评级、信贷管理、贷款分类等工作的重要基础。

3.3 信用评级流程

信用评级是在行业分析所确定的客户行业类别以及每个类别所使用的指标和评价方法的指导下，根据具体的指标体系和方法，判断企业的偿债能力的高低。农信社内部信用评级业务流程包括信用评级政策制定、指标体系确定、方法确定、评级、评级结果检验和修正等环节。

3.3.1 制定评级政策

评级政策是在信贷风险管理政策的基础上建立的，用于直接指导信用评级业务的一系列管理措施和文件，规定信用评级应该达到的目标、采用的手段、组织流程和授权、信用等级调整、等级设置、应用限制等内容。评级政策设置应该与农信社风险管理政策、文化和目标相一致，并要根据具体业务的实际情况进行调整。

3.3.2 选择指标方法

对于不同行业的客户，要采用不同的信用评级指标体系和评级方法，在行业分析得到的初步指导性结论的基础上，结合行业具体情况和信用评级业务的需要，创建具体的指标体系和方法模型。

3.3.3 实施信用评级

确定具体行业拟使用的指标体系和方法后，根据指标体系收集借款人的相关数据并使用相关方法进行初步评级，根据信用评级政策所确定的审批和修正流程进一步确认初步评级结果。

3.3.4 结果检验修正

使用每个信用等级级别的借款人累计违约概率检验评级结果是否有效。如果各个信用等级与违约概率之间具有显著的相关关系，并且能够有效支持信贷业务管理，则认为信用评级系统是有效的。

3.3.5　业务流程图示

信用评级流程如图 3-3 所示。评级结果包括信用评级政策、评级指标体系以及对单个借款人的评级结果等。对单个借款人的信用评级结果是信贷风险评估的基础。信用评级政策和评级指标体系、标准和方法是对单个借款人信用评级的基础，需要不断修正以增强评级效果。

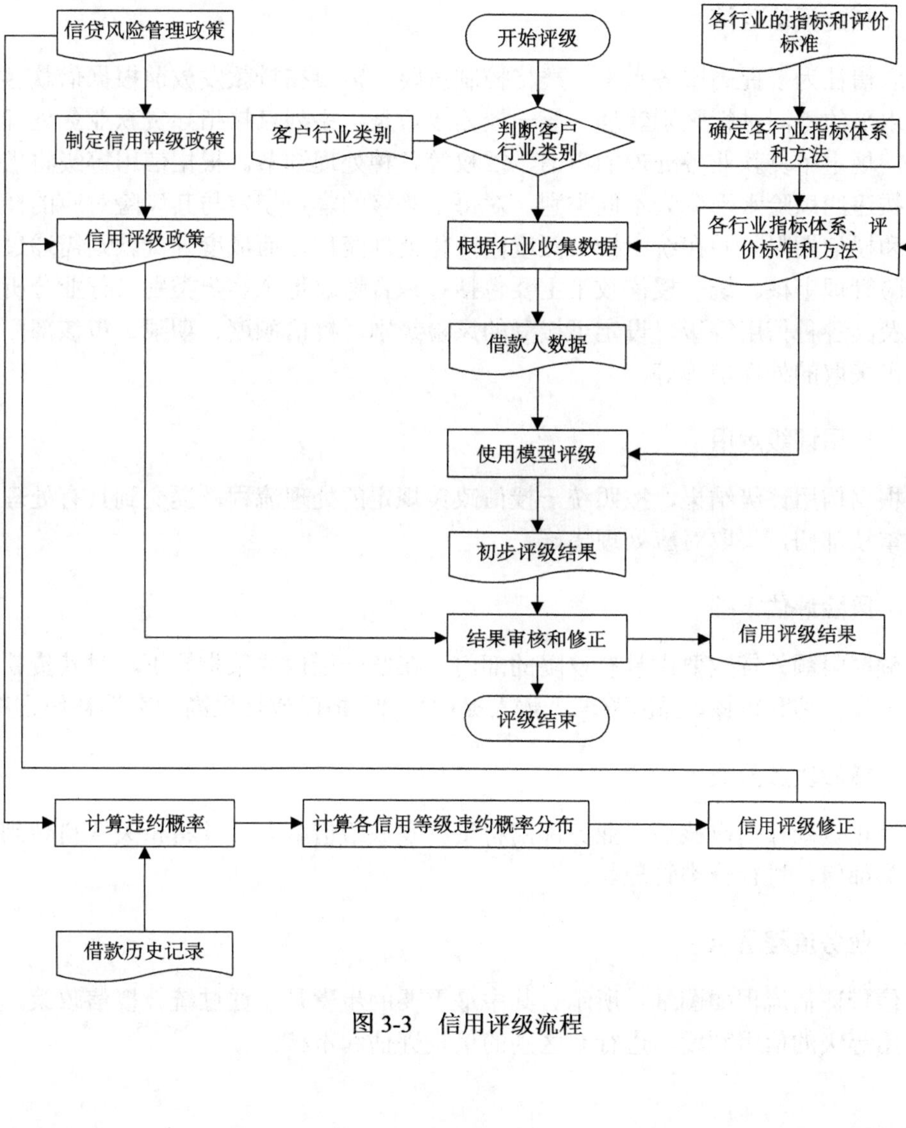

图 3-3　信用评级流程

3.4 信贷评估流程

信贷评估是通过分析借款人的偿债能力，借款目的、用途，抵押、担保，结合农信社信贷管理控制策略，做出是否发放贷款的决策过程。主要包括制定统一授信政策、信用评级运用、贷款风险评估、发放贷款等环节。

3.4.1 制定授信政策

农信社为了提高服务水平、严格控制风险，需要在贷款发放前根据借款客户风险水平的不同进行区别管理。统一授信政策是一系列直接指导贷款业务处理的文件，规定了贷款业务处理的申请、授权等各种处理细节。根据信用等级将借款客户按违约风险水平分为不同类别，对每个等级的客户规定与其风险对应的授信额度和授信期限，并在统一授信额度内简化处理流程，而额度外贷款则需通过严格风险管理审核。统一授信政策主要包括：综合考虑每个客户类别（行业分析结果）及其各种信用等级，设定可接受的风险级别、授信额度、期限、审核部门权限、可采取的处理措施等。

3.4.2 信用评级运用

根据信用评级结果，按照统一授信政策规定的处理流程，提交到具有处理权限的审核部门，采取对应处理措施。

3.4.3 风险评估审核

额度限额外贷款要由具有权限的部门，在统一授信政策指导下，对其贷款风险进一步评估和审核，提出要求借款人提供抵押、担保或是提高利率等补偿方案。

3.4.4 贷后发放分类

经过贷款评估审核后，业务部门将贷款发放给借款人，并将相关资料转到贷款分类部门，进行分类管理。

3.4.5 业务流程图示

信贷评估流程如图 3-4 所示。其中最重要的步骤是，通过统一授信政策，按照信用等级的信用额度，进行有区别的信贷评估和审核。

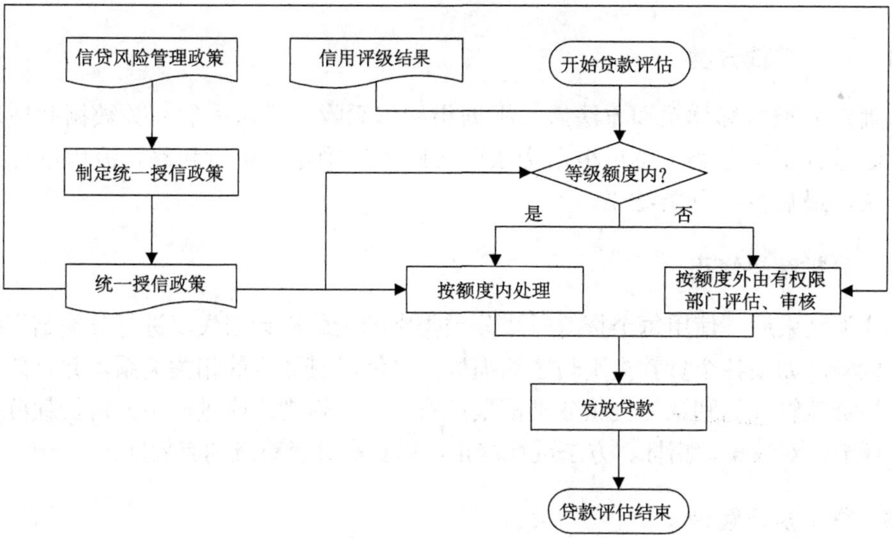

图 3-4　信贷评估流程

3.5　贷款分类流程

贷款分类是贷后风险管理的主要环节，通过动态评估借款人偿债能力的变化，评估已发放贷款的损失可能，将贷款分为相对损失率不同的类别。然后根据贷款分类政策的规定，对不同类别的贷款采取相应处理措施。贷款分类主要包括制定贷款分类政策、选择指标和方法、分类、分类结果检验修正、贷款管理等环节。

3.5.1　制定分类政策

贷款分类政策是在农信社信贷风险管理政策基础上制定的一系列直接指导贷款分类业务以及各类别贷款管理的文件。主要包括：贷款类别的设置、各类别的意义、贷款分类的组织流程和授权、各类别的分类和检验标准、贷款分类的方法、分类结果的调整、不同类别贷款的管理及授权等各方面的内容。

3.5.2　选择指标方法

针对各类客户（农户和企业）确定其贷款分类使用的指标体系和分类方法。在行业分析的基础上，结合行业具体情况和贷款分类业务的需要，创建各类贷款的分类指标、方法体系。考虑因素包括：①借款人的还款能力；②借款人的还款记录；③借款人的还款意愿；④贷款的担保；⑤贷款偿还的法律责任；⑥信用社的贷款管理政策。

3.5.3 实行贷款分类

确定分类指标体系和方法后，根据指标体系收集借款人的相关数据并使用相关方法进行初步分类，然后根据贷款分类政策所确定的审批和修正流程进行进一步确认，最后得到分类结果。

3.5.4 分类结果修正

分类结束后，使用每个贷款所属分类类别的贷款累计损失率进行分类结果的有效性检验。如果各个贷款类别与违约损失率之间具有显著的相关关系，并且能够有效支持贷款管理，则认为贷款分类模型是有效的。否则，应进一步分析贷款分类的各个环节，对政策、指标、方法进行修正，以提高分类系统的有效性。

3.5.5 贷款执行管理

贷款管理是对贷款分类结果的应用，具体内容包括贷款的跟踪、催收、提取损失准备金等，具体管理组织、权限、流程等由贷款分类政策决定。

3.5.6 业务流程图示

根据以上分析，形成如图 3-5 所示的信用社贷款分类流程。

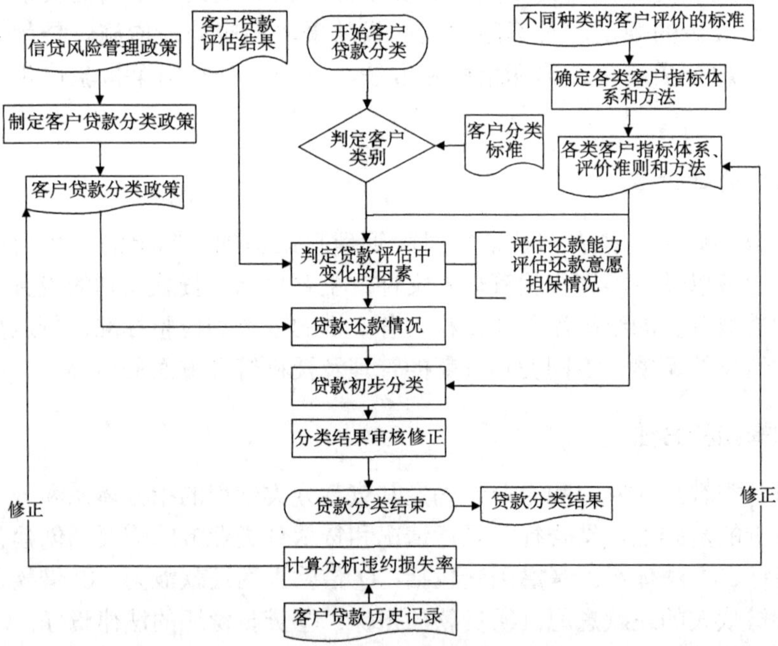

图 3-5　农信社贷款分类流程

3.6　贷款五级分类

贷款分类管理主要关注贷款的回收情况以及贷款对象和贷款用途是否发生变化，分析某笔贷款发生违约的可能性，然后根据可能性对贷款进行分类，由此进一步加强贷款资产管理。这就要求必须抓住每个类别的核心定义，它集中体现每个类别的还款保证程度，从而反映贷款的内在风险[3]。

3.6.1　正常贷款

这类资产包括优良贷款资产和正常类贷款资产两种。

1. 优良贷款资产

优良贷款资产指符合国家主导产业政策，经营合法合规，市场开拓能力强，在中期内不会因市场因素等变化而影响其自身还款能力，第一还款来源有充分保障的贷款资产。其客户主要是以下两类：

（1）有特许经营权或行业集中度比较高、市场准入高的效益良好的自然垄断企业；

（2）符合国家产业政策和市场发展要求，宏观经济政策和市场发展态势有利于企业经营规模的扩大和业绩的提高，并具备以下基本特征的一般竞争性行业企业：具有完善清晰的法人治理结构，财务等管理制度健全，经营稳定、业绩优良、信誉良好；市场开拓能力强，企业生产或经营的产品能适应市场需求，在市场中占有一定的份额，具有稳定的客户资源；获利能力较好，净资产收益率连续三年达到10%以上，除正常经营外，新的利润增长点正在显现；偿债能力强，具有一定规模实力，资产负债率处于合理水平，经营性现金流量充足，足以保障贷款的偿还；与银行（农信社）结算往来正常，综合效益高；企业信用等级评定在 AA 级以上；符合优良贷款资产考核的指标。

2. 正常类贷款资产

正常类贷款资产指客户能够履行合同，有充分把握按时足额偿还本息的贷款资产。其主要参考特征为：符合国家产业政策和市场发展前景；借款人具有完善的法人治理结构，财务等管理制度健全有效；借款人无重大违法违规行为；借款人在贷款机构无不良信用记录；借款人净现金流量为正值。

3.6.2　关注贷款

借款人偿还贷款本息没有问题，但是存在潜在的缺陷，继续存在下去将会影响贷款的偿还。其特征包括：宏观经济、市场、行业等外部环境是否可能对借款人的经营产生不利影响；企业改制（如分立、租赁、承包、合资等）对贷款机构债务可能产生不利影响；借款人的主要股东、关联企业或母子公司等发生了重大的不利变化；借款人的一些关键财务指标，例如流动性比率、资产负债率、销售利润率、存货周转率低于行业平均水平或有较大下降；借款人未按规定用途使用贷款；固定资产贷款项目出现重大的、不利于贷款偿还的调整，例如基建项目工期延长，或概算调整幅度较大；借款人还款意愿差，不与贷款机构积极合作；贷款抵押品、质押品的价值下降，或贷款机构对抵押品失去控制；贷款保证人的财务状况出现疑问；贷款机构对贷款缺乏有效的监督；贷款机构贷款档案不齐全，重大文件遗失，并且对还款构成实质性影响；违反贷款审批程度，例如超越授权发放贷款。

3.6.3　次级贷款

贷款的缺陷已经很明显，正常经营收入不足以保证还款，需要通过出售、变卖资产或对外融资，乃至执行抵押担保来还款。次级类贷款特征包括：借款人支付出现困难，并且难以获得新的资金；借款人不能偿还对其他债权人的债务；借款人内部管理问题未能解决，妨碍债务的及时足额清偿；借款人采用隐瞒事实等不正当手段套取贷款；借款人经营亏损，净现金流量为负值；借款人已不得不寻求拍卖抵押品、履行担保等还款来源。

3.6.4　可疑贷款

贷款已经确定要产生一定的损失，只是因为存在贷款人重组、兼并、合并、抵押物处理和未决诉讼等待定因素，损失金额还不能确定。可疑类贷款特征包括：借款人已资不抵债；企业借改制之机逃避贷款机构债务；贷款机构是否诉诸法律来收回贷款；贷款经过重组仍然逾期，或仍然不能正常归还本息，还款状况未得到明显改善。

3.6.5　损失贷款

贷款要大部分或全部发生损失。损失类贷款特征包括：借款人和担保人依法宣告破产，经法定清偿后，仍不能还清贷款；借款人死亡，或依照《中华人民共和国民法通则》的规定，宣告失踪或死亡，以其财产或遗产清偿后，未能还清的贷款；借款人遭受重大自然灾害或意外事故，损失巨大且不能获得保险补偿，确实无力偿还的部分或全部贷款；经国务院专案批准核销的逾期贷款；贷款企业虽未破产，工商行政部门也未吊销执照，但企业早已关停或名存实亡。

3.7　流程相互关系

信贷业务整体流程的相互关系如图 3-6 所示。

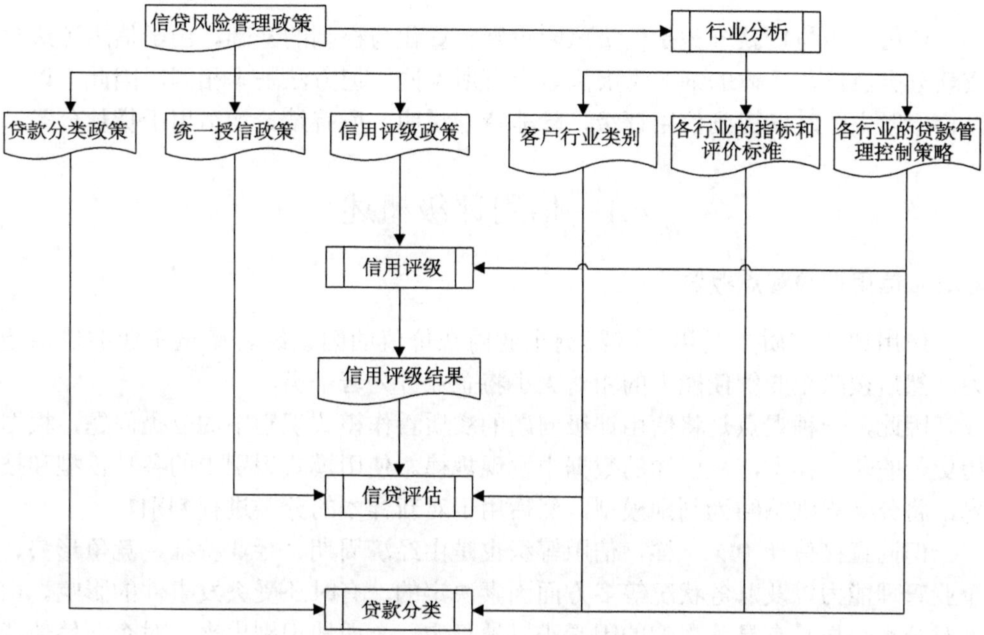

图 3-6　信贷业务整体流程关系

3.8　本 章 小 结

本章详细分析了贷款基本流程、行业分析流程、信用评级流程、信贷评估流程、贷款分类流程以及上述流程之间的相互关系，对这些流程和管理职能进行了一般性分析。至于某一类借款客户应该使用怎样的流程进行管理，还需根据实际情况具体分析，这将在后续展开深入研究。

第 4 章　信用评级和贷款分类模型

信用评级与贷款分类是信贷风险识别、量化与控制的基础。由于信用评级与贷款分类虽然在具体的细节考虑因素上有所不同，但方法基本相同。因此，以下讨论一般方法时仅提到信用评级，除非特别说明，所有结论均适用于贷款分类。

4.1　信用评级概述

4.1.1　信用评级观点概览

信用评级实质上是用一些影响企业内在价值的因素综合衡量企业的偿债能力，然后按照企业偿债能力的相对大小将企业分为若干类。

因此，一种观点是将信用评级问题的实质看作模式识别中的分类问题，根据历史上的若干样本，从已知的数据中发现规律。使用模式识别中的各种模型和技术，将分类规则总结为判别模型，然后用于对新样本的分类进行判别。

但同直接估计 PD 一样，信用等级也是由经济周期、行业特征、竞争形势、企业管理能力以及财务状况等多方面因素决定的，有时还受突发事件的影响。由于对分类结果具有显著影响的因素难以被稳定、全面地识别出来，对企业偿债能力和违约可能性进行综合评价可能存在偏差。而传统的模式识别技术和各种统计模型一般难以具体处理动态输入指标集的问题。因此，完全用数学模型代替评级过程是不可能的。

信用评级的另一种观点则认为，信用评级是一种艺术而不是科学，强调评级过程中专家根据经验对各种因素以及突发事件进行综合的主观评估而不是依靠数学模型。例如，穆迪公司的评级过程是由一套严密的组织结构和流程来支持的，其评级是由评级委员会确定的，通常由首席分析师提出召集评级委员会的建议，评级委员会成员至少包括一位管理董事指定的高级副总裁和首席分析师。另外还将依据评级的内容选择不同级别、不同背景、不同地区的专家，形成一个多方位的评级委员会，委员会专业经验的宽度和深度都足以应付所面临的信用风险。

信用评级既是科学也是艺术。其性质决定了无法使用数学模型完全替代评级人员的主观经验判断，但是数学模型确实可以在一定范围内发挥作用，提高评级效率和效果。

使用数学模型进行信用评级的优点在于客观、一致、速度快等，但是由于信用评级影响因素的随机性、动态性，仅使用数学模型进行信用评级效果并不理想。依赖专家经验的评级过程虽然可以灵活地处理各种动态因素以及突发事件，但是过于依赖专家的主观评估，其一致性可能较差，而且速度较慢、成本高。

农信社内部信用评级的目标和环境与第三方评级机构具有一定的区别，对于农信社来说，信用评级系统是其信用风险管理系统的一部分，而且基于信用评级的授信管理以及客户管理等，都是农信社业务管理的重要组成部分。因此，农信社的内部信用评级系统除了要具有一定的准确性外，对评级系统的处理速度和处理能力也有一定要求，而且农信社内部不可能拥有足够多的各个领域、行业的专家来进行准确的主观分析。所以，农信社内部信用评级更应该注重专家主观分析与数学模型方法的结合。

4.1.2　信用评级的层次性

信用评级之所以具有较高的复杂性，主要是因为影响企业违约概率的因素具有随机性、动态性，使用数学模型很难对这些因素进行综合评估。因此，必须强调依靠评级人员的经验和主观判断进行综合评价。但是从本质上说，评级人员的经验和主观判断仍然是建立在过去工作的积累上，因此用数学、统计模型来部分代替经验积累作为评级的辅助、参考，以及在比较结构化的问题中替代主观经验是可行的。

在信用评级中使用数学模型的关键在于，识别出在影响企业违约概率的各种因素中，哪些是稳定的、可以完全用模型来描述的，而对于各种突发事件、随机事件等难以纳入模型中考虑的因素，则应该建立有效的组织和流程，依靠分析人员经验判断进行评估。因此，使用数学模型进行信用评级，首先要明确数学模型适用于解决哪些层次的评级问题，而不是追求用全面、复杂的模型来替代主观经验的判断。

对于数学模型在信用评级中的应用，本章认为，多数数学模型适于在企业层面对企业的信用风险进行初步评价，而且评价结果一般需要由评级人员根据经验，在考虑了行业和国民经济宏观情况以及其他突发事件的影响后，得到最后的评级。例如 ZETA 评分模型得到的结果就是，企业是否可能发生财务失败，虽然企业财务失败与信用评级问题并不相同，而且结果较粗，但是对于信用评级决策无疑是具有较大帮助的。

根据巴塞尔委员会的研究，评估风险过程包括评级的因素、方法、时间区间和评级的调整。评级方法因此可以分为：基于统计的方法、有限制的专家判断的方法、完全基于专家判断的方法。所谓有限制的专家判断的方法，指的是允许评级专家在统计模型的基础上，根据某些因素对评级进行调整。巴塞尔委员会认为这三种方法不是独立的，同一农信社对不同类型的借款人可以采用不同的方法，小企业以统计方法为主。而超过一半的农信社对大客户则使用完全基于专家判断的方法（有限制的专家判断），在非 G10 调查中，53%的商业银行采用该种方法，美国 50 家商业银行也主要采用这种方法。据调查，商业银行或农信社不采用纯粹统计模型的主要原因包括：某些风险因素主观性非常强，业务多样化、数据不能完全获得，模型有效性尤其是经过整个经济周期的有效性有待检验。我国农信社的客户评级主要使用打分加权，信贷人员再做调整的形式，可以认为是一种初级的有限制的专家判断方法。因此，对农信社来说，一方面要提高有限制专家评级方法中所使用的统计模型的有效性与准确性；另一方面还要研究如何从流程上支持专家经验的发挥及限制主观因素的不利影响。

4.1.3 信用评级方法简述

信用评级自出现以来，一个基本的趋势是统计和数学模型的系统应用。传统的信用评级主要使用以比率分析为基础的各种改进型评分方法。这种分析方法的主要缺点在于综合能力差、自相关和重复评价严重。在比率分析的基础上，使用层次分析法（analytic hierarchy process，AHP）以及模糊综合评判等方法进行综合评价，提高比率综合评价的效果。

为了克服比率分析的各种缺点，国内外商业银行或农信社在信用分析时，广泛采用各种基于统计判别方法的多元判别分析（discriminant analysis）模型。这些模型都是在 Fisher 于 1936 年所做的启发性研究的基础上提出来的。总的来说，这些模型都可以看作一种分类系统，通过已分类的历史样本数据，建立判别函数并估计参数，然后使用判别函数对分类对象进行分类。

随着人工智能技术的发展，人工神经网络技术、专家系统、遗传规划、分类树以及各个方法相互结合的组合方法逐步应用到信用评级中来。与传统的统计模型相比，神经网络等人工智能技术是一种自然的非线性建模过程，具有有效处理变量之间的非线性关系以及各种不同类型数据的能力。因此，使用各种人工智能方法进行信用评估已经成为当前的热点。另外，除了以上各种方法外，还有一类非参数统计模型也可以用于信用评级，例如聚类分析（cluster analysis）和 k 近邻（k-nearest neighbor，KNN）判别等。虽然非参数方法对总体分布没有任何要求，适用范围广，但就信用评级这一问题而言，先验信息和经验总是存在的，不使用这些信息反而会降低精度，因此本书将不涉及非参数方法的应用。

4.2 比率综合评分

比率分析法一直是信用评级中使用的主要方法之一，一般使用各种财务、非财务比率构成指标体系，然后用评分表的方式进行综合分析，分行业按照一定的标准，参考企业的实际利率进行打分。这些评分表方法的优点在于可操作性很强，但是准确性很差，尤其是为了做到全面评价而采用大而全的指标体系，造成指标严重相关，重复记分严重。

使用层次分析法和模糊综合评判可以对比率综合评分法进行改进，提高其评级效果，得到了广泛应用。

4.2.1　评分分析要素

传统综合分析方法通过识别影响企业偿债能力的各方面的要素，再通过对这些要素进行综合评价来对企业进行信用评估。常用的信用评估要素有“6C”、“5P”及“LAPP”等几种形式。“6C”即品格（character）、能力（capacity）、资本（capital）、担保（collateral）、环境（condition）和事业的连续性（continuity）；“5P”即个人因素（personal）、目的因素（purpose）、偿还因素（payment）、保障因素（protection）和前景因素（perspective）；“LAPP”指流动性（liquidity）、适应性（adaptive）、盈利性（profitability）以及潜力（potentiality）。这些传统的信用分析要素虽然没有指明详细的分析指标，但却是农信社长期以来信用分析经验的积累，虽然信用评估的技术在不断变化，但其基本的分析要素仍是以这些要素为基础的。

4.2.2　AHP 计算权重

层次分析法（AHP）的核心是通过分析复杂系统的有关要素及其相互关系，将系统简化为有序的递阶层次结构[34]。根据对一定客观现实的主观判断结果（主要是两两比较），把专家意见和分析者的客观判断结果直接而有效地结合起来，将每一层次元素两两比较的重要性进行定量描述，形成判断矩阵。再通过计算判断矩阵的最大特征值以及相应的正交化特征向量，得出反映每一层次元素的相对重要性次序的权值，通过所有层次之间的总排序计算所有元素的相对权重并进行排序。相对于德尔菲（Delphi）法等直接主观估计权重的方式而言，层次分析法只需逐层估计指标的相对重要性，更加简单准确。而且层次分析法中还包含了一致性检验方法，保证结果是合理的。下面简要介绍单层权重计算算法。

1. 算法过程

（1）建立判断矩阵：利用 1-9 标度法建立判断矩阵（表 4-1）。

若判断矩阵 F 表示针对上一层某元素，本层次与之有关元素之间相对重要性的比较，假定上一层次的元素 C 同下一层次中的元素 x_1，x_2，…，x_n 有联系，则依据 1-9 标度法构造判断矩阵：

表 4-1　1-9 标度法

标度 f_{ij}	定义
1	i 因素与 j 因素同样重要
3	i 因素比 j 因素略重要
5	i 因素比 j 因素明显重要
7	i 因素比 j 因素强烈重要
9	i 因素比 j 因素极端重要
2，4，6，8	i 与 j 两因素重要性比较结果处于以上结果的中间
倒数	j 与 i 两因素重要性的比较结果是 i 与 j 两因素重要性比较结果的倒数

$$\begin{bmatrix} x_1 & f_{11} & f_{12} & \cdots & f_{1n} \\ x_2 & f_{21} & f_{22} & \cdots & f_{2n} \\ \vdots & \vdots & \vdots & & \vdots \\ x_n & f_{n1} & f_{n2} & \cdots & f_{nn} \end{bmatrix}$$

（2）一致性检验：求判断矩阵 F 的特征值和特征向量，并进行一致性检验，检验方法：

$$一致性指标\ \mathrm{CI}=\frac{\lambda_{\max}-n}{n-1}$$

$$一致性比率\ \mathrm{CR}=\frac{\mathrm{CI}}{\mathrm{RI}}$$

其中 RI 是平均随机一致性指标，由表 4-2 可查得，一般要求 CR<0.10 即符合一致性要求。若不符合，需要调整输入判断矩阵。

表 4-2　随机性指标 CR 数值

N	1	2	3	4	5	6	7	8
RI	0	0	0.58	0.9	1.12	1.24	1.32	1.41
N	9	10	11	12	13	14	15	
RI	1.45	1.49	1.52	1.54	1.56	1.58	1.59	

（3）求指标权重：求出判断矩阵的特征根和特征向量，其中最大的特征根所对应的特征向量就可以看作各指标的权重。

2. 流程代码

层次分析法流程如图 4-1 所示。

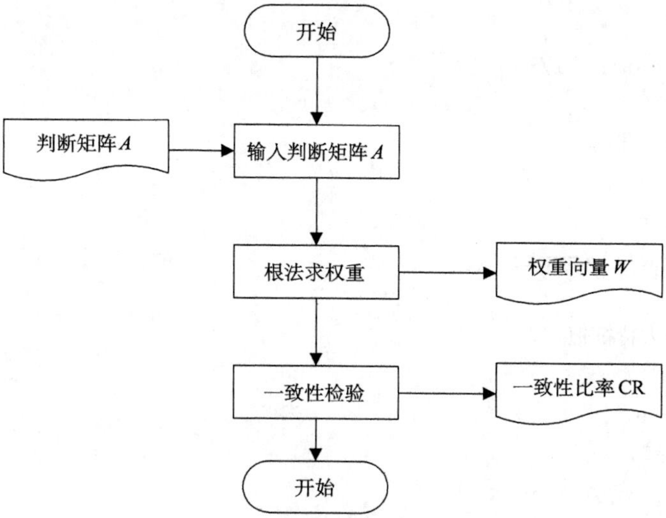

图 4-1　层次分析法流程

Matlab 源代码

```
function [W, CR]=AHPWeight(A)
%AHP权重计算模型
%==========================================
%A为n×n判断矩阵，表示指标间的相对重要程度
%A只需写出上三角，下三角自动补齐
%-----------------------------------------------------------------------
%W为n×1权重向量，表示指标的权重
%CR为数值，是模型一致性的判断标准
%==========================================
n=size(A, 1);
for i=1: n
    for j=1: i
        A(i, j)=1/A(j, i);                          %补下三角数据
    end
end;
%根法求权重
W=zeros(n, 1);
for i=1: n
    sum1=1;
    for j=1: n
        sum1=sum1*A(i, j);
```

```
      end;
      W(i)=sum1^(1/n);
   end;
   %权重向量标准化
   sum1=sum(W);
   for i=1: n
      W(i)=W(i)/sum1;
   end
   %根法求最大特征值
   sum=0;
   for i=1: n
      sum1=0;
      for j=1: n
         sum1=sum1+A(i, j)*W(j);
      end
      sum=sum+sum1/W(i);
   end
   eigMax=sum/n;
   %一致性检验
   %平均随机一致性指标
   RI=[0 0 0.58 0.90 1.12 1.24 1.32 1.41 1.45 1.49 1.52 1.54 1.56 1.58
1.59];
   CI=(eigMax-n)/(n-1);
   CR=CI/RI(n);
   %一致性比率
```

3. 应用实例

（1）设综合评判指标体系由 6 个指标构成：

X_1=全部资产自有率

X_2=流动比率

X_3=销售收入增长率

X_4=利润增长率

X_5=销售利税率

X_6=资金利税率

（2）确定 6 个指标的相对重要性判断矩阵：

$$A=\begin{bmatrix}1 & 0.5 & 8 & 7 & 7 & 7\\0 & 1 & 9 & 7 & 7 & 7\\0 & 0 & 1 & 2 & 2 & 2\\0 & 0 & 0 & 1 & 2 & 2\\0 & 0 & 0 & 0 & 1 & 1\\0 & 0 & 0 & 0 & 0 & 1\end{bmatrix}$$

（3）计算得出 W=（0.3427，0.4404，0.0713，0.0603，0.0427，0.0427）^{T}，CR＝0.0420<0.1；认为 A 通过一致性检验，W 可以用于评价。

4.2.3　熵权法计算权重

除了使用 AHP 法计算指标权重，还有其他可以通过历史数据客观计算权重的方法，例如熵权法[35]。熵是物质系统状态的一个函数。它表示系统的紊乱程度，是系统无序状态的量度。经过评估矩阵计算得出的作为权数的熵权，并不是在决策或评估问题中某指标的实际意义上的重要性系数，而是在给定被评价方案集后各种评价指标值确定的情况下，各指标在竞争意义上的相对激烈程度系数。从信息角度考虑，它代表该指标在该问题中，提供有用信息量的多寡程度。一个评估问题，设有 m 个评价指标、n 个评价方案，按照定性与定量相结合的原则取得多方案关于多指标的评价矩阵。算法流程如图 4-2 所示。

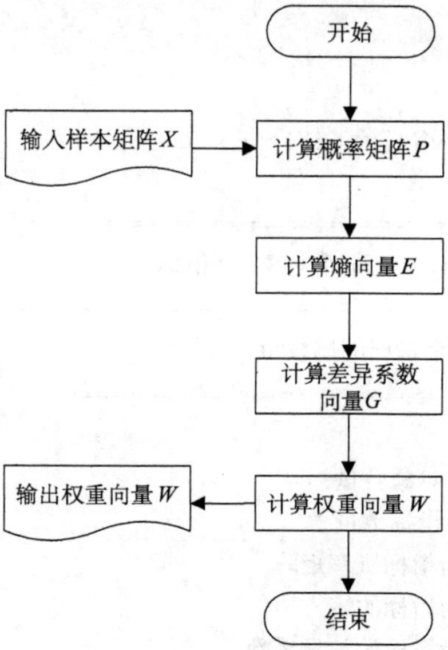

图 4-2　熵权法流程

根据熵权模型，当各被评价方案在某指标上的值相差较大、熵值较小时，说明该指标向决策者提供了有用的信息。同时还说明在该问题中，各方案在该指标上有明显差异，应重点考察。指标的熵值越大，该指标越不重要。也就是说，熵衡量的是指标包含信息量的多少，指标各个历史数值的差异越大，指标包含的信息量就越大，很显然，如果所有历史数据在某个指标上都是相同的或差异不显著，则该指标对综合评价没有什么贡献。

能够客观估计权重使熵权法具有一定的吸引力，但是熵所反映的指标包含信息量的大小并不等同于指标重要程度的大小。其他可以客观计算权重的方法，如加权平方和等，也存在类似的问题。因此，主观判断在信用评级中也是常用的。

1. 算法过程

设 $X=(x_{ij})_{m\times n}$，包含 m 个企业 n 个指标的历史样本数据，对 x_{ij}，定义其概率 $p_{ij}=x_{ij}\Big/\sum_{k=1}^{m}x_{kj}$，对每个指标定义其熵 $e_j=\dfrac{-\sum_{i=1}^{m}p_{ij}\ln p_{ij}}{\ln m}$，差异系数 $g_j=\dfrac{1-e_j}{n-\sum_{k=1}^{n}e_k}$，则权重 $w_j=\dfrac{g_j}{\sum_{k=1}^{n}g_k},j=1,2,\cdots,n$。

2. 流程代码

Matlab 源代码

```
function W=EntropyWeight(X)
%使用熵权法计算指标权重
%==========================================
%X为m×n样本指标矩阵，表示m个对象n个指标
%-------------------------------------------------
%W为n×1向量，表示n个指标的熵权重
%==========================================

m=size(X, 1);%获得对象数量
n=size(X, 2);%获得指标数量
P=zeros(m, n);%P为指标概率矩阵
E=zeros(n, 1);%E为指标的熵
G=zeros(n, 1);%G为指标的差异系数
W=zeros(n, 1);%W为指标的权重
SumX=sum(X); %SumX为列和，用于计算每个样本的概率
```

```
%计算样本概率
for col=1: n
    for line=1: m
       if(SumX(col)>0)
           P(line, col)=X(line, col)/SumX(col);%计算每个样本的概率
       end
    end
end

%计算指标熵
for col=1: n
    for line=1: m
        if(P(line, col)>0)
            E(col)=E(col)+-1*P(line, col)*log(P(line, col))/log(m);
%计算每个指标的熵
        end
    end
end

%计算差异系数
SumE=sum(E);
for col=1: n
    G(col)=(1-E(col))/(n-SumE);
end;

%计算权重
W=G/sum(G);
```

3. 应用实例

（1）设综合评判指标体系由6个指标构成：

X_1＝全部资产自有率

X_2＝流动比率

X_3＝销售收入增长率

X_4＝利润增长率

X_5＝销售利税率

X_6＝资金利税率

（2）采集样本数据。假设经过选择，选用 20 个企业 6 个指标数据构成样本

指标矩阵 X，如表 4-3 所示。

表 4-3　样本指标矩阵表

	X_1	X_2	X_3	X_4	X_5	X_6
1	60.00	120.00	5.00	5.00	15.00	15.00
2	48.00	104.00	4.45	3.75	7.50	4.95
3	40.20	111.00	1.10	5.00	11.25	10.05
4	55.20	96.00	4.45	3.75	11.25	15.00
5	52.20	111.00	5.00	4.60	15.00	15.00
6	48.00	87.00	4.45	3.75	12.00	13.20
7	40.20	87.00	3.35	3.75	11.25	10.05
8	43.20	96.00	3.90	3.75	11.25	9.75
9	36.00	72.00	2.80	2.50	7.50	10.05
10	28.20	56.00	2.20	2.50	7.50	4.95
11	24.00	48.00	1.65	2.50	7.50	5.25
12	16.20	39.00	1.65	1.25	3.75	1.95
13	12.00	24.00	1.10	1.00	3.00	2.55
14	4.20	8.00	0.55	0.60	1.50	1.50
15	48.00	111.00	2.80	1.25	3.75	4.95
16	55.20	87.00	3.35	3.75	15.00	12.75
17	40.20	72.00	4.45	3.75	11.25	4.95
18	19.20	48.00	3.35	2.50	7.50	4.50
19	31.20	96.00	3.35	3.75	7.50	10.50
20	52.20	87.00	4.45	2.50	11.25	5.25

（3）计算结果。根据上述代码计算得出：

$$W=(0.1530,\ 0.1416,\ 0.1593,\ 0.1483,\ 0.1597,\ 0.2382)^{\mathrm{T}}$$

4.2.4　模糊综合评价

模糊综合评价本质上是线性加权模型[36]，通过引入层次分析法（AHP）计算指标单因素隶属度，再合成为综合评价，可以降低线性补偿和相关性的影响。层次分析法通过分析复杂系统的有关要素及其相互关系，将系统简化为有序的递阶层次结构，使这些要素归并为不同的层次。每一层次可按其上一层的某一准则或要素，对该层要素进行两两比较，建立判断矩阵，通过计算判断矩阵的最大特征根及对应的正交特征向量，得出该层要素对于该准则的权重，最后计算出多层次要素对于总体目标的组合权重，从而得出不同方案或评价对象的优劣权值，为决策和评选提供依据。因此本章将层次分析法融入模糊综合评价流程中，形成 AHP-Fuzzy 模型。

1. AHP-Fuzzy 流程算法

设 x 为待评价的样本数据，$V=(v_{jk})_{n\times p}$ 为评语矩阵，表示 n 个指标对应 p 个评语级别的临界值，$v_{jk}>v_{j(k+1)}, j=1,2,\cdots,n$。定义隶属度函数 $R=f(V,x)$; $R=(r_{jk})_{n\times p}, r_{jk}\in[0,1]$，即对于样本的第 j 个评价指标的样本数据 x_j，属于第 k 个评语的隶属度为 r_{jk}。隶属度函数 f 可采取各种形式，如式（4-1）所示：

$$\begin{cases} r_f=\dfrac{x-v_{f+1}}{v_f-v_{f+1}};\ v_{f+1}\leqslant x\leqslant v_f \\ r_{f+1}=\dfrac{v_f-x}{v_f-v_{f+1}};\ v_{f+1}\leqslant x\leqslant v_f \\ r_1=1;\ v_f\leqslant x \\ r_p=1;\ v_{f+1}\geqslant x \\ \text{其他} r_k=0 \end{cases} \tag{4-1}$$

设 $W=(w_j)_{n\times 1}$ 为指标权重向量，该权重可以使用 AHP 模型、熵权模型等方法计算得出。

设 $S=(s_j)_{n\times 1}, s_j\in[0,100]$ 为评语分数向量，S 可以将样本指标对应的评语级别转换为评语分数。因此有以下几种评价方法：

（1）单因素评价：$R=f(V,x)$ 计算每个指标的样本值对每个评语的隶属度。

（2）多因素合成：使用模糊合成运算 $D'=W'\circ R$ 计算综合评价值对每个评语的隶属度，合成算子使用 $(\cdot,\oplus)$，即实数乘法和有界加法。

（3）综合评分：一般可以使用最大隶属度准则得到评价等级，也可以通过 $\beta=S'D$ 转化为评分值。

2. 流程代码

AHP-Fuzzy 算法流程如图 4-3 所示。

Matlab 源代码

（1）隶属度函数

```
function R=MemberShip(V, X)
%隶属度函数
%======================================================
%V为n×p矩阵，表示n个指标的p个评语的评价临界值
%X为n×1向量，表示n个指标的指标值
```

```
%------------------------------------------------------------
```

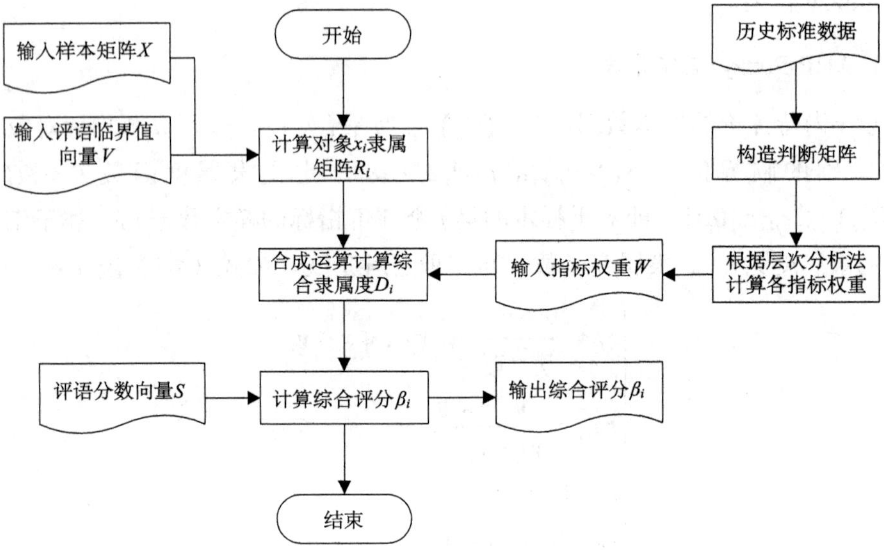

图 4-3　AHP-Fuzzy 算法流程

```
%R为n×p矩阵，表示n个指标分别隶属于p个评价级别的隶属度
%============================================================
n=size(V， 1);
p=size(V， 2);
R=zeros(n， p);
for i=1: n
    if(X(i)>V(i， 1))                          %  x>v[1]
        R(i， 1)=1;                         %   r[1]=1;
    else
        if(X(i)<=V(i， p))                      %   x<=v[p]
            R(i， p)=1;                     %   r[p]=1;
        else
            for f=1: p-1
                if(X(i)>V(i， f+1))&(X(i)<=V(i， f))
                  % v[f+1]=<x<=v[f]
                    R(i， f)=(X(i)-V(i， f+1))/(V(i， f)-V(i， f+1));
                 % r[f]=(x-v[f+1])/(v[f+1]-v[f])
                    R(i， f+1)=(V(i， f)-X(i))/(V(i， f)-V(i， f+1));
                 % r[f+1]=(v[f]-x)/(v[f+1]-v[f])
                    break;
```

```
                end
            end
        end
    end
end
```

(2）模糊合成算子函数

```
function Z=FuzzyComb(W, R)
%模糊合成算子
%=================================================
%使用实数乘法和有界加法
%W为n×1权重向量，表示n个指标的权重
%R为n×p隶属度矩阵，表示对象对于某个指标的隶属度
%-------------------------------------------------
%Z为p×1综合隶属度向量
%=================================================
Z=(W'*R)';              %用矩阵乘法，即实数乘法和一般加法
for j=1: size(Z)
      if(Z(j)>1)
          Z(j)=1; %一般加法重新定界
      end
   end
end
```

(3）模糊综合评判模型

```
function D=FuzzyCompEV(W, V, S, X)
%模糊综合评判函数
%====================================================
%W为n×1权重向量，表示n个指标的评价权重
%V为n×p评语集矩阵，表示n个指标的p个评语级别的临界值
%S为p×1评语分数向量，表示p个评语级别分别对应的评语分数
%X为m×n指标样本矩阵，表示m个对象n个指标的样本数据
%-------------------------------------------------------
%D为m×1综合评价结果向量，表示m个对象的综合评价得分
%====================================================
m=size(X, 1);
D=zeros(m, 1);
for i=1: m
   Y=X(i, : );                 %X每行为一个待评价对象
```

```
    R=MemberShip(V, Y);  %计算隶属度矩阵
    Z=FuzzyComb(W, R);  %模糊合成运算，该算子采用实数乘法和有界加法合成
    D(i)=Z'*S;          %计算综合评价值
end
```

3. 应用实例

（1）设综合评判指标体系由 6 个指标构成：

X_1=全部资产自有率

X_2=流动比率

X_3=销售收入增长率

X_4=利润增长率

X_5=销售利税率

X_6=资金利税率

（2）确定评语集由 5 个等级组成，为优秀、良好、一般、合格、较差。

（3）确定每个指标的评语等级临界值 V（表 4-4）。

表 4-4　评语等级临界值 V

	优秀 V_1	良好 V_2	一般 V_3	合格 V_4	较差 V_5
X_1	80	60	40	20	10
X_2	100	80	60	40	20
X_3	5	4	3	2	1
X_4	5	4	3	2	1
X_5	10	8	6	4	2
X_6	15	13	11	8	6

（4）确定每个评语等级的分数 S（表 4-5）。

表 4-5　评语等级的分数 S

优秀 S_1	良好 S_2	一般 S_3	合格 S_4	较差 S_5
100	80	60	40	20

使用 AHP 模型计算指标权重

$$W=(0.3427,\ 0.4404,\ 0.0713,\ 0.0603,\ 0.0427,\ 0.0427)^{T}$$

以 V、S、W、X 为参数调用 FuzzyCompEV 函数，得到评价值（X 使用熵权模型中的样本指标矩阵）

D=(93.1457，81.8351，77.9752，87.4469，89.9899，80.2483，74.6631，80.3106，62.1300，47.1830，38.8129，24.5913，13.7014，10.0000，73.6942，80.9556，67.8984，39.3448，73.1594，76.8065)^T

综合比率评分法是农信社信用评级常用的基本方法，其主要优点在于简单实用、可操作性强。通过使用 AHP、模糊综合评价等方法加以改进，在一定程度上弥补了其线性补偿和重复记分的缺陷。但这种分析方法本质上不能从历史数据的统计特征中积累经验，其效果的改进只能由评级人员的经验积累来保证，因此准确性和一致性都有很大问题，在后面将研究如何使用统计模型来弥补这些缺陷。

4.3　Z 评分与 ZETA 评分模型

4.3.1　模型概述

Altman 在 1968 年提出的 Z 模型及其之后提出的 ZETA 评分模型[37]是金融机构信用风险管理中应用较成功和广泛的模型。

1. Z 评分模型

Z 评分模型是一种多变量的分辨模型，根据数理统计中的辨别分析技术，对农信社过去的贷款案例进行统计分析，选择一部分最能够反映借款人的财务状况、对贷款质量影响最大、最具有预测或分析价值的比率，设计出一个能最大程度区分贷款风险度的数学模型（也称之为判别函数），对贷款申请人进行信用风险及信用评估。Z 评分模型主要有以下步骤：

（1）选取一组最能反映借款人财务状况、还本付息能力的财务比率，如流动性比率、资产收益率、偿债能力指标等。

（2）从农信社以往的贷款资料中分类收集样本。样本数据基本分为两类：一类是能正常还本付息的案例；另一类是呆滞、呆账案例。每大类还可按行业性质、贷款方式再细分。

（3）根据各行业的实际情况，科学地确定每一比率的权重。权重主要根据该比率对借款还本付息的影响程度确定。

（4）将每一比率乘以相应权重，然后相加，便可得到一个 Z。

（5）对所选样本的 Z 进行分析，可得到一个衡量贷款风险的 Z 值或值域。

比率的选取对 Z 评分模型的有效性具有关键意义，Altman 最初在设计该模型时列举了 22 个变量，最后经过反复筛选确立了 5 个主要财务比率作为分辨函数的自变量。其中：

X_1：流动资金/总资产，它用来衡量一家公司在一定数量的总资本额下其流动性资金数量大小的指标。

X_2：留存收益/总资产，它反映的是一家公司累计的盈余能力，公司累计盈利能力越强，就越健康、越有实力。

X_3：息税前收益/总资产，它是用来测定企业资产盈利水平的指标，不受税收和财务杠杆两个因素的制约。由于该指标可说明企业是否能够长期稳健地生存下去，因而用它来预测企业是否倒闭十分有效。

X_4：股权市值/总负债账面值，该比率反映了借款人贷款超过其资产额之前以及破产之前，用股权市值加债务额所表示的公司破产价值能够下降（缩小）的程度。

X_5：销售收入/总资产，说明一个公司产生销售收入的能力。

除了解释变量的选取之外，判别函数的系数估计也是影响 Z 评分模型分辨能力的关键因素，而 Altman 确立的分辨函数为

$$Z = 0.012X_1 + 0.014X_2 + 0.033X_3 + 0.006X_4 + 0.999X_5$$

Altman 经过统计分析和计算，最后确定了借款人违约的临界值 $Z_0 = 2.675$，如果 $Z < 2.675$，借款人被划入违约组；反之，如果 $Z \geqslant 2.675$，则借款人被划入非违约组。当 $1.81 < Z < 2.99$，Altman 发现此时的判断失误较大，称该重叠区域为“未知区”或“灰色区域”。

2. ZETA 模型

Altman、Haldeman 和 Narayanan 对原始的 Z 评分模型进行了较大的修正，提出了第二代信用评分模型——ZETA 模型。新模型的变量由原始模型的 5 个增加到 7 个，适用范围更广，对不良借款人的辨认精度也更高。模型中 7 个变量名称及其说明如表 4-6 所示。

表 4-6　ZETA 模型中各变量名称及其说明

变量名称	说明
X_1=资产收益率	息税前收益占总资产的比率，在评估公司经营状况好坏时是非常有用的一个指标
X_2=收益稳定性指标	公司（企业）资产收益率在 5 年或 10 年中变化的标准差，可以衡量工商企业面临的风险大小
X_3=债务偿付能力指标	由息税前收益占总利息支付额比率来度量
X_4=累计盈利能力指标	由公司的留存收益与总资产之比表示，反映公司的实力强弱
X_5=流动性指标	由流动比率表示
X_6=资本化程度指标	用借款人普通股 5 年的平均市场价值与长期资本总额之比来表示，反映借款人归还债务的能力
X_7=规模指标	由企业总资产的对数来表示

4.3.2　模型分析

Z 评分模型与 ZETA 评分模型是用于预测企业财务失败的判别分析模型，经过实证检验，如表 4-7 所示，Z 模型和 ZETA 模型的分辨能力是比较强的。

Z 评分模型和 ZETA 评分模型虽然具有良好的性质，但是在实际应用中仍然存在很多问题。首先是模型结构的确定比较困难。对于不同的国家、行业，模型使用的解释变量可能会有区别，因此变量的选择和系数的估计都要通过使用大量历史数据进行反复检验来完成。而且模型缺乏理论基础，经济含义难以解释，因此无法辅助风险管理人员进行深入分析。模型中使用的解释变量均为财务数据，同样重要的各种非财务信息无法纳入模型中，而且最后的分类结果为违约和非违约两种，也不符合信用评级中估计相对违约概率需要更加细化的要求。

表 4-7　Z 评分模型和 ZETA 评分模型预测准确率　（单位：%）

预测年数	ZETA 模型		Z 模型	
	破产	非破产	破产	非破产
1	96.2	89.7	93.9	97.0
2	84.9	93.1	71.9	93.9
3	74.5	91.4	48.3	NA
4	68.1	89.5	28.6	NA
5	69.8	82.1	36.0	NA

Z 评分模型和 ZETA 评分模型是一种以会计资料为基础的多变量信用评分模型。由这两个模型所计算出的 Z 值可以较为明确地反映借款人（企业或公司）在一定时期内的信用状况（违约或不违约、破产或不破产），因此，它可以作为借款人经营前景好坏的早期预警系统。由于 Z 评分模型和 ZETA 评分模型具有较强的操作性、适应性以及较强的预测能力，所以，它们已经成为预测企业违约或破产的重要分析方法之一。

然而，在实践中，人们发现无论是 Z 评分模型还是 ZETA 评分模型都存在着很多先天不足，使模型的预测能力大打折扣。两个模型存在的问题主要来自以下几方面：首先，两个模型都依赖于财务报表的账面数据，而忽视日益重要的各项资本市场指标，这就必然削弱模型预测结果的可靠性和及时性；其次，由于模型缺乏对违约和违约风险的系统认识，理论基础比较薄弱，从而难以令人信服；再次，两个模型都假设在解释变量中存在着线性关系，而现实的经济现象是非线性的，因而也削弱了预测结果的准确程度，使得违约模型不能精确地描述经济现实；最后，两个模型都无法计量企业的表外风险，另外，对某些特定行业的企业，如财务公司、新公司及公用企业也不适用，因而它们的使用范围受到较大限制。

4.4 距离判别模型

4.4.1 模型概述

判别分析（discriminant analysis）是根据不知所属组的观测值 X，以低误差率来判别一个未知观测值属于哪一组。其基本假定是能够以某种方法对原始数据进行正确分类（一般认为根据经验积累，历史数据中总存在一定的可以良好确定其类别的典型样本），用原始数据建立判别函数并估计参数，然后用判别函数实现对未知样本的分类[38]。自 Fisher 首次提出线性判别的思想以来，各种判别分析模型在分类问题中得到了广泛的应用。距离判别模型是最基本的统计判别模型。

判断一个样本属于哪个已知类别，可以通过计算样本更“接近”哪个类别来解决，即如果样本到某个类的“距离”最小，那么该样本属于这个类别的可能性就比属于其他类大，因此可以判别该样本属于这个类别。距离判别的基本思想就是通过计算样本到类的“距离”来判别样本属于哪个类别，距离判别模型的关键在于如何构造样本到类的“距离”。

4.4.2 模型算法

对于有 n 个指标的 m 分类问题：

设 $X_i=(x_{kj})_{k_i\times n}$，为第 i 组历史样本数据，包含 k_i 个样本的 n 个指标的样本值；$\mu_i=(u_{ij})_{n\times 1}$，为第 i 组样本指标均值向量；$\Sigma_i=(\sigma_{kl})_{n\times n}, i=1,2,\cdots,m$，为第 i 组样本指标协方差矩阵。x 为待分类的对象。

则 x 到第 i 组的欧氏距离 $d_i^2=\|x-u_i\|=(x-u_i)'(x-u_i)$。

只要计算 x 到 m 个类的欧氏距离中哪个最小，就可以判定 x 属于哪个类别。

欧氏距离有个较大的缺陷是对指标的度量比较敏感，为了消除指标不同量纲的影响，一般使用马氏距离代替欧氏距离，作为样本到类距离的判断，马氏距离的定义为 $d_i^2=(x-u_i)'\Sigma_i^{-1}(x-u_i)$，则 d_i^2 就构成了 m 个判别函数，使得 $d_i^2(x)$ 最小的 i 即为 x 的类别。

4.4.3 流程代码

1. 流程图

距离判别分析流程如图 4-4 所示。

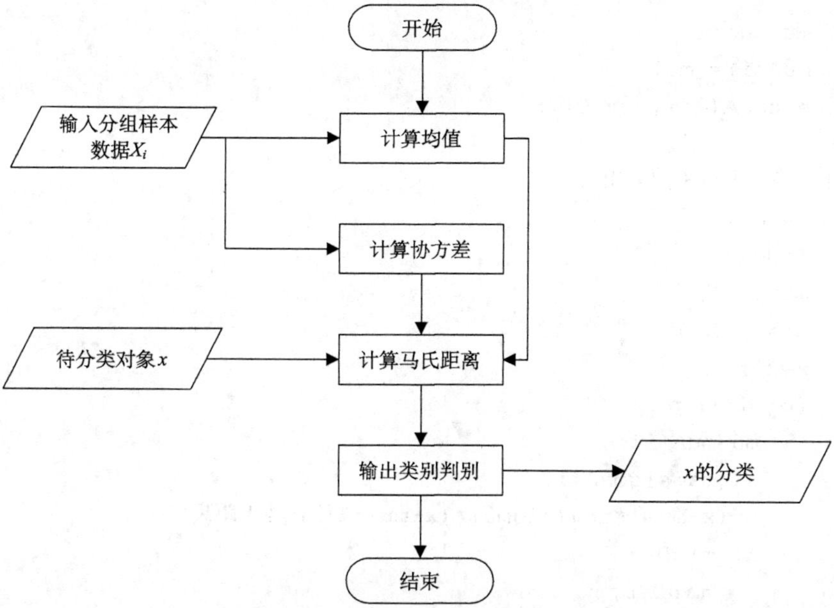

图 4-4　距离判别分析流程

2. Matlab 源代码

```
function Y=DADist(G, X)
%距离判别分析
%==============================================
%G为p×1单元，包含p组ki×n个样本数据
%X为m×n待判定数据矩阵，表示要分组的对象
%----------------------------------------------
%Y为m×1向量，表示X中m个对象分组结果
%==============================================

%距离计算关键是计算p个n×1均值向量和p个n×n协方差矩阵
p=size(G, 2);
m=size(X, 1);
n=size(X, 2);
Y=zeros(m, 1);
%计算所有组的组内均值向量和协方差矩阵
for i=1: p
    C=G{i};
    mu=sum(C)/size(C, 1);
```

```
    mu=mu';
    muA(i)={mu};
    sigmaA(i)={cov(C)};
end
%计算待评定对象的分组
for j=1: m
    index=-1;
    minD=-1;
    x=X(j, : );
    x=x';
    for i=1: p
        mu=muA{i};
        sigma=sigmaA{i};
        D=(x-mu)'*inv(sigma)*(x-mu);%计算马氏距离
        if minD==-1
            minD=D;
            index=i;
        elseif minD>D
            minD=D;
            index=i;
        end
    end
    Y(j)=index;
end
```

4.4.4 应用实例

（1）设定输入指标体系由两个指标构成：

X_1=企业信用等级

X_2=贷款类型的风险系数

（2）确定分类结果为 2 类，一类为可以贷款，如表 4-8 所示；一类为不可贷款，如表 4-9 所示，确定样本数据集并归一化。

表 4-8　第一类样本数据

信用等级	风险系数
0.8	0.8
0.4	1
0.2	1
0.8	0.93333

续表

信用等级	风险系数
0.6	0.86667
0.8	0.8
1	0.88
0.4	0.93333
1	0.61333
0.6	0.8
0.6	0.8
0.4	0.88
0.2	1
0.8	0.66667

表 4-9 第二类样本数据

信用等级	风险系数
0	0.89333
0	0.82667
0.2	0.8
0.4	0.36
0.6	0.013333
0.6	0.8
1	0.10667
0.2	0.65333
0.2	0.68
0.6	0.64
0.4	0.54667
0.2	0.53333
0	0.77333
0.4	0.57333
0.2	0.8
0.4	0.77333
0.2	0.73333
0.6	0.28
0	0.68

续表

信用等级	风险系数
0.2	0.84
0.8	0.62667
0.6	0.50667

（3）使用以上两组数据作为分组样本，分别作为待判别对象调用 DADist 函数，返回值为

Y_1=（1，1，1，1，1，1，1，1，1，1，1，1，1，1）

即第一组样本经过评判全部属于第一组，误判率为 0。

Y_2=（2，2，2，2，2，1，2，2，2，2，2，2，2，2，2，2，2，2，2，2，2，2）

第二组样本经过评判，有 1 个判错，误判率为 1/22。

4.5　Fisher 判别模型

4.5.1　模型概述

Fisher 判别的基本思想是将 k 个样本（k 个历史数据）看作 n 维（n 个指标）空间的 m 个组（m 个类别），把 n 维空间划分为 m 个不相交的区域，每个区域对应一个组[39]。对于新的样本，它必然落入某个组的所属区域，因此即可判定样本所属组。Fisher 判别就是要找线性函数 $y=\alpha' x$，使得组内函数值尽量接近，而不同组间的函数值尽量疏远。

4.5.2　模型算法

设 $X_i=(x_{kj})_{k_i\times n}$，为第 i 组历史样本数据，包含 k_i 个样本的 n 个指标的样本值；不同的组具有相同的协方差矩阵 Σ（Σ的计算可以采用所有样本进行计算，或采用错分成本最大的一组进行计算）；$\mu_i=(u_{ij})_{n\times 1}, i=1,2,\cdots,m$，为第 i 组样本指标均值向量；$\mu=\dfrac{1}{m}\sum\limits_{i=1}^{m}\mu_i$ 为所有组的平均均值向量。

定义 $A=\sum\limits_{i=1}^{m}(\mu_i-\mu)(\mu_i-\mu)'$，设 $\lambda_1,\lambda_2,\cdots,\lambda_s$ 为 $\Sigma^{-1}A$ 的 s 个非 0 特征值，$e_1,e_2,\cdots,e_s$ 为对应的 s 个非 0 特征向量。

令

$$\xi_i=(e_1'\mu_i,e_2'\mu_i,\cdots,e_s'\mu_i)', i=1,\cdots,m;\quad y=(e_1'x,e_2'x,\cdots,e_s'x)'$$

则欧氏距离 $d_i^2=(y-\xi_i)'(y-\xi_i), i=1,\cdots,m$ 构成 m 个判别函数，x 属于 d_i^2 中最小的那一组。

4.5.3 流程代码

1. 流程图

Fisher 判别流程如图 4-5 所示。

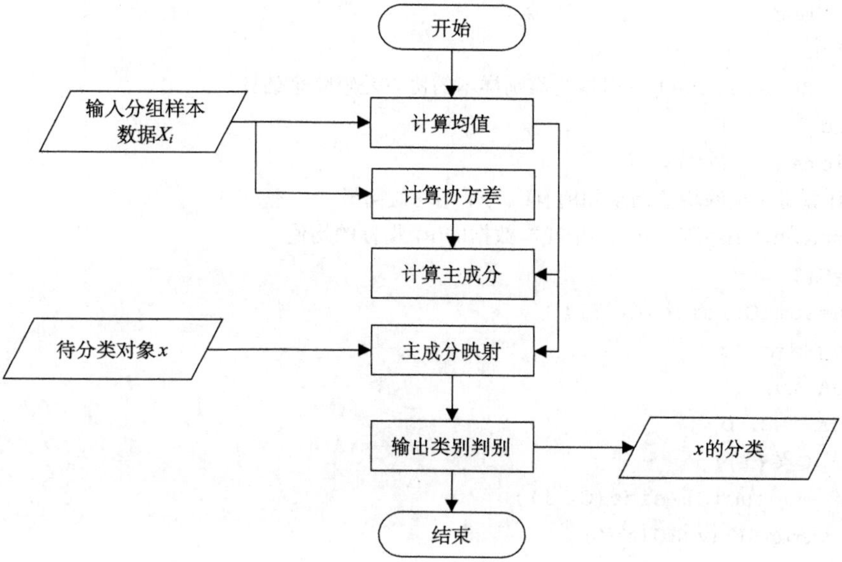

图 4-5　Fisher 判别流程

2. Matlab 源代码

```
function Y=DAFisher(G, alpha, X)
%Fisher判别分析
%========================================
%G为p×1单元，包含p组ki×n个样本数据
%X为m×n待判定数据矩阵，表示要分组的对象
%----------------------------------------
%Y为m×1向量，表示X中m个对象分组结果
%========================================

p=size(G, 2);
m=size(X, 1);
```

```
n=size(X, 2);
Y=zeros(m, 1);
%Fisher判别假定不同的组具有相同的协方差矩阵

if(alpha==0)
    XG=G{1};
    for i=2: p
        XG=[XG;G{i}];%用所有样本的协方差矩阵来估计
    end
else
    XG=G{alpha};%用指定类别样本的协方差矩阵来估计
end
sigma=cov(XG);
%计算每个组的均值向量和所有组的平均均值向量
%muA为p×n矩阵，包含p个样本数据的n个指标的均值
C=G{1};
mu=sum(C)/size(C, 1);
avgMU=mu';
muA=mu;
for i=2: p
    C=G{i};
    mu=sum(C)/size(C, 1);
    avgMU=avgMU+mu';
    muA=[muA;mu];
end
avgMU=avgMU/p;
%计算A
A=zeros(n, n);
for i=1: p
    mu=muA(i, : )';
    A=A+(mu-avgMU)*(mu-avgMU)';
end
%计算主成分判别函数
%==================================
%求大于0特征值对应的特征根
SA=inv(sigma)*A;
[E lamda]=eig(SA);
s=size(lamda, 1);
EK=-1;
```

```
for i=1: s
    if(lamda(i, i)>0)
        if EK==-1
            EK=[E(: , i)'];
        else
            EK=[EK;E(: , i)'];
        end
    end
end
%EK就是判别函数组，每列为一个函数（特征值）
EK=EK';
%=================================
%将各组均值向量和待判定对象主成分化
L=muA*EK;%p行s列
%将待评价样本数据主成分化
DL=X*EK;
%计算每个样本的最小欧氏距离
for j=1: m
    index=-1;
    minD=-1;
    dl=DL(j, : );
    for i=1: p
        mu=L(i, : );
        D=(dl-mu)*(dl-mu)';
        if minD==-1
            minD=D;
            index=i;
        elseif minD>D
            minD=D;
            index=i;
        end
    end
    Y(j)=index;
end
```

4.5.4　应用实例

使用和距离判别相同的指标体系及样本数据作为分组样本，同时作为待判别对象分别调用 DAFisher 函数，返回值为

Y_1=（1，1，1，1，1，1，1，1，1，1，1，1，1，1）
即第一组样本经过评判全部属于第一组，误判率为 0。
Y_2=（2，2，2，2，2，1，2，2，2，2，2，2，2，2，2，2，2，2，2，1，2，2）
第二组样本经过评判，有 2 个判错，误判率为 1/11。

4.6 Logistic 判别模型

4.6.1 模型概述

距离判别与 Fisher 判别都侧重于根据相似度构造线性判别函数，其中相似度是计算与一个典型模式的距离，它往往是样本均值，而样本的具体分布情况则没有做任何考虑。实际上，在具有样本分布的先验信息的情况下，如果有效利用了这些信息，分类的精确程度将大大得到提高。Bayes 判别准则是假设具有各组总体分布完全的先验信息，理论上可以得到最精确的判别结果[40]。

设 m 个组的总体概率密度函数分别为 $f_i(x)$，先验概率分别为 P_i，用 $C(j|i)$ 表示实际来自第 i 个总体的个体误判为来自第 j 个总体的损失，$P(j|i)$ 表示误判损失，其中 $C(i|i)=0$，$P(i|i)=1-\sum_{k=1,k\neq i}^{m}P(k|i), i=1,2,\cdots,m$。则来自第 i 组的样本被误判的平均损失为

$$E(R_i)=\sum_{k=1,k\neq i}^{m}P(k|i)C(k|i)$$

总的平均误判损失 $E(R_1,\cdots,R_m)=\sum_{i=i}^{m}[P_i\sum_{k=1,k\neq i}^{m}P(k|i)C(k|i)]$，合理的判别规则是使总的误判损失最小。

设 $h_i(x)=\sum_{k=1,k\neq i}^{m}P_k f_k(x)C(i|k)$，如果假设误判损失相同为 1，则

$$h_i(x)=\sum_{k=1,k\neq i}^{m}P_k f_k(x)=\sum_{k=1}^{m}P_k f_k(x)-P_i f_i(x)$$

故 $h_i(x)$ 最小等价于 $P_i f_i(x)$ 最大，因此，判别规则为当 x 使得 $P_i f_i(x)>P_k f_k(x)$，$i\neq k, k=1,2,\cdots,m$ 时，判定 x 属于第 i 组。

根据 Bayes 判别准则，多元线性组合的 Logistic 概率函数定义为

$$P=\frac{1}{1+\exp\left[-\left(a+\sum_{i=1}^{n}b_i x_i\right)\right]}\in(0,1)$$

如果用b_0表示常数项，并且x_0恒等于 1，则令$z=\sum_{i=0}^{n} b_0 x_0$，$P=\frac{1}{1+\exp(-z)}=\frac{\exp(z)}{1+\exp(z)}$。

令m个总体$\pi_i, i=1,2,\cdots,m$的密度函数分别为

$$f_i(x)=\alpha_i \cdot \exp[-\frac{1}{2}(x-\mu_i)' A^{-1}(x-\mu_i)] \cdot f(x), i=1,2,\cdots,m$$

其中α_i是使得$f_i(x)$在π_i上积分为 1 的常数，μ_i为该总体的均值向量，A为任意正定对称阵，$f(x) \geqslant 0$为任意函数。则$f_i(x)$实际上定义了在总体π_i上观察到x的概率$P(x | \pi_i)=f_i(x)$。

根据 Bayes 判别准则，当x使得$P_i f_i(x) > P_k f_k(x), i \neq k, k=1,2,\cdots,m$时，判定$x$属于总体$\pi_i$，而$\frac{P_i f_i(x)}{\sum_{k=1}^{m} P_k f_k(x)}=P(\pi_i | x)$。因此判别准则可转化为求$P(\pi_i | x)$最大。

将$f_i(x)$定义代入$P(\pi_i | x)$得

$$P(\pi_i | x)=\frac{P_i \cdot \alpha_i \cdot \exp[-\frac{1}{2}(x-\mu_i)' A^{-1}(x-\mu_i)] \cdot f(x)}{\sum_{k=1}^{m} P_k \cdot \alpha_k \cdot \exp[-\frac{1}{2}(x-\mu_k)' A^{-1}(x-\mu_k)] \cdot f(x)}=\frac{\exp(x' A^{-1} \mu_i+B_i)}{\sum_{k=1}^{m} \exp(x' A^{-1} \mu_k+B_k)}$$

其中$B_j=-\frac{1}{2} \mu_j' A^{-1} \mu_j+\ln(\alpha_j P_j)$。

由于分母相同，指数函数又是单增函数，故得到等价的判别函数：

$$l_i(x)=x' A^{-1} \mu_i+B_i, i=1,2,\cdots,m$$

且该函数与$f(x)$无关。

为了求解判别方程组，$P(\pi_i | x)$分子分母同除$\exp(x' A^{-1} \mu_m+B_m)$得

$$P(\pi_i | x)=\frac{\exp[x' A^{-1}(\mu_i-\mu_m)+B_i-B_m]}{1+\sum_{k=1}^{m-1} \exp[x' A^{-1}(\mu_k-\mu_m)+B_k-B_m]}, i=1,2,\cdots,m-1$$

则判别函数变为

$$l_i(x)=x' A^{-1}(\mu_i-\mu_m)+(B_i-B_m) \triangleq x' \beta_i, i=1,2,\cdots,m-1$$

其中$\beta_{i0}=B_i-B_m$，$x_0 \equiv 1$。

4.6.2 模型算法

该判别方程组可以使用 Newton-Raphson 迭代法求解：

定义第 k 个对象 x 属于第 i 组的概率 $P_x^i = P_x^m \cdot \exp(\beta_{i\cdot} x'), i = 1,2,\cdots,m$，属于第 m 组总体的概率

$$P_x^m = \frac{1}{1 + \sum_{l=1}^{m-1} \exp(\beta_{l\cdot} x)}$$

一阶导矩阵

$$g_{sj} = \sum_{i=1}^{ki} x_{ij}^s - \sum_{t=1}^{m} \sum_{i=1}^{kt} P_{xti}^s x_{\cdot i}^t, \quad s=1,2,\cdots,m-1; j=1,2,\cdots,n$$

二阶导矩阵

$$\begin{cases} \dfrac{\partial g_{sj}}{\partial \beta_{tl}} = \sum_{r=1}^{m} \sum_{w=1}^{kr} P_{xrw}^t P_{xrw}^s x_{kl}^r x_{kj}^r, & s \neq t \\ \dfrac{\partial g_{sj}}{\partial \beta_{tl}} = -\sum_{r=1}^{m} \sum_{w=1}^{kr} P_{xrw}^s (1 - P_{xrw}^s) x_{kl}^r x_{kj}^r, & s = t \end{cases} \quad s,t = 1,2,\cdots,m-1; j,l = 1,2,\cdots,n$$

按如下步骤估计参数 β：

（1）给定要求迭代误差 e；

（2）输入 m 组样本矩阵 $X_i, i = 1,2,\cdots,m$；

（3）输入随机的初始值 β_0；

（4）计算 m 组总体的 k_i 个样本分别属于 m 个组的概率 P，得到 m 个 $k_i \times m$ 概率矩阵；

（5）计算（m－1）×n 个一阶导，得矩阵 g；

（6）计算（m－1）n×（m－1）n 个二阶导，得矩阵 G；

（7）按 $\beta_{v+1} = \beta_{v\cdot} - G^{-1} \cdot g$ 计算新的系数矩阵；

（8）如果 $\|\beta_{v+1} - \beta_v\| < e$，则停止迭代，输出 β，否则返回（4）。

4.6.3 流程代码

1. 流程图

Logistic 判别流程如图 4-6 所示。

2. Matlab 源代码

```
function Beta=DALogistic(GX, minE, times)
```

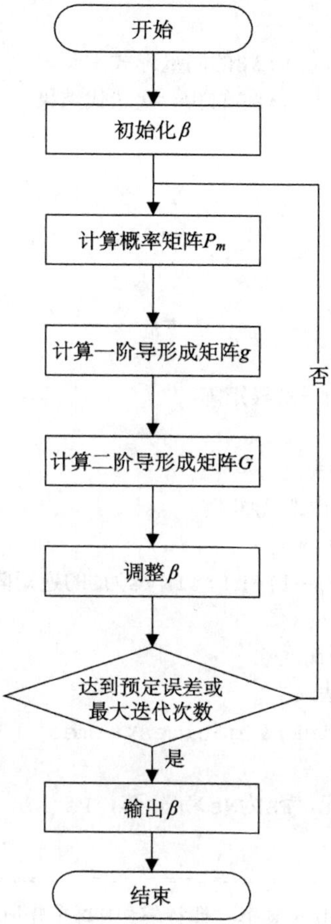

图 4-6　Logistic 判别流程

```
%Logistic判别分析
%Newton-Raphson法求解
%================================================
%GX为1×m单元，包含m组Ni×n个样本数据，i=1……m
%minE为预定达到的最小误差
%times为预定的最大迭代次数
%------------------------------------------------
%β为(m-1)×n矩阵，是m-1组判别函数n个参数
%================================================
m=size(GX, 2);%组数
n=size(GX{1}, 2);%指标数，第一个指标为虚拟指标

%初始化β；分配空间
```

```
Beta=rand((m-1), n);
Beta0=zeros((m-1)*n, 1);%β的向量形式
Beta2=zeros((m-1)*n, 1);%β的新一次迭代结果
%初始化P; 分配空间
for s=1: m
    X=GX{s};
    Ns=size(X, 1);
    Ps=zeros(Ns, m);
    P(s)={Ps};
end;
%初始化g; 分配空间; g为一阶导矩阵
g=zeros(m-1, n);
g0=ones((m-1)*n, 1);
%初始化G; 分配空间; G为二阶导矩阵
G=ones((m-1)*n, (m-1)*n);
INVG=ones((m-1)*n, (m-1)*n);%INVG为G的逆矩阵

gotimes=0;%当前累计迭代次数
%Newton-Raphson迭代法求β
while (norm(INVG)>minE)&(gotimes<times)
    gotimes=gotimes+1;
    %计算P, P为1×m单元, Ps为Ns×m矩阵, Ps(Ns, t)表示s组中的Ns个样本属于t组的概率
    %=================================================
    %计算每个样本属于m组的概率, 即计算P中每个矩阵的m列
    for s=1: m
        X=GX{s};
        Ns=size(X, 1);
        for i=1: Ns
            b0=0;
            x=X(i, : );
            for l=1: m-1
                b0=b0+exp(Beta(l, : )*x');
            end;
            b0=1/(1+b0);
            P{s}(i, m)=b0;
        end
    end
    %计算每个样本组属于t组的概率, 即计算P中每个矩阵的t列
    for s=1: m
```

```
    X=GX{s};
    Ns=size(X, 1);
    for i=1: Ns
        x=X(i, : );
        for t=1: m-1
            P{s}(i, t)=P{s}(i, m)*exp(Beta(t, : )*x');
        end;
    end
end
%==============================================
%计算g，g为（m-1）×n维矩阵
for s=1: m-1
     X=GX{s};
     Ns=size(X, 1);
    for i=1: n
        a0=0;
        for k=1: Ns
            a0=a0+X(k, i);
        end

        b0=0;
        for t=1: m
            Y=GX{t};
            Nt=size(Y, 1);
            c0=0;
            for k=1: Nt
                c0=c0+P{t}(k, s)*Y(k, i);
            end
            b0=b0+c0;
        end
        G(s, i)=a0-b0;
    end
end
%计算矩阵G，G为(m-1)×n维方阵
for s=1: m-1
    for i=1: n
        for t=1: m-1
            for j=1: n
                if s~=t
                    c0=0;
```

```
                for r=1: m
                    X=GX{r};
                    Nr=size(X, 1);
                    b0=0;
                    for k=1: Nr
                  b0=b0+P{r}(k, t)*P{r}(k, s)*X(k, i)*X(k, j);
                    end;
                    c0=c0+b0;
                end
                G((s-1)*n+i, (t-1)*n+j)=c0;
            else
                c0=0;
                for r=1: m
                    Y=GX{r};
                    Nr=size(Y, 1);
                    b0=0;
                    for k=1: Nr
b0=b0+P{r}(k, s)*(1-P{r}(k, s))*Y(k, i)*Y(k, j);
                    end
                    c0=c0+b0;
                end
                G((s-1)*n+i, (t-1)*n+j)=-1*c0;
            end
        end
    end
end
end
%调整β
%=======================================
%将g向量化，便于计算
for i=1: m-1
    for j=1: n
        g0((i-1)*n+j, 1)=g(i, j);
    end
end
%将β向量化，便于计算
for i=1: m-1
    for j=1: n
        Beta0((i-1)*n+j, 1)=Beta(i, j);
    end
```

```
    end
    if(abs(det(G))<1e-10)
      break;%防止数据溢出
    end;
    %计算G逆阵
    INVG=inv(G)*g0;
    %调整β
    Beta2=Beta0-INVG;
    %调整后的β向量矩阵化
    for i=1: m-1
       for j=1: n
           Beta(i, j)=Beta2((i-1)*n+j, 1);
       end
    end
    %==========================================
end

function Y=DALogisticEV(X, Beta);
%=======================================
%X为k×n矩阵，包含k个待分类对象n个指标的样本数据
%β为（m-1）×n矩阵，为m－1个判别函数的参数
%---------------------------------------
%Y为k×1向量，包含k个待分类对象的分类结果
%=======================================
k=size(X, 1);%对象数
m=size(Beta, 1);%判别方程数
Y=zeros(k, 1);
for i=1: k
    x=X(i, : );
    K=x*Beta';
    maxk=K(1);
    index=1;
    for j=1: m
        if(K(j)>maxk)
            maxk=K(j);
            index=j;
        end
    end
    if(maxk<0)
        Y(i, 1)=m+1;
```

```
    else
        Y(i, 1)=index;
    end
end
```

4.6.4 应用实例

（1）使用和距离判别相同的指标体系及样本数据作为分组样本，确定预定误差为 0.001，最大迭代次数为 100，调用 DALogistic 函数，返回值为 $\beta=$（–57.1505　26.6349　54.2184）

（2）使用 β 调用 DALogisticEV 对原来的两类总体进行分类，则：

对第一类分类结果为（1，1，1，1，1，1，1，1，1，1，1，1，1，1），误判率为 0。

对第二类分类结果为（2，2，2，2，2，1，2，2，2，2，2，2，2，2，2，2，2，2，2，2，2，2），误判率为 1/22。

4.7 BP 神经网络模型

4.7.1 模型概述

BP（back propagation）神经网络又称为多层前馈神经网络，这种神经网络模型的特点是：各层神经元仅与相邻层神经元有连接；各层内神经元之间无任何连接；各层神经元之间无反馈连接[41]。BP 网络的拓扑结构如图 4-7 所示。

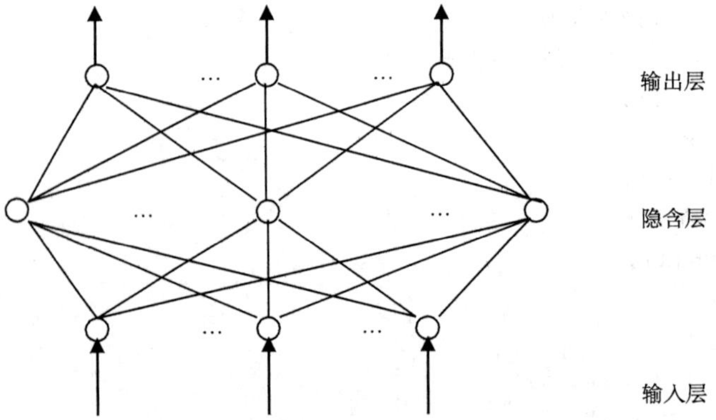

图 4-7　BP 神经网络模型

输入信号先向前传播到隐含层节点，经过节点变换函数变换后，把隐含层节点的输出信息传播到输出层节点，再给出输出结果。节点的变换函数通常选取 Sigmoid 型函数。BP 神经网络的输入与输出关系是一个高度非线性映射关系，如

果输入节点数为 m，输出节点数为 n，则网络是从 m 维欧氏空间到 n 维欧氏空间的映射。通过调整 BP 神经网络中的连接权值以及网络规模，可以实现非线性分类，并且可以以任意精度逼近任何非线性函数。

在确定了 BP 网络的结构后，利用样本集对其进行训练，也即对网络的权值和阈值进行学习和调整，使网络捕捉到输入输出映射关系。经过训练的 BP 网络，对于不是样本集中的输入也能给出合适的输出，这种性质被称为泛化(generalization)。用 BP 神经网络进行企业分类就是利用 BP 网络的泛化能力，先使用分好类的数据训练网络，然后用训练好的网络对需要分类的样本进行处理。

4.7.2　模型算法

设 $X=(x_{ij})_{p\times m}$ 为样本矩阵，$T=(t_{il})_{p\times n}$ 为期望矩阵。

BP 神经网络由 $V=(v_{ih})_{m\times k}$、$W=(w_{hl})_{k\times n}$、$\theta=(\theta_h)_{k\times 1}$、$\lambda=(\lambda_l)_{n\times 1}$ 和变换函数 f 定义。V 为 m 个输入层节点到 k 个隐含层节点的路径权重；W 为 k 个隐含层节点到 n 个输出层节点的路径权重；θ 为 k 个隐含层节点的阈值；λ 为 n 个输出层节点的阈值；变换函数使用 Sigmoid 函数 $f(x)=\dfrac{1}{1+\mathrm{e}^{-x}}$。则学习算法为：

（1）定义训练次数、训练误差 e 和网络学习率 α；

（2）网络初始化 V、W、θ、λ；

（3）使用 X 中第 p 行进行训练，对应输出为 T 的第 p 行；

（4）计算隐含层输出 $b_h=f\left(\sum_{i=1}^{m}v_{ih}x_{pi}+\theta_h\right)$；

（5）计算输出层输出 $c_l=f\left(\sum_{h=1}^{k}w_{hl}b_h+\lambda_l\right)$；

（6）计算输出层误差 $d_l=c_l(1-c_l)(t_{pl}-c_l)$；

（7）如果 $d_l<e$，则训练停止，否则继续；

（8）计算隐含层误差 $e_h=b_h(1-b_h)\sum_{l=1}^{n}w_{hl}d_l$；

（9）调整 $\Delta w_{hl}=\alpha b_h d_l$，$\Delta v_{ih}=\alpha x_{pi}e_h$，$\Delta\theta_h=\alpha d_h$，$\Delta\lambda_l=e_l$；

（10）重复（3）～（9）直到将 X 中的所有行均训练一次；

（11）重复（3）～（10）直到达到预设的训练次数。

4.7.3　流程代码

1. 流程图

BP 神经网络模型流程如图 4-8 所示。

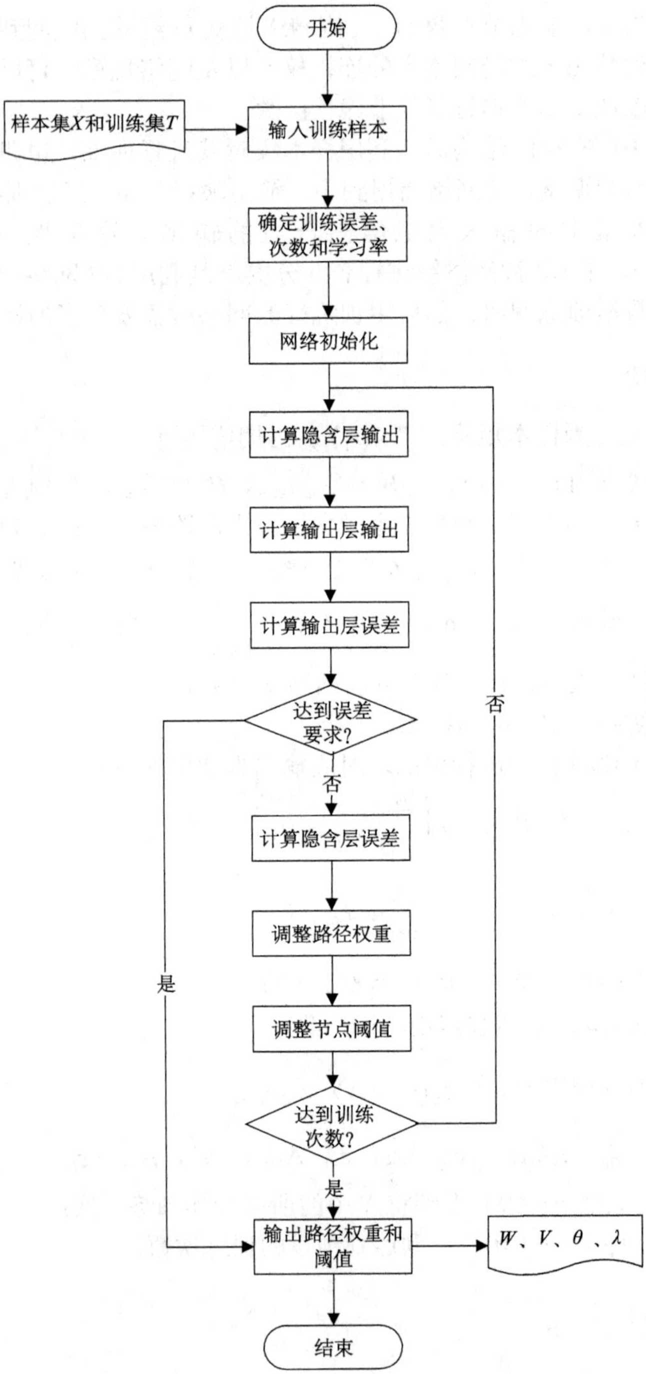

图 4-8　BP 神经网络模型流程

2. Matlab 源代码

```
function y=Sigmoid(x)
%Sigmoid变换函数
%===================================
%x为输入自变量
%-----------------------------------
%y为输出
%===================================
y=1/(1+exp(-1*x));

%层输出计算函数
function Z=LayerOut(X, W, Theta)
%层输出函数
%=====================================================
%X为n×1向量，包含一组n个输入的输入值
%W为n×k层间权重矩阵，包含n个上层到k个本层的路径权重
%θ为k×1向量阈值
%-----------------------------------------------------
%Z为k×1向量，表示k个本层的输出
%=====================================================
n=size(X, 1);
k=size(Theta, 1);
Z=zeros(k, 1);
sum=X'*W;
for j=1: k
    %输入为各个路径输入，加上阈值，然后由变换函数输出
    Z(j)=Sigmoid(sum(j)+Theta(j));
end

%训练函数
function [W1, W2, Theta1, Theta2]=BPTrain(alpha, k, times, minE, X, T)
%神经网络训练函数
%=======================================================
%α为数值，表示网络的学习率
%k为数值，表示网络的隐含层数量
%times为网络的训练次数
%minE为可以接受的最小误差
%X为p×m样本矩阵，包含p个对象m个指标的样本数据
```

```
%T为p×n目标向量，包含p个对象n个输出的预期值
%------------------------------------------------------------
%W1为m×k权重矩阵，包含从m个输入层节点到k个隐含层节点的路径权重
%W2为k×n权重矩阵，包含从k个隐含层节点到n个输出层节点的路径权重
%θ1为k×1阈值向量，包含k个隐含层节点的阈值
%θ2为n×1阈值向量，包含n个输出层节点的阈值
%============================================================
p=size(X, 1);
m=size(X, 2);
n=size(T, 2);
%网络初始化
W1=rand(m, k);
W2=rand(k, n);
Theta1=rand(k, 1);
Theta2=rand(n, 1);
%网络训练
NotOk=true;
time=0;
while(time<times)&NotOk
    time=time+1;
    for l=1: p
        Y=X(l, : );
        Y=Y';
        %计算隐含层输出
        B=LayerOut(Y, W1, Theta1);
        %计算输出层输出
        C=LayerOut(B, W2, Theta2);
        %计算输出层误差
        TL=T(l);
        TL=TL';
        D=zeros(n, 1);
        for i=1: n
            D(i)=C(i)*(1-C(i))*(TL(i)-C(i));
            if((abs(D(i))-minE)<1e-10)
                NotOk=false;
            end
        end
        %计算隐含层误差
        E=zeros(k, 1);
```

```
        for i=1: k
            sum=0;
            for j=1: n
                sum=sum+D(j)*W2(i, j);
            end
            E(i)=B(i)*(1-B(i))*sum;
        end
        %调整隐含层到输出层路径权重
        for i=1: k
            for j=1: n
                W2(i, j)=W2(i, j)+alpha*B(i)*D(j);
            end
        end;
        %调整输入层到隐含层的路径权重
        for i=1: m
            for j=1: k
                W1(i, j)=W1(i, j)+alpha*Y(i)*E(j);
            end
        end
        %调整输出层阈值
        for i=1: n
            Theta2(i)=Theta2(i)+alpha*D(i);
        end
        %调整隐含层阈值
        for j=i: k
            Theta1(j)=Theta1(j)+alpha*E(j);
        end;
    end
end

%评价函数
function Z=BPEV(X, W1, W2, Theta1, Theta2)
%使用训练好的BP网络进行对象评价
%=====================================================
%X为p×m样本矩阵，包含p个对象m个指标的样本数据
%W1为m×k权重矩阵，包含从m个输入层节点到k个隐含层节点的路径权重
%W2为k×n权重矩阵，包含从k个隐含层节点到n个输出层节点的路径权重
%θ1为k×1阈值向量，包含k个隐含层节点的阈值
%θ2为n×1阈值向量，包含n个输出层节点的阈值
```

```
%-----------------------------------------------
%Z为p个对象n个评价结果输出的向量
%=============================================================
p=size(X, 1);
n=size(W2, 2);
Z=zeros(p, n);
for l=1: p
    Y=X(l, : );
    Y=Y';
    %计算隐含层输出
    B=LayerOut(Y, W1, Theta1);
    %计算输出层输出
    C=LayerOut(B, W2, Theta2);
    Z(l, : )=C';
end
```

4.7.4　应用实例

（1）设输入评价指标体系由 6 个指标构成：

X_1＝全部资产自有率

X_2＝流动比率

X_3＝销售收入增长率

X_4＝利润增长率

X_5＝销售利税率

X_6＝资金利税率

（2）输入样本数据如表 4-10 所示。

表 4-10　样本数据

	X_1	X_2	X_3	X_4	X_5	X_6
1	60.00	120.00	5.00	5.00	15.00	15.00
2	48.00	104.00	4.45	3.75	7.50	4.95
3	40.20	111.00	1.10	5.00	11.25	10.05
4	55.20	96.00	4.45	3.75	11.25	15.00
5	52.20	111.00	5.00	4.60	15.00	15.00
6	48.00	87.00	4.45	3.75	12.00	13.20
7	40.20	87.00	3.35	3.75	11.25	10.05
8	43.20	96.00	3.90	3.75	11.25	9.75
9	36.00	72.00	2.80	2.50	7.50	10.05

续表

	X_1	X_2	X_3	X_4	X_5	X_6
10	28.20	56.00	2.20	2.50	7.50	4.95
11	24.00	48.00	1.65	2.50	7.50	5.25
12	16.20	39.00	1.65	1.25	3.75	1.95
13	12.00	24.00	1.10	1.00	3.00	2.55
14	4.20	8.00	0.55	0.60	1.50	1.50
15	48.00	111.00	2.80	1.25	3.75	4.95
16	55.20	87.00	3.35	3.75	15.00	12.75
17	40.20	72.00	4.45	3.75	11.25	4.95
18	19.20	48.00	3.35	2.50	7.50	4.50
19	31.20	96.00	3.35	3.75	7.50	10.50
20	52.20	87.00	4.45	2.50	11.25	5.25

（3）确定输出指标体系由一个指标构成：

T_1＝贷款违约损失

（4）输出指标的样本数据为

T=（0.001，0.012，0.035，0.002，0.012，0.028，0.055，0.025，0.188，0.294，0.525，0.575，0.808，0.905，0.064，0.022，0.205，0.485，0.109，0.122）^{T}

（5）确定训练次数为 times＝10000 次，训练误差为 minE＝0.000001，学习率为 alpha＝0.1，隐含层数量为 k＝4 层。以 times、minE、alpha、k、X/100、T 为参数调用 BPTrain 函数。

（6）函数输出为

$$W_1=\begin{bmatrix}1.3063 & 1.3327 & 1.5147 & 0.9910\\1.4647 & 1.4568 & 1.8312 & 2.1557\\0.5290 & 0.4317 & 0.2472 & 0.6786\\0.2446 & 0.7643 & 0.8736 & 0.4186\\0.7342 & 0.3270 & 0.7308 & 0.7185\\0.4438 & 0.5304 & 0.2743 & 0.6385\end{bmatrix},\quad W_2=\begin{bmatrix}-1.6536\\-1.5602\\-2.1952\\-2.3985\end{bmatrix}$$

$$\theta_1=\begin{bmatrix}-1.1440\\-1.0485\\-1.5421\\-1.6386\end{bmatrix}$$

$$\theta_2=\begin{bmatrix}3.4068\end{bmatrix}$$

（7）以 $X/100$，W_1，W_2，θ_1，θ_2 为参数，调用 BPEV 函数，输出值为

$Z=$（0.038302，0.070796，0.065208，0.068864，0.050301，0.097347，0.11641，0.087623，0.19716，0.34986，0.44105，0.58537，0.71502，0.8233，0.064114，0.084263，0.17801，0.46817，0.11256，0.096844）^{T}

（8）注意事项

使用 BP 神经网络在初始化时使用了随机值，因此，同样的输入不能得到同样的输出，以上数据仅可以作为测试参照。

4.8 遗传神经网络模型

4.8.1 模型概述

遗传算法（genetic algorithm，GA）和神经网络是常用的两种优化技术。它们都效仿生物学原理，遗传算法的思想来源于生物进化过程，是一种模拟生命进化机制而发展起来的搜索优化方法。遗传算法的基本思想是基于达尔文进化论和孟德尔的遗传学说。达尔文进化论认为，每一个物种在不断发展的过程中都会越来越适应环境，每个个体的基本特征被后代继承，但后代又不完全同于父代。遗传算法就是将问题求解表示成“染色体”，从而构成一群“染色体”，再将它们置于问题的“环境”中，根据适者生存的原则，从中选择出适应环境的“染色体”进行复制，通过交叉、变异两种基因操作，产生出新一代更适应环境的“染色体”群。这样一代代不断进化，最后收敛到一个最适应环境的个体上，求得问题的最优解。

神经网络则是由大量类似于神经元的处理单元相互连接而成的非线性网络系统，它通过模拟大脑神经网络处理、记忆信息的方式，完成人脑那样的信息处理功能，如上节 BP 神经网络所述。神经网络进行的是单个个体的学习，而遗传算法进行的是个体种群的学习和适应。从搜索方法看，神经网络基本上是一个局部搜索方法，每次从解空间的近邻来搜索下一个解；遗传算法总体上是一个全局搜索方法，每次在解空间设定一群解，并通过选择、交叉和变异的方法来决定下一批搜索点。

BP 神经网络是一种应用较为广泛的分类算法，在实际应用中也比较有效，但是存在以下不足[42]：

（1）从数学上看，BP 模型采用误差梯度下降法，不论是按标准误差或者是按全局误差，计算流程都是向误差变小的方向发展。因而在用它解决复杂问题时，往往不能保证全局收敛而陷入局部极小的局面，致使学习过程失效。

（2）学习算法的收敛速度很慢，尤其是在目标点附近，其收敛速度特慢，效

率低。其中一个重要原因是学习速率选择不当。学习速率选得太小，收敛太慢；学习速率选得太大，则有可能修正过头，导致振荡甚至发散。

（3）网络的输入节点、输出节点由问题而定，但隐含层节点的选取却根据经验，缺乏理论指导。

相对于 BP 神经网络，遗传算法是一种群体操作，该操作以群体中的所有个体为对象。选择、交叉、变异是遗传算法的三个主要操作算子，它们构成了遗传操作，使遗传算法具有了其他传统方法所没有的特性：

（1）不受搜索空间的限制，如导数的连续性或存在性，事实上，它不需要任何导数信息。

（2）同时搜索解空间内的许多点，并在优良点附近繁殖，而且在寻优过程中仍不断注意搜索解空间中的更优点，因而可避免传统优化方法仅收敛于局部最优解的不足，并求得全局最优解。

（3）寻优过程虽然具有随机性，但并不是在解空间中盲目地进行穷举式的搜索，而是一种启发式的搜索，其趋优的搜索轨迹仅占解空间的很小部分，因而可避免过大的工作量。

结合 BP 神经网络和遗传算法，在此设计一种遗传算法优化神经网络权值或结构策略，以克服传统网络训练中的局部极小缺陷，采用该进化网络建立企业信用状况评分模型，利用该模型的评分效果比传统 BP 网络建立的模型优越。

4.8.2　模型算法

遗传算法改进神经网络主要有两个方向：

（1）对固定网络结构的神经网络，主要用遗传算法进化神经网络的权值；

（2）应用遗传算法进化神经网络结构。

下面结合实例分析用遗传算法对 BP 神经网络的权值进行优化的算法。采用遗传算法优化网络初始权重，实际上是将整个网络训练分成了两个部分：首先采用遗传算法优化网络的初始权重；然后利用 BP 算法最终完成网络训练。

构成基本遗传算法的要素主要有：染色体编码，个体适应度评价，遗传算子（选择算子、交叉算子、变异算子）以及遗传参数设置等。

1. 染色体编码方法

在实现对一个问题用遗传算法进行求解之前，必须先对问题的解空间进行编码，使得它能够由遗传算法进行操作。最为常用的编码方法是二进制编码和实数编码方法。

（1）二进制编码：二进制编码方法因其编码、解码操作简单易行，交叉、变异等遗传操作便于实现，符合最小字符集编码原则，所处理的模式数最多，可使遗传算法的隐含并行性得到最充分发挥，便于利用模式定理对算法进行理论分析等优点得到最广泛的应用。在二进制编码过程中，首先要确定二进制串的长度 L，串长 L 依赖于变量的定义域及计算所需的精度。假如在三层 BP 网络中，权值分为两部分：第一部分是输入层到隐含层的连接权值，这里记作 W_{ij}；第二部分是隐含层到输出层的连接权值，这里记作 W_{jk}。其中 W_{ij} 是 15×10 的矩阵，W_{jk} 是 10×5 的矩阵。规定初始权重是服从 N（0，1）的正态分布的随机数，要求精度 0.01 时，则 L 等于权值的最大值与最小值之差除以精度 0.01 后取整。设编号后的权值为（$b_{(L-1)}$，$b_{(L-2)}$，…，b_0），转换成十进制的公式为：$W'=\sum_{i=1}^{L-1} b_i \cdot 2^i$。使用 $w = w_{\min}(i,j) + w' \cdot \dfrac{w_{\max}(i,j) - w_{\min}(i,j) + 1}{2^L - 1}$ 计算对应变量 W 的值。

注　二进制编码在权值学习中有明显缺点：一方面不直观；另一方面精度不高，因为连接权值是实数，将它们用二进制数进行编码，实际上是用离散值来尽量逼近权值，这就有可能导致因某些实数权值不能被更精确表达而使网络的训练失败。再者，二进制编码时字符串不能太长或太短，太长将导致遗传算法训练的解空间过大，算法需花费大量时间，太短则使精度不高。此外，二进制编码中的汉明悬崖（Hamming cliff）也是需注意的一个问题。

（2）实数编码：实数编码表示一个 N 维浮点向量 X=（X_1，X_2，…，X_N），实数表示法没有二进制表示法的上述缺点，比较接近问题空间，适合多维、高精度、要求连续的函数优化问题，适合在遗传算法中表示范围较大的数，便于较大空间的遗传搜索，提高了运算效率，便于遗传算法与经典优化方法的混合使用。

基于上述原则，采用实数编码方法，每个连接权值直接用一个实数表示，一个网络的权值分布用一组实数表达，把与同一隐含层节点相连的权所对应的实数放在一起。

遗传神经网络模型如图 4-9 所示，在对企业信用评价中，将网络结构规定为 15×10×5，所以可以把一组网络权值和阈值连接成一个遗传算法中的染色体，即 X_i=（W_{11}，W_{21}，…，W_{151}，θ_1，W_{12}，…，W_{152}，θ_2，…，T_{11}，T_{21}，…，T_{101}，…，T_{105}），则连接权和阈值 X_i 维数=输入层神经元数×隐含层神经元数+隐含层阈值数+隐含层神经元数×输出层神经元数+输出层阈值=15×10+10+10×5+5=215。

2. 遗传操作

在向下一代遗传演变过程中，首先当前一代中的每个数字串根据其目标函数值决定的概率被复制到配对池中时，好的数字串以高的概率被复制下来，劣的数字串被淘汰，然后将配对池中的数字串任意配对，并对每一对数字串进行交叉操作，产生新的子孙数字串，最后对新的数字串的某一位进行变异，这样就产生了新的一代。按照同样的方法，经过数代的遗传演变，在最后一代中得到全局最优解或近似最优解。其基本步骤如下：

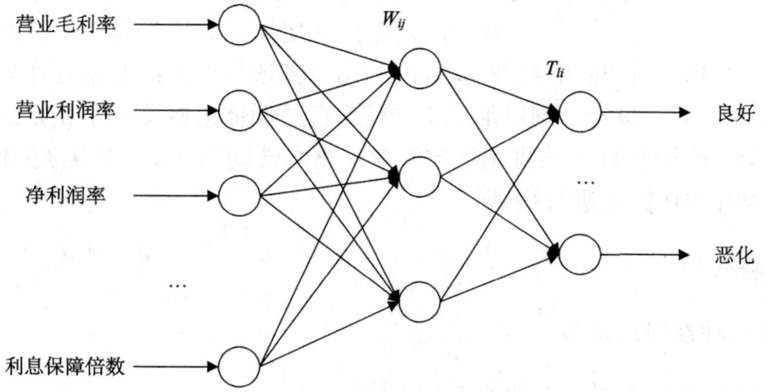

图 4-9 遗传神经网络模型

（1）选择合适的参数，包括群体规模（所含染色体个数 M）、交叉概率 P_C 和变异概率 P_M。群体规模影响遗传优化的最后结果以及遗传算法的执行效率，当群体规模 M 较大时，遗传算法的优化性能一般不会太好，而采用较大的群体规模则意味着计算的复杂度高，一般取 M 从 10 到 160 之间，这里取 40。交叉概率 P_C 控制着交叉操作被使用的频度，较大的交叉概率可增强遗传算法开辟新搜索区域的能力，但高性能的模式遭到破坏的可能性增大；若交叉概率太低，遗传算法搜索可能陷入迟钝状态。一般取 P_C 从 0.25 到 1.00 之间，这里取 0.5。变异在遗传算法中属于辅助性的搜索操作，它的主要目的是维持群体的多样性。低频度的变异可降低群体中重要基因丢失的可能性，高频度的变异将使遗传算法趋于纯粹的随机搜索，通常取变异概率 P_M 为 0.001 左右。

（2）确定适应度函数 $f(x)$。适应度函数是指对目标函数值的某种映射变换。

（3）随机产生一组初始染色体。

（4）对每个染色体（串）计算其适应值 f_i，计算群体的总适应值 $F=\sum_{i=1}^{M} f_i$。

（5）选择合适的编码方案。把变量（特征）转换为染色体（数字串）。编码方案有二进制编码和实数编码，这里采用实数编码方法。

（6）选择。计算每一串的选择概率 $p_s = f_i/F$ 及累计概率 $q_i=\sum_{s=1}^{i} p_s$，选择一般通过旋转滚花轮（其上按各 p_s 大小分成大小不等的扇形区）。旋转 M 次即可选出 M 个串来。

（7）交叉。①对每串产生[0，1]间随机数 r，若 $r<P_C$，则该串参加交叉操作，

如此选出参加操作的一组后，进行随机配对。②对每一对，产生[1，*m*]间的随机数，以确定交叉的位置。

（8）变异。如变异概率为 P_M，则可能变异的位数的期望值为 $P_M \cdot m \cdot M$（m 为染色体长，M 为群体大小），每一位为等概率变异，具体步骤为：①对每一串中的每一位产生[0，1]间的随机数 r，若 $r<P_M$，则该位变异；②施行变异操作。如子代染色体数达到 M 个，则已形成下一代，直至群体适应度趋于稳定或误差小于某一给定值 ε 或达到预定的进化代数为止；否则转向第（6）步继续操作。

（9）利用 BP 算法进行微调。

4.8.3 流程代码

1. 遗传神经网络流程

遗传神经网络模型流程如图 4-10 所示。

2. Matlab 源代码

（1）主程序（main.m）

```
%==========================================================
%主程序先进行遗传操作，后用BP进行微调
%==========================================================
clear;
load 1;                                %下载训练矩阵和目标矩阵
popsize=40;                            %群体规模（所含染色体个数）
stringlength=215;                      %染色体长度
pop=randn(popsize, stringlength);      %随机生成一群体矩阵
t=0;
T=200;                                 %预定的进化代数
while (t<=T)
fit=fitness(pop);                      %调用适应度子程序
pop2=rouletter(pop, fit);              %调用选择算子子程序
pop3=crossover(pop2);                  %调用交叉算子子程序
pop4=mutation(pop3);                   %调用变异算子子程序
pop=pop4;                              %形成新的一代
t=t+1;
end
number=maxfit(fit);                    %调用最大适应度子程序
mostfit=pop(number, : );               %找出最大适应度的一代
[w,theta1,t,theta2]=division(mostfit) %调用划分权重和阈值的子程序
```

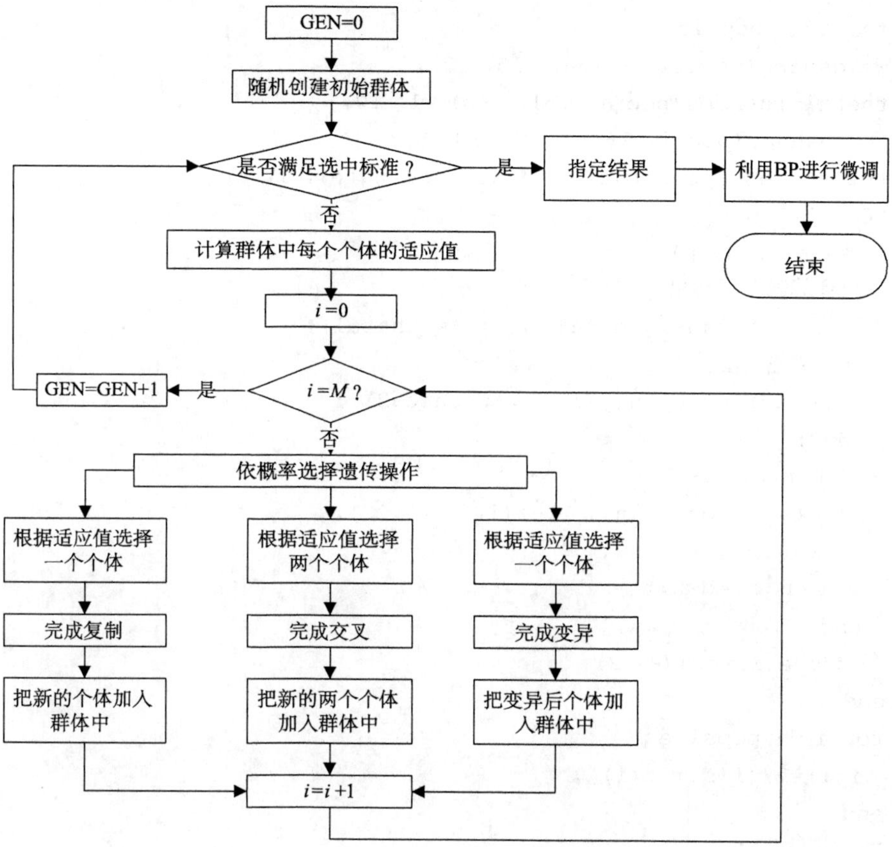

图 4-10　遗传神经网络模型流程

变量 GEN 是当前进化代数；M 是算法执行的最大次数

```
a=BP(w,theta1,t,theta2,data,data1); %调用BP算法子程序进行微调
disp(a);                            %显示最后结果
```

(2) 适应度子程序（fitness.m）

```
function  fit=fitness(pop)
%==========================================================
% 适应度子程序计算每一个体的适应度
%==========================================================
popsize=40;
stringlength=215;
load 1;
y=zeros(40, 10);
z=zeros(40, 5);
p=size(data, 2);
```

```
for i=1: popsize
w=reshape(pop(i, 1: 150), 15, 10);
theta1=reshape(pop(i, 151: 160), 1, 10);
 t=reshape(pop(i, 161: 210), 10, 5);
theta2=reshape(pop(i, 211: stringlength), 1, 5);
 for j=1;p
   e=zeros(1, p);
   %计算隐含层输出
   y(i, : )=tansig(data(: , 1)'*w+theta1);
   %计算输出层输出
   z(i, : )=purelin(y(i, : )*t+theta2) ;
   d=0;
     for  j1=1: 5
       d=(d+(data1(j1, 1)-z(i, j1)')^2);
     end
     e(1, j)=d/2;
  end
   sum_e(i)=sum(e, 2);
end
for i=1: popsize
  f(i)=1/(1+sum_e(i));
end
F=sum(f, 2) ;
for i=1: popsize
   fit(i)=f(i)/F;
end
```

（3）选择算子子程序（rouletter.m）

```
function newpop=rouletter(oldpop, oldfit)
%===========================================================
%采用比例选择法，又称旋转滚花轮选择法进行选择，是一种回放式随机采样方法
% 基本思想是：各个个体被选中的概率与其适应度大小成正比
%===========================================================
popsize=40;
rns=sort(rand(1, popsize));
ps=cumsum(oldfit, 2);
fitin=1;
newin=1;
while newin<=popsize
if  rns(newin)<ps(fitin)
```

```
newpop(newin, : )=oldpop(fitin, : );
newin=newin+1;
else
fitin=fitin+1;
end
end
```

（4）交叉算子子程序（crossover.m）

```
function pop3=crossover(pop2)
%=============================================================
%① 对每串产生[0, 1]间随机数r，若r<Pc，则该串参加交叉操作，如此选出参加操作的一组后，进行随机配对
%② 对每一对，产生[1, m]间的随机数以确定交叉的位置
%=============================================================
popsize=40;
stringlength=215;
r=rand(popsize, 1);
pc=0.5;
pop31=zeros(popsize, stringlength);
pop32=zeros(popsize, stringlength);
for i=1: popsize
if r(i)<pc
  pop31(i, : )=pop2(i, : );
else
   pop32(i, : )=pop2(i, : );
end
end
pop33=simplify(pop31);
pop34=simplify(pop32);
d=size(pop34, 1);
m=size(pop33, 1);
n=floor(m/2);
p=randperm(215);
for i=1: n
pop35=zeros(1, 215);
pop35(1, p(1): 215)= pop33(i, p(1): 215);
pop33(i, p(1): 215)=pop33((n+i), p(1): 215);
pop33((n+i), p(1): 215)=pop35(1, p(1): 215);
end
pop3=[pop33;pop34];
```

(5) 变异算子子程序（mutation.m）

```
function pop4=mutation(pop3);
%=============================================================
% ①对每一串中的每一位产生[0, 1]间的随机数r，若r<PM，则该位变异
% ②施行变异操作
%=============================================================
popsize=40;
stringlength=215;
r=rand(popsize, stringlength);
PM=0.001;
ak=5;
bk=-5;
for i=1: popsize
for j=1: stringlength
   if r(i, j)<PM
      zk=bk+(ak-bk)*rand(1);
      pop3(i, j)=zk;
   end
end
end
pop4=pop3;
```

(6) 最大适应度子程序（maxfit.m）

```
function  number=maxfit(fit)
popsize=40;
max=fit(1);
number=1;
for i=1: popsize
if fit(i)>max
   max=fit(i);
   number=i;
end
end
disp(number);
```

(7) 划分权重和阈值的子程序（division.m）

```
function  [w, theta1, t, theta2]=division(mostfit)
w=reshape(mostfit(1: 150), 10, 15);
theta1=reshape(mostfit(151: 160), 10, 1);
t=reshape(mostfit(161: 210), 5, 10);
theta2=reshape(mostfit(211: 215), 5, 1);
```

（8）BP 算法子程序（BP.m）

```
function a=BP(w, theta1, t, theta2, data, data1)
[pn, meanp, stdp, tn, meant, stdt] =prestd(data, data1);
a2=purelin(t*tansig(w*pn, theta1), theta2);
disp_fqre=10;
max_epoch=18000;
err_goal=0.001;
lr=0.01;
tp=[disp_fqre max_epoch err_goal lr];
[w, theta1, t, theta2, epochs, errors]=trainlm(w, theta1, 'tansig',
t, theta2, 'purelin', pn, tn, tp);
an=simuff(pn, w, theta1, 'tansig', t, theta2, 'purelin');
a = poststd(an, meant, stdt);
ploterr(errors);
```

（9）算法过程中用到的简化子程序（simplify.m）

```
function  simple=simplify(complex)
%---------------------------------------------------------------
%此函数是将一个拥有零向量的矩阵简化为不含零向量的小矩阵
%----------------------------------------------------------------
pop23=zeros(1, 215);
popsize=40;
j=1;
i=1;
while i<=popsize
if complex(i, : )==pop23
 i=i+1;
else  simple(j, : )=complex(i, : );
  i=i+1;
j=j+1;
end
end
```

4.8.4　应用实例

（1）对企业信用评价，确定输入指标体系由 15 个指标构成，分别如下所示：

X_1＝营业毛利率；X_2＝营业利润率；X_3＝净利润率；X_4＝资产收益率；X_5＝股东权益收益率；X_6＝成本费用利润率；X_7＝应收账款周转率；X_8＝存货周转率；X_9＝总资产周转率；X_{10}＝固定资产周转率；X_{11}＝流动比率；X_{12}＝速动比率；X_{13}＝资产负债率；X_{14}＝负债与所有者权益比例；X_{15}＝利息保障倍数。

（2）输入样本数据如表 4-11 所示。

表 4-11　输入样本数据

	X_1	X_2	X_3	X_4	X_5	X_6	X_7	X_8	X_9	X_{10}	X_{11}	X_{12}	X_{13}	X_{14}	X_{15}
1	1.67	1.52	1.88	1.66	1.9	0.32	0.13	0.42	0.31	0.45	2.21	1.75	0.18	0.22	2.82
2	1.86	1.77	1.58	1.76	1.65	0.42	0.26	0.18	0.22	0.21	1.89	1.71	0.41	0.11	2.02
3	1.75	1.63	1.69	1.92	1.72	0.15	0.34	0.31	0.16	0.25	1.66	1.56	0.21	0.34	1.98
4	2.8	2	1.91	1.68	1.81	0.41	0.24	0.21	0.29	0.34	1.81	1.64	0.37	0.28	1.88
5	1.28	1.36	1.44	1.25	1.31	0.75	0.81	0.92	0.78	0.74	1.39	1.46	0.78	0.88	1.23
6	1.45	1.27	1.31	1.38	1.27	0.91	0.77	0.77	0.88	0.75	1.4	1.32	0.89	0.73	1.41
7	1.38	1.42	1.23	1.47	1.41	0.83	0.92	0.84	0.94	0.81	1.28	1.27	0.91	0.79	1.32
8	1.34	1.31	1.28	1.29	1.38	0.95	0.87	0.88	0.73	0.92	1.33	1.39	0.83	0.84	1.39
9	1.02	1.05	1.18	1.16	1.09	1.1	1.07	1.12	1.17	1.04	1.09	1.11	1.01	1.13	1.07
10	1.05	1.18	1.02	1.07	1.12	1.13	1.09	1.18	1.08	1.11	1.14	1.12	1.09	1.17	1.18
11	1.02	1.1	1.18	1.17	1.06	1.04	1.09	1.11	1.17	1.09	1.03	1.06	1.13	1.18	1.17
12	1.08	1.1	1.04	1.19	1.04	1.09	1.16	1.11	1.18	1.06	1.14	1.13	1.18	1.1	1.15
13	0.88	0.76	0.91	0.79	0.86	1.35	1.41	1.28	1.31	1.39	0.89	0.76	1.39	1.42	0.92
14	0.92	0.75	0.76	0.83	0.92	1.42	1.28	1.43	1.26	1.33	0.72	0.73	1.29	1.34	0.86
15	0.74	0.81	0.78	0.9	0.76	1.23	1.33	1.35	1.42	1.22	0.81	0.81	1.33	1.24	0.76
16	0.82	0.9	0.82	0.72	0.73	1.38	1.38	1.23	1.35	1.28	0.91	0.85	1.26	1.29	0.81
17	0.26	0.29	0.48	0.39	0.16	1.62	1.78	2.01	1.82	2.4	0.52	0.48	3.22	3.81	0.22
18	0.18	0.43	0.23	0.58	0.32	1.79	1.81	1.92	1.67	2.03	0.48	0.33	2.35	2.74	0.31
19	0.37	0.35	0.31	0.47	0.28	1.82	1.69	1.82	1.77	2.21	0.39	0.24	2.14	2.92	0.43
20	0.43	0.16	0.19	0.27	0.47	1.9	1.9	1.73	2.02	1.98	0.62	0.51	2.47	2.32	0.58

（3）确定模型输出目标数据如表 4-12 所示。

表 4-12　模型输出目标数据

样本	1	2	3	4	5	6	7	8	9	10	11	12	13	14	15	16	17	18	19	20
	1	1	1	1	0	0	0	0	0	0	0	0	0	0	0	0	0	0	0	0
	0	0	0	0	1	1	1	1	0	0	0	0	0	0	0	0	0	0	0	0
输出	0	0	0	0	0	0	0	0	1	1	1	1	0	0	0	0	0	0	0	0
	0	0	0	0	0	0	0	0	0	0	0	0	1	1	1	1	0	0	0	0
	0	0	0	0	0	0	0	0	0	0	0	0	0	0	0	0	1	1	1	1

注：1～4 列表示企业信用状况为良好，5～8 列表示企业信用状况为一般，6～12 列表示企业信用状况为合格，13～16 列表示企业信用状况为不佳，17～20 列表示企业信用状况为恶化。

（4）运用遗传神经网络训练过后得到的输出数据如表 4-13 所示。

表 4-13　运用遗传神经网络训练过后得到的输出数据

样本	输出				
1	1.00	0.00	0.00	0.00	0.00
2	1.00	0.00	0.00	0.00	0.00
3	1.00	0.00	0.00	0.00	0.00
4	1.00	0.00	0.00	0.00	0.00
5	0.00	1.00	0.00	0.00	0.00
6	0.00	1.00	0.00	0.00	0.00
7	0.00	1.00	0.00	0.00	0.00
8	0.00	1.00	0.00	0.00	0.00
9	0.00	0.00	1.00	0.00	0.00
10	0.00	0.00	1.00	0.00	0.00
11	0.00	0.00	1.00	0.00	0.00
12	0.00	0.00	1.00	0.00	0.00
13	0.00	0.00	0.00	1.00	0.00
14	0.00	0.00	0.00	1.00	0.00
15	0.00	0.00	0.00	1.00	0.00
16	0.00	0.00	0.00	1.00	0.00
17	0.00	0.00	0.00	0.00	1.00
18	0.00	0.00	0.00	0.00	1.00
19	0.00	0.00	0.00	0.00	1.00
20	0.00	0.00	0.00	0.00	1.00

（5）单纯用 BP 神经网络得到的输出数据如表 4-14 所示。

表 4-14　单纯用 BP 神经网络得到的输出数据

样本	输出				
1	0.99	0.00	–0.01	0.01	0.00
2	0.66	0.21	0.12	–0.07	0.25
3	1.00	0.00	0.00	0.00	0.00
4	0.83	0.59	–0.63	–0.45	0.26
5	0.00	1.00	0.00	0.00	0.00
6	0.37	0.19	0.33	0.21	–0.20
7	0.00	1.00	0.00	0.00	0.00

续表

样本	输出				
8	0.17	0.98	0.01	–0.07	0.36
9	0.00	0.00	1.00	0.00	0.00
10	–0.03	1.18	–0.16	0.02	0.30
11	0.00	0.00	1.00	0.00	0.00
12	–0.11	0.79	–0.12	0.45	–0.19
13	0.00	0.00	0.00	1.00	0.00
14	–0.38	0.62	0.15	0.17	0.05
15	0.00	0.00	0.00	1.00	0.00
16	–0.04	0.27	–0.55	0.85	0.16
17	0.00	0.00	0.00	0.00	1.00
18	0.07	–0.20	0.04	0.01	0.69
19	0.00	0.00	0.00	0.00	1.00
20	–0.13	–0.18	–0.19	0.24	0.05

从案例演算结果可以看出，运用遗传神经网络的输出结果要好于单纯运用 BP 神经网络的输出结果。

4.9　案例推理方法

4.9.1　模型概述

案例推理技术（case based reasoning，CBR）是智能决策支持系统（intelligent decision support system，IDSS）中的一种重要推理技术[43]。在问题进行求解的过程中，根据靶案例采用最近邻匹配原则在案例库中搜索与之对应的匹配基案例，再根据其不同之处和一套相应的修改规则对基案例的解作调整，使结论适应新的情况，以帮助决策者形成决策。基于案例的求解方法，非常适用于没有很强理论的模型和领域知识不完全、难以定义或定义不一致而经验丰富的决策环境。在通用问题求解、法律案例、医疗诊断、医药、故障诊断、辅助设计等领域已经证明了方法的有效性及实用性。

4.9.2　工作流程

案例推理的工作流程如图 4-11 所示。

CBR 问题求解过程可以分为四步：

（1）问题描述：根据标引规则（indexing rule）为靶案例分配指标（index），即抽取靶案例的主要特征，并输入 CBR 系统中。

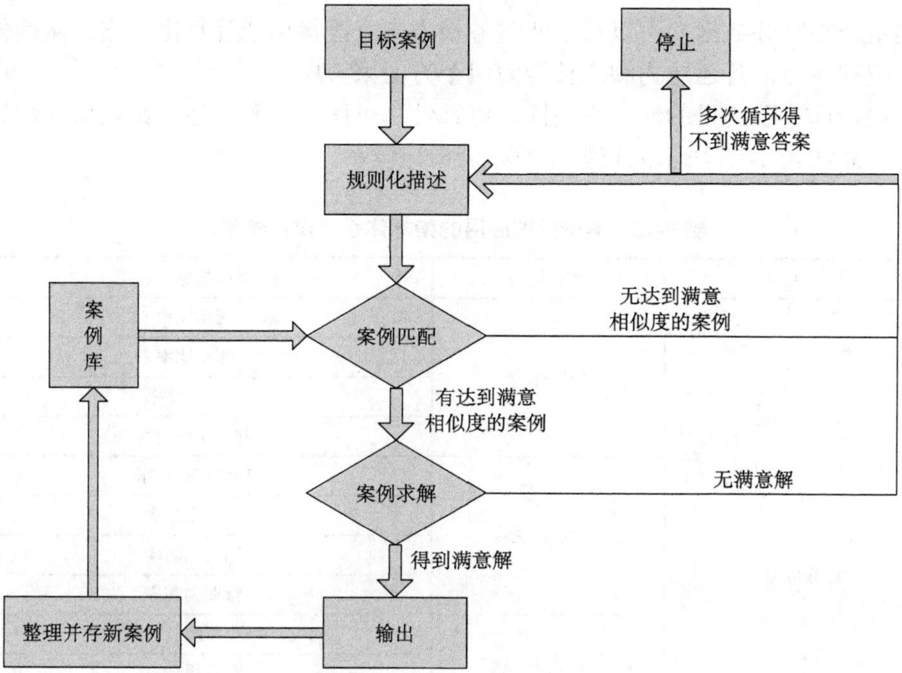

图 4-11　案例推理工作流程

（2）案例抽取：根据相似性度量算法，从案例库中抽取匹配的基案例集。

（3）案例适配：比较靶案例和最佳匹配基案例的内容及背景，调整基案例的解，产生当前问题的解答。

（4）案例库更新：如果案例库中基案例的解经调整后适用于解决当前问题，则将校正后的答案和靶案例一起添加到案例库中，以备将来用于解决类似问题。

4.9.3　应用实例

1. 构建指标体系

贷款分类是对农信社已经或可能为之提供信贷服务的企业或个人的信用状况进行分析和判断，并据此就企业或个人的偿债能力作出全面的评价，从而对贷款进行分类。贷款分类指标体系采用定性和定量分析相结合的方法，定性指标主要是一些非财务指标分析，包括客户的行业风险分析、经营风险分析、管理风险分析。行业风险从成本结构、行业经济周期、行业内的盈利水平等几个方面考虑，主要是从行业整体层面上看客户的信贷水平；经营水平则是从企业本身出发，是对企业经营战略上的风险评价；管理水平反映了企业管理人员的能力，管理制度、程序的合理性和管理的绩效，是客户市场竞争力、未来偿债能力的保证。定量指标则是一些财务数据，可以从企业财务报表中直接得出或计算出，它又从偿债能力、盈利能力、营运能力和成长能力四个方面来考虑。

按指标选取的目的性、系统性、可行性、可比性、独立性、结构层次性等原则，建立如表 4-15 所示的贷款分类评价指标体系。

表 4-15　案例推理应用的指标体系（仅作参考）

<table>
<tr><th>指标类型</th><th>风险类别</th><th>详细指标内容</th></tr>
<tr><td rowspan="14">财务指标</td><td rowspan="4">偿债能力</td><td>流动比率</td></tr>
<tr><td>速动比率</td></tr>
<tr><td>资产负债率</td></tr>
<tr><td>利息保障倍数</td></tr>
<tr><td rowspan="4">盈利能力</td><td>净资产收益率</td></tr>
<tr><td>资产收益率</td></tr>
<tr><td>销售利润率</td></tr>
<tr><td>营业利润率</td></tr>
<tr><td rowspan="4">营运能力</td><td>应收账款周转率</td></tr>
<tr><td>存货周转率</td></tr>
<tr><td>总资产周转率</td></tr>
<tr><td>固定资产周转率</td></tr>
<tr><td rowspan="2">成长能力</td><td>净资产增长率</td></tr>
<tr><td>销售收入增长率</td></tr>
<tr><td rowspan="14">非财务指标</td><td rowspan="4">行业风险</td><td>成本结构</td></tr>
<tr><td>行业的经济周期</td></tr>
<tr><td>行业盈利性</td></tr>
<tr><td>行业内的竞争程度</td></tr>
<tr><td rowspan="4">经营风险</td><td>经营规模</td></tr>
<tr><td>所处的发展阶段</td></tr>
<tr><td>企业的经营策略</td></tr>
<tr><td>产品与市场分析</td></tr>
<tr><td rowspan="6">管理风险</td><td>管理层的素质和经验</td></tr>
<tr><td>管理层的稳定性</td></tr>
<tr><td>经营思想和作风</td></tr>
<tr><td>员工素质</td></tr>
<tr><td>内部控制与管理</td></tr>
<tr><td>财务管理能力</td></tr>
</table>

2. 系统组成与结构

应用层：是决策者和决策系统的接口，负责输入决策者提供的信息，同时把决策过程中的信息返回给决策者，保证系统的交互性和透明性。

决策层：是整个系统的核心，包括方案描述、指标评价、方案比较、综合评价等几个模块。

管理层：负责设计、监理和管理数据库、方案库，由管理人员进行系统维护。

数据源层：包括数据库和方案集，数据库用来存储原始数据和中间数据，方案库用来存储方案集。

3. 详细设计

1）建库

表 4-15 所示的指标体系由 7 大项、28 小项分值汇总计算得出，其中 14 小项是结构化的描述，可以通过规则计算得出，另外 14 小项是非结构化的描述，采用案例推理技术，即必须在处理新案例时，已生成若干个案例（其中存有经验）作为参考，所以要求建立方案库，用以存储案例的原始数据和解决方案。

2）输入靶案例

本系统确定输入的原始数据由三部分组成。一是客户基本情况，为非结构化数据项评分提供参考依据。二是客户财务情况，为结构化的数据项。三是非数值数据项的分项测评，为案例推理技术的应用做好基础，至此靶案例的输入结束。

对于评价指标体系中的定量指标，直接用经济学常用方法及公式计算出确定值；对于难以用定量来表示的定性指标（如行业竞争能力、管理经验等），可采用模糊综合评判方法来确定其隶属度函数，从而得到单因素评价值。

3）规则计算

由于采用等级打分制，检索到匹配案例的概率较大，即使不完全匹配，各种相似案例的相似度计算结果仅为有限几种，因此只需得到一个相似案例的结果即可。以下根据情况设定相似度。

情况①：完全匹配案例的相似度为 100%，差异为 0。

情况②：与靶案例一个推理项的某一分项相差仅有一级的案例，其相似度为 80%，差异为 0.2。

情况③：与靶案例一个推理项的某一分项相差两级的案例或某两项相差一级的案例，其相似度为 60%，差异为 0.4。

在情况③中需要注意，这相差的一级可能出现的互补情况，若是这种情况，则相似度为 90%，差异为 0.1。

4）相似度计算

案例检索策略是评判整个系统优劣的重要因素。由于用相似度来衡量目标问题与案例库中案例的相似程度，因此相似模式的选择和计算至关重要。若指标体系的指标个数过多时，最好先用统计学方法中的主成分分析法进行降维处理，然后比较相似度。案例检索流程如图 4-12 所示。

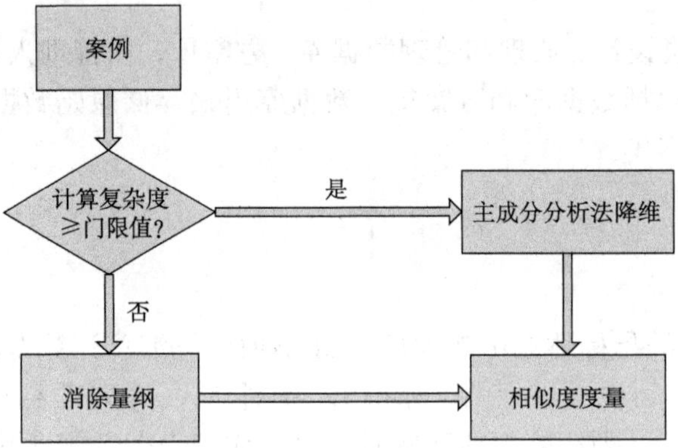

图 4-12　案例检索流程

而相似度计算有很多种方法，这里采用模糊数学和灰色系统理论，具体如下：设 C 为初步检索出的方案集，c_0 为目标方案。

$$C=\{\text{方案 }1，\text{方案 }2，\cdots，\text{方案 }m\}=\{c_1，c_2，\cdots，c_m\}$$

设 V 是指标集合

$$V=\{\text{指标 }1，\text{指标 }2，\cdots，\text{指标 }n\}=\{v_1，v_2，\cdots，v_n\}$$

将元素 c_i，v_j 搭配后的因素指标实际值为 f_{ij}，得到因素指标集矩阵 F

$$F=\begin{bmatrix} f_{11} & f_{12} & \cdots & f_{1n} \\ f_{21} & f_{22} & \cdots & f_{2n} \\ \vdots & \vdots & & \vdots \\ f_{m1} & f_{m2} & \cdots & f_{mn} \end{bmatrix}=(f_{ij})_{m\times n}$$

集合 C 某一方案点 c_i（i=1，2，…，m）和目标方案 c_0 在指标 v_j（j=1，2，…，n）上的相关性用 ξ_{ij} 来表示：

$$\xi_{ij}=\frac{k\cdot\max\limits_{i}\max\limits_{j}\left|f'_{0j}-f'_{ij}\right|}{\left|f'_{0j}-f'_{ij}\right|+k\cdot\max\limits_{i}\max\limits_{j}\left|f'_{0j}-f'_{ij}\right|}$$

其中 k 为分辨系数，在（0，1）之间，可人为设定；f_{0j} 代表方案 c_0 在第 j 点的因素指标值；f'_{0j} 和 f'_{ij} 是经过无量纲化处理后的值。$m\times n$ 个 ξ_{ij} 构成方案设计的多目标灰色关联度判断矩阵 ξ 。

$$\xi = \begin{bmatrix} \xi_{11} & \xi_{12} & \cdots & \xi_{1n} \\ \xi_{21} & \xi_{22} & \cdots & \xi_{2n} \\ \vdots & \vdots & & \vdots \\ \xi_{m1} & \xi_{m2} & \cdots & \xi_{mn} \end{bmatrix} = (\xi_{ij})_{m\times n}$$

每个指标对方案结果影响程度不同，其权重矢量 $w=(w_1, w_2, \cdots, w_n)^{\mathrm{T}}$，定义输入方案点与设计方案点的广义权距离

$$d_{0i} = p\sqrt{\sum_{j=1}^{n}[w_j(1-\xi_{ij})]^p}$$

其中 p 为距离参数，当 $p=2$ 时，为欧氏距离。

那么 c_0 与 c_i 的相似度定义为

$$r_{0i} = 1 - d_{0i}$$

选取相似度 r_{0i} 最大且超过阈值的方案 c_i，将它的求解结果修改后作为目标案例的求解结果。

5）搜索相似案例和修改解决方案

在案例库中搜寻匹配案例，并得到匹配案例的解决方案，即各小项分值、各大项分值和基本结论。如果没有找到完全匹配的案例，此时应开始搜索相似案例。因为匹配方案实质上只是根据最近邻匹配规则找到的最接近、最相似的方案，这就需要提供一套修改机制去修改基案例的结论，使之与靶案例的输入相适应，最终得到新的解决方案。

（1）找到完全匹配案例，记下差异为 0。

（2）在未找到完全匹配案例后，可去寻找与靶案例的某一项相差仅有一级的案例，由于两者相差不大，对评价结论影响较小，故这里的修改方案为不做调整。记下差异为 0.2。

（3）如果在检索完数据库后，发现仍然没有满足条件（2）的案例，这样就必须再去寻找满足以下条件的案例：与靶案例的某一项相差两级的案例或某两项相差一级的案例。在第二种情况下，需要注意这相差一级可能出现的互补情况，为应用修改规则做好准备。同时记下差异值为 0.4 或 0.1。

（4）由于相差的情况较明显，如果沿用案例库中的得分情况，可能导致较大误差，这就需要通过修改算法来实现。具体如下：第一种情况下，若由“很好”到“一般”，“较好”到“较差”，其案例得分减一；若由“较差”到“较好”，“一般”到“很好”，其案例得分加一。第二种情况下，若两个相异案例趋势一致且方向为“较好”，其案例得分加一；方向为“较差”，其案例得分减一；趋势不一致，

则保持其得分不变。

若上述情况皆不满足，表明案例库中案例与靶案例无法相似，需要进行专家调整，利用专家的经验来手动打分。

由于靶案例通过检索、匹配、修改后得到的结论完全有可能与案例库中案例的结论一致或相似，这时，需要通过一定的相似度计算来判断靶案例结论是否需要入库，否则案例库将有可能急剧膨胀。本系统有 9 次使用匹配规则的机会，可以得到靶案例与基案例的差异值之和。在这里设定一个数值，小于这个数值的案例，可以视为与案例库中的某一个案例相似，从而无须入库；大于这个数值，说明靶案例无匹配案例，可以视为通过相似性检查，需要入库。

4.10 本章小结

本章主要分析了信用评级和贷款分类可能使用的统计模型及其算法、流程、代码和应用实例，使用统计模型可以提高分类的有效性和准确性。

第5章 农信社个人信贷管理研究

农村信用社的个人贷款业务，是指农村信用社对居民个人发放的消费信贷和不动产抵押贷款等业务。对农户个人信贷的有效风险管理机制是制约个人信贷业务的“瓶颈”，因而如何进行科学的农户个人信贷风险管理就显得尤为重要。

5.1 农信社个人贷款类别特点

5.1.1 农信社个人贷款类别

1. 按贷款对象分类

农村信用社的贷款对象有个人客户、个体工商户以及经营私营企业的个人。由于农村信用社服务的个体工商户及私营企业的规模不一，缺乏完备财务数据，为了便于操作，可将农信社贷款划分为以下两类。

1）个人客户及规模较小、无财务报表的个体工商户和私营企业贷款

农户是指具有农业户口，从事农村土地耕作或者其他与农村经济发展有关的生产经营活动的农民、个体经营户等。申请小额信用贷款的农户应具备以下条件：

（1）居住在信用社的营业区域之内；

（2）具有完全民事行为能力，信用良好；

（3）从事土地耕作或者其他符合国家产业政策的生产经营活动，并有合法、可靠的经济来源；

（4）具备清偿贷款本息的能力。

农户小额信用贷款的用途通常包括：

（1）种植业、养殖业方面的农业生产费用贷款；

（2）小型农机具购买费用贷款；

（3）围绕农业生产的产前、产中、产后服务等贷款；

（4）购置生活用品、建房、治病、子女上学等消费类贷款。

另外，随着农信社的发展和“行社脱钩”的推进，农信社的业务范围逐渐扩大，一些城镇的商业银行也开始发放大额的抵押、保证贷款。如住房贷款、汽车贷款、大型耐用消费品贷款等。

2）规模较大、具有完备财务信息的个体工商户和私营企业贷款

这类客户信用评级要同时考核他所经营的企业，具体的考核办法和企业贷款的方法相同。

2. 按照贷款方式分类

与商业银行类似，农村信用社的个人贷款也可以按照贷款方式划分为抵押贷款和小额信用贷款两大类。

1）抵押贷款

抵押贷款是农村信用社对农户放贷的一种传统方式，因为农户贷款通常数额较小，农村信用社所获的单位收益并不大。因此，通常做法是在农村只发放风险较小的抵押贷款，而将大部分的资金都投放到城市或大企业。这类抵押贷款方式有存单质押、典当贷款等。

2）小额信用贷款

随着农村经济的发展，农村信用社逐渐意识到农村市场的强大发展潜力，开始积极推行农户小额信贷产品。农户小额信用贷款是指信用社基于农户的信誉，在核定的额度和期限内向农户发放的不需抵押、担保的贷款。小额信用贷款的具体额度，由信用社县（市）联社根据当地农村经济状况、农户生产经营收入、信用社资金状况等具体确定。采取“一次核定、随用随贷、余额控制、周转使用”的管理办法。小额信用贷款额度可以根据农户信用评定等级，根据相应等级核定信用贷款限额，发放贷款证（卡）。贷款证（卡）以农户为单位发放，一户一证（卡）。信用社应对评定的农户信用等级每两年审查一次。当农户信誉程度发生变化时，及时变更信用评定等级及相应的贷款限额。持有贷款证（卡）的农户可以凭贷款证（卡）及有效身份证件，到信用社营业网点直接办理限额内的贷款。信用社的信贷人员也可以到持贷款证（卡）的农户家中发放贷款。农户小额信用贷款期限根据生产经营活动的实际周期确定，小额生产费用贷款一般不超过一年。农户小额信用贷款利率可以按中国人民银行公布的贷款基准利率和浮动幅度适当优惠。

3）担保贷款

在农村信用社的业务中有部分属于有担保的贷款。

5.1.2 农信社个人贷款特点

农户个人贷款业务具有金额小、零星、分散、多样化等特点。绝大多数基层信用社担心农户风险，不愿发放信用贷款，多采用抵（质）押方式。近几年，随着国民经济的高速发展，农民收入水平大大提高，农村信用社逐渐大胆开展农户小额信用贷款的业务。

5.1.3　农信社个人贷款风险

1. 信用风险

由于借款人信用观念较弱而带来的风险，主要表现为借款人到期拖延还款或赖账等。

2. 支付风险

借款人由于经营不善、投资失败等原因造成还款能力下降而形成的支付风险，这是大部分不良个人消费贷款产生的主要原因。主要有以下几种情况：

（1）借款人经营不善，造成无法按期还款；

（2）因经济收入大幅下降或暂时失业而无法按期还款；

（3）借款人因故突然死亡、伤残等不可预测因素导致无法正常还款。

3. 抵押物风险

主要包括抵押物产权风险、不可抗力风险和处置风险。由于抵押登记制度不够完善，可能存在个别多头抵押、共有财产分割不明、产权转移手续未办、抵押物难于拍卖变现等风险，使抵押物处置风险较为突出。

4. 管理风险

由于农信社自身内部管理不严，对贷款审查不严格、手续不完整、发放无用途贷款或放松贷款条件等，也会造成贷款风险。

5.1.4　农信社个人信贷管理流程

农信社个人信贷管理流程如图 5-1 所示，主要步骤包括：贷款申请、借款人信用等级评估、贷款调查、贷款评估审批、签订借款合同、贷款发放、贷后检查、贷款归还等环节，各环节的主要工作参见 3.1 节。

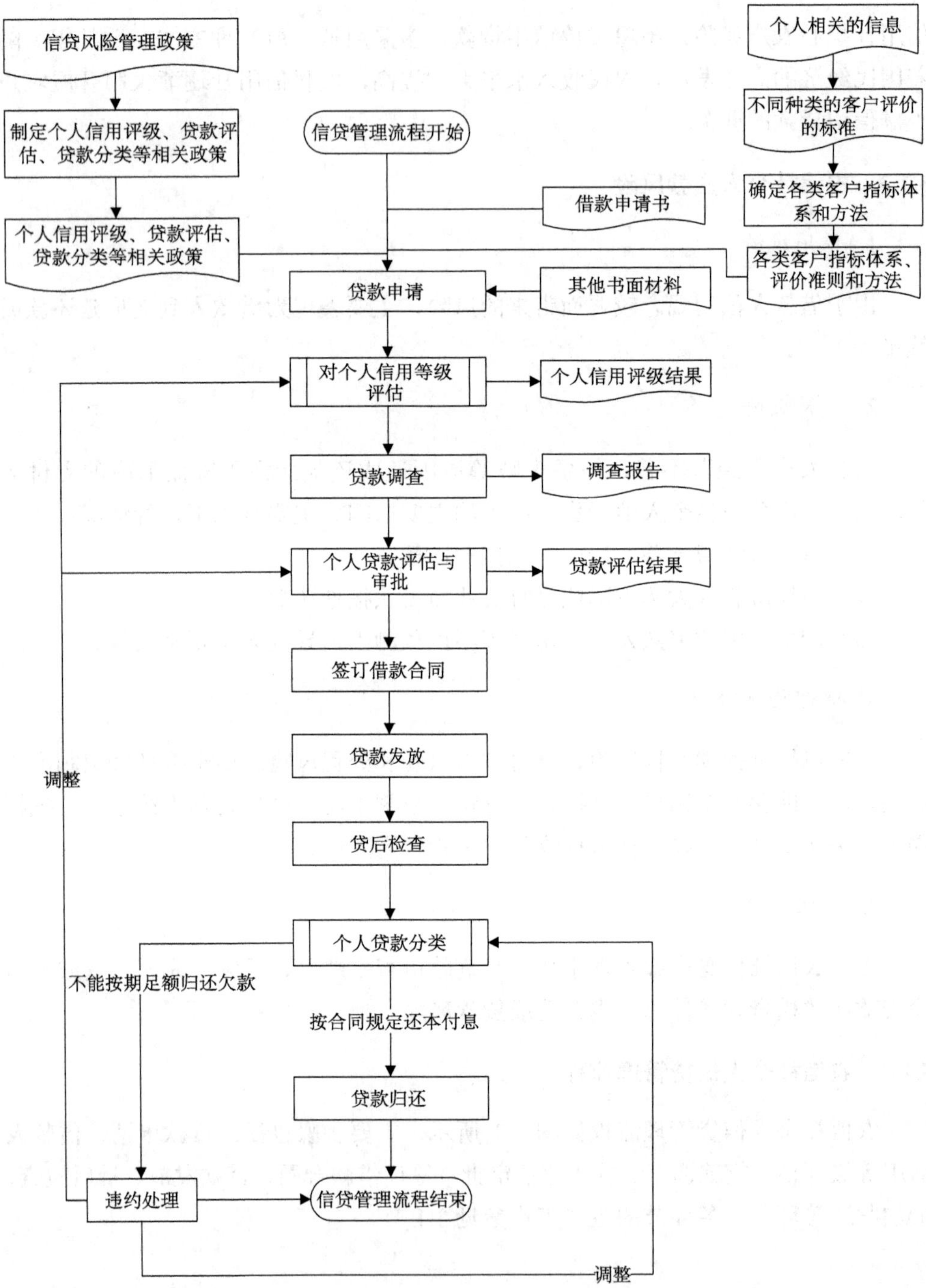

图 5-1　农信社个人信贷管理流程

5.2　农信社个人贷款信用评级

所谓农户个人信用评级，即通过综合考察影响个人及其家庭内与外、宏观与微观环境的因素（包括经济、金融、司法、社会、工商、税务和财产等过程），使用科学严谨的分析方法，对个人及其家庭履约各种经济承诺的能力和可信程度进行全面的评判与估价，并最终以一定的符号来表明其信用状况。简而言之，它是个人资产和个人信用状况的综合反映。

农户个人信用评级涉及个人资产评估和个人信用评估两个方面。个人资产评估，指的是涉及个人资产的评估，包括个人金融资产、实物资产、无形资产和其他资产等范围。其中实物资产包括消费性资产和收藏性资产，无形资产包括个人专利、著作权、商标权等。个人信用评估则是对个人（家庭）在市场交往过程中负债和资产的变化、社会责任的承担及其他履约能力和信誉程度的评估等。

5.2.1　农户个人信用评级指标

1. 国内外个人信用评级指标体系梳理

对于个人信用的评估，国内外很多金融机构都有较为成熟的评估体系。无论采取哪种方法，首先要解决的问题就是模型变量的选取。模型变量选取得是否合适、全面，决定了信用评级的可靠程度。

1）国外个人信用评级指标体系

在澳大利亚，只有负面信息和征信信息才能用来决定信用评分，不能使用诸如所开设账户数量、账户期限、余额和贷款限额等变量数据。如果某一新账户在 2 年之内出现 90 天以上逾期未还贷行为时，就要进行记录；否则为无记录。在每一种情况下，主要使用概率模型来估计贷款客户的逾期未还贷概率。

美国对其消费者信用资料的收集率最高且最全面。美国放贷机构考察评分主要有两类：一类是信用（credit）分，另一类是申请细节（application details）分。信用分主要是通过信用局的历史资料如借款人的历史还款行为等，对贷款申请者的未来还款可能进行预测，现在最为普遍的是 FICO 得分。申请细节则是根据所申请贷款的种类预测一个特定的结果，并且使用所有可得的申请数据，包括信用局、贷款种类、抵押资产以及区域经济数据等。FICO 得分是由 20 世纪 50 年代初期 Fair Isaac 公司给出的信用评分模型[44]，Fair Isaac 模型已经被 FTC（Federal Trade Commission，美国联邦贸易委员会）所承认，并成为全美三大征信局的首选模型。众多金融机构均信赖并依靠该系统对个人客户申请进行评判。

FICO 得分与借款人的收入、还款能力等因素没有关系，它主要考虑的因素包括：

（1）客户偿付信用的历史记录（35%）。本项因素主要参考客户在过去一段时间内其他信用账户的支付情况。包括其他已申请的信用卡的支付情况，并参考生活消费的支付情况、分期付款的支付情况（如分期付款购买汽车等）、其他非农信社金融机构贷款的支付情况以及抵押贷款的支付情况等。从对个人信用历史记录的分析来评价客户的偿付能力和支付意愿。在使用这一因素对客户进行评判时，需要考虑时间因素，例如，最近一个月内发生的逾期项目要比一年之前发生的逾期项目重要，相应对客户分数的影响更严重。

（2）客户已拥有的循环信用账户的数目（30%）。相关数据表明，如果客户已经拥有过多的循环信用账户，预示着该客户可能已存在较大数额的贷方余额，在评价客户信用度的时候，往往需要加总所有循环信用账户的贷方余额，以此作为一项重要的评价因素。因此，简单地取消一些账户，把余额转结到其他账户，并不能提高客户的信用分数。在考虑此因素对客户信用分数的影响时，一般还要结合客户的收入情况和所要申请的信用额度等具体情况来评价。

（3）客户建立信用记录时间的长短（15%）。通常拥有较长的信用历史会提高客户的信用分数，因为统计资料表明，信用历史长的客户要比信用历史短的客户发生坏账的风险小。但是在考虑信用历史时间长短的同时还要结合其他参考因素，如客户以往的信用状况、已使用的信用额度以及客户申请的信用种类等。因此，虽然一些客户的信用历史并不长，但是由于其信用申请报告中的其他资料足以证明其拥有良好的信用状况，因此同样可以获得较高的信用分数。在评价这一因素时可以使用历史最久的信用账户作为参考，也可以使用平均信用账户年限作为评价依据。

（4）其他非银行信用使用状况（10%）。主要是指客户在银行发放的信用以外的消费信用、分期付款等借贷项目、其他财务公司借款以及抵押贷款等其他信用的使用情况。如果申请信用的客户其他非银行信用状况良好，则可为银行发放信用提供证据；如果客户其他非银行信用状况恶化，那么该客户不能偿还银行债务的风险将大大提高；如果客户在其他财务公司存在贷方余额，那么这也会影响他的信用分数。

（5）在最近一段时间是否已申请了过多的信用账户（10%）。客户在短时期内申请了过多的信用账户，一方面说明客户在未来可能会有较大的负债消费；另一方面，参考客户收入状况和信用历史，以确定客户是否有恶意透支的倾向。

在个人信用评分模型中，除以上五个主要方面的因素外，还要参考其他相关因素。表 5-1 为在某次 FTC 会议上 Fair Isaac 公布的部分个人信用评价标准，可以作为了解 Fair Isaac 评分系统的参照。

表 5-1　Fair Isaac 公布的部分个人信用评价标准

自有/租住	自有	租住	其他	无信息				
	25	15	10	17				
居住年限	<0.5	0.5～2.49	2.5～6.49	6.5～10.49	>10.49	无信息		
	12	10	15	19	23	13		
职业	业内专家	专业人士	管理人员	职员	蓝领	退休	其他	无信息
	50	44	31	28	25	31	22	27
工作年限	<0.5	0.5～1.49	1.5～2.49	2.5～5.49	5.5～12.49	>12.49	退休	无信息
	2	8	19	25	30	39	43	20
拥有 D.S/Maj 信用卡	无	拥有 D.S 信用卡	拥有 Maj 信用卡	同时拥有	没有反馈	无信息		
	0	11	16	27	10	12		
农信社证明	现金存款	储蓄存款	同时拥有	其他	无信息			
	5	10	20	11	19			
负债率	<15	15～25	26～35	36～49	50 及以上	无信息		
	22	15	12	5	0	13		
已拥有信用卡数量	0	1	2	3	4	5～9	无记录	
	3	11	3	–7	–7	–20	0	
存档年限	<0.5	1～2	3～4	5～7	8+			
	0	5	15	30	40			
大额分期付款项数	0	1～2	3～5	6+				
	5	12	8	–4				
可用信用额度	0%～15%	16%～30%	31%～40%	41%～50%	>50%			
	15	5	–3	–10	–18			
不良信用记录	没有	有	有延期	信用中等	信用良好	信用优秀		
	0	–29	–14	17	24	29		

统计资料表明，大部分美国人的信用分数在 300～850 分之间，分数越高，消费者的信用风险就越小。银行和零售商通过征信局提供的信用报告和信用分数综合评价消费者的信用度，以决定信贷额度和是否同意贷款。

2）国内个人信用评估指标体系

国内部分银行个人信用评估指标如表 5-2 所示。建设银行公布的评分体系包括：①自然情况，包括年龄、性别、婚姻状况、健康状况、教育程度、户口性质；②职业情况，包括单位类别，单位经济状况，行业发展前景，岗位性质，在本岗位工作年限、职称、月收入；③家庭情况，主要指家庭人均收入；④与银行的关系，包括是否为本行员工、是否有本行账户、存款余额、业务往来、其他借款情况。

表 5-2　国内部分银行个人信用评估指标

变量		建设银行	民生银行	华夏银行
个人变量	年龄	√	√	√
	性别	√		√
	婚姻	√		√
	健康	√		√
	教育程度	√	√	√
	户籍	√	√	√
	单位类型	√	√	√
	行业情况	√		
	职位	√	√	√
	在本职位时间	√	√	√
	职称	√		√
经济变量	收入	√	√	√
	家庭平均收入	√		√
	家庭净收入		√	
	金融资产		√	√
	其他资产		√	√
	保险		√	
信用变量	在本行的账户	√	√	√
	储蓄账户余额	√		
	与本行的业务往来	√		√
	是否本行职员	√		
	是否存在其他贷款	√		
	是否有不好的信用记录		√	
	卡消费积分		√	

民生银行将个人信用评分指标分为 4 类：①自然情况，包括年龄、户籍、职业、职务、工作时间、住房状况和学历；②清偿能力，包括家庭净收入、家庭收入、家庭金融资产和其他资产；③保险能力，有医疗保险、养老保险、意外伤害保险以及住房公积金；④与银行的关系，包括良好的信用历史、储蓄/存款或贷款、卡消费积分和不良信用记录。

华夏银行个人信用评分标准考虑 5 个方面：①自然情况，包括教育程度、年龄、婚姻状况、户籍情况、健康状况和性别；②职业状况，包括职业类别、职称以及在目前单位工作的时间；③收入，包括本人收入及其配偶收入；④与银行的关系；⑤其他，主要指个人负债情况、个人动产估值、个人房产情况以及特别加减分。

上海资信征信有限公司个人信用指标包括：①个人身份、姓名、性别、出生年月、地址和身份证号码等基本情况；②从各家银行采集的个人贷款及偿还记录和信用卡透支及付款情况记录，还有个人在银行发生的不良信用特别记录；③从法院采集的与个人信用有关的个人民事和刑事诉讼记录；④从公安机关采集的个人身份证信息和与个人信用有关的处罚记录。但个人存款情况不进入这一系统。

从这些指标体系中可以看出，年龄、户籍、职位、在本岗位工作时间、收入这几个变量已得到国内银行的普遍认可，与国外的指标体系相比，国内银行更关注借款者的教育程度、健康水平。总体上来看，国内银行考虑的个人变量较多，关于借款人经济、信用等变量较少，这与还没有形成成熟的财产申报、税收、信用体系是直接相关的。

另外，一些银行所使用的一些指标如户口、职称等因素，随着社会经济的不断发展，这些因素应予以降低权重甚至取消。

2. 个人信用评分指标体系构建原则

（1）综合系统性原则。指标体系需要尽量满足综合评价的全面性和相关性要求，既要全面反映贷款申请人的各方面特征，又要尽量避免指标间的重叠。

（2）可操作性原则。要求指标体系的设置避免过于烦琐，同时还要考虑指标体系所涉及指标的量化及数据获取的难易程度和可靠性。

（3）预见性原则。指标体系的设置和信用风险的评分，目的在于深入挖掘贷款申请人潜在的违约风险，因此，所选指标应能够体现借款人将来发展的趋势与方向。

（4）可量化原则。为克服主观评价所带来的不确定性和盲目性，评价要尽量做到以量化研究为主，同时考虑专家知识与经验、定性评价与定量评分相结合。

（5）灵活性原则。评价指标体系应具有足够的灵活性，以供各农信社根据自己的放贷方式和用途以及本地区的实际情况，对指标进行灵活运用。

3. 农村信用社个人评级指标选取

首先借鉴国内外金融机构的评级方法，尽可能对影响个人信用状况的因素都加以考虑，然后考虑到农村信用社特定客户群体的特征而选取相应的指标，最后鉴于农户个人信贷一般都是小额信贷的情况，操作流程应尽可能在准确的基础上进行简化。

由于个人贷款的信用评级不可能像企业信用评级那样账册齐全、报表完整，要对报表进行全面分析，就必须抓住要害、突出重点。借鉴国内外信用评级的经验性指标，并且遵循个人信用评级体系的构建原则，根据信用“6C”因素中涉及信用评级的前“4C”进行分析，包括：

（1）借款人的环境（condition），指借款人的基本条件，如户籍、居住稳定性等。

（2）借款人的品格（character），指借款人的还款意愿，要通过身份证核实其就业情况，审查其贷款申请的准确性，有无失信记录等。

（3）借款人的资本（capital），指借款人的财富，包括个人住房情况、农信社存款及投资情况。

（4）借款人的能力（capacity），指借款人获取收入的能力，是个人信用评级的基础，包括年收入、抚养人口、月还款占收入比率等，通过评价测定借款人的“支付能力”，根据收入稳定性分析其偿还贷款本息的能力。在分析借款人信用状况时，特别要重点关注他的偿债能力、偿债意愿和担保品。

基于上述思路，构建农户个人贷款信用评级指标如下：

1）环境

这里的环境指狭义的环境，即借款人的自然状况，如年龄、性别、婚姻状况、身体状况、户籍状况以及其他状况等。

（1）借款人的年龄。年龄是个人信用状况的一个重要影响因素。不同年龄段的人，社会阅历不同，遵纪守信也会有些差异。而且年纪稍大的人，其经济基础也通常会比年轻人雄厚，承担风险的能力更强，维持其信用程度的物质保证更大。因此，无论从哪方面看，年龄不能不说是影响个人信用的一条重要因素。一项统计显示，对长城卡的 180 户透支户进行分析[45]，得到年龄段与透支数额的相关关系如表 5-3 所示。

表 5-3　长城个人卡透支户年龄分析表

年龄	户数	占透支户比例/%
22～25	67	49.26
26～28	39	28.68
29～30	17	12.5
31～40	9	6.62
41～60	4	2.94

注：30 岁以下合计 123 户，占透支户数 90.44%。

（2）性别。一般认为女性的信用状况较男性要好，男性的平均收入要高于女性。另外，考虑到法律因素，性别不能单独作为个人信用评估依据。所以，仅作参考指标。

（3）婚姻状况。通常认为已婚人士有更高的稳定性和更强的责任感，因此归还欠款的可能性更大一些。当然，如果贷款人资产达到一定数额，这一项的影响可以忽略不计。

（4）身体状况。个人身体状况良好，才有能力创造更多财富。显然，身体状况也是影响个人信用状况的一个因素。

（5）户籍状况。居住在本地可认为具有相对较高稳定性，对信用有一定的影响。

（6）居住本地时间。居住本地时间越长越具有较强的稳定性。

（7）本地经济自然状况。不同的地域，个人的平均收入水平也不同。对于较为发达的城市乡村，或者较为富裕的地方，可认定平均经济状况要好于落后地区，相对也应获得较高的授信额度。

2）品德

品德是指借款人诚实守信的程度或者按照贷款合同准时偿还债务的意愿。这是建立良好信贷关系、保证信贷安全的首要因素。这一要素的分析对于市场经济还不完善、信用体系还不健全的现状来说尤为重要。对贷款者品德的评估就是要回答：申请人是个什么样的人？他有没有还款的意愿？考察借款人的信用履历，既要考察其与农信社的关系，也要考察其与企业或个人之间的信用关系，看其在以往的经济交往中是否有过违约的记录。同时，作为对借款人品德的评价，还应进一步考察借款人是否有犯罪、违纪等不良行为的记录。这些对于判断一个人的履约意愿都是很重要的。

农信社与贷款者之间存在着信息不对称的问题，而品德又是一个定性的评定指标，很多信息不易获得，因而只能通过信贷历史以及个人的民事、刑事处罚记录两方面来加以评定。

（1）信贷历史的分析。信贷历史指申请人过往的申请和贷款还款记录，是对一个人信用考察的重要参数。信贷历史分析首先要看贷款者从什么时候开始借款，从哪些金融机构借过款。其次，要分析消费信贷，尤其是开放式贷款的使用情况，一个人的贷款使用行为，如用信用卡购物的行为是多年养成的，久而久之也就成为习惯，如果申请人所有开放式账户的余额接近甚至突破了最高信贷额度，且还在申请另一笔开放式贷款，那么，一旦批准了贷款，该贷款者很可能会很快用完全部信贷额度，这将是非常危险的。最后，要分析申请人的贷款还款情况，是否按时偿还所贷款项，有几笔贷款逾期，逾期多长时间，拖延偿还贷款的行为是偶尔的，还是经常的，等等。要从还款行为和习惯来分析判断该贷款者的责任心和管理债务的能力。

（2）个人民事、刑事处罚记录。申请人是否受到民事、刑事的处罚记录，也是进行品德评定的一个重要参考因素。民事、刑事处罚记录可以间接地反映个人的品德特征，一般认为受到处分的人品德较差，在信用评级中必须加以考虑。

3）资本金

资本金是显示申请人财力和未来还款能力的一个重要标志。在信贷评估中对资本金的评估是要回答：一旦出现意想不到状况导致收入下降、支出上升时，申请人是否有其他办法偿还贷款。对资本金的评估最集中地体现在对个人财务报表的分析中。在发放大额的、特殊用途的贷款时，如个人住房抵押贷款等，个人财务报表的分析是必不可少的一环。个人财务报表分析重点是：

（1）流动资产。流动资产是可以随时在市场上变现而不会遭受重大损失的资产，是借款人在意外情况下可以依赖的第一保障。当借款人失业、生病或者发生意外事故时，收入水平急剧下降，支出水平大幅上升，此时，借款人可以出售部分流动资产来维持正常的生活和偿还贷款。这一指标数据可通过客户的账户数据来收集。

（2）其他资产规模。包括汽车、娱乐健身用品等。必要时，可出售这些资产来偿还贷款。

（3）住房的权益。即住房的市场价格减去住房抵押贷款余额后的价值。它是发放个人住房抵押贷款的金融机构最为关注的一个指标，不仅是较好的担保品，而且也是偿还贷款的潜在保障。

（4）财务杠杆比例。即债务总额与资产总额之比。财务杠杆比例越小，申请人的财务状况就越好，反之则越差。一般来说，杠杆比例是随着消费者年龄的增长而下降的，年轻人收入水平和资产水平相对于其债务水平来说比较低，杠杆比例也比较高，有的申请者债务总额几乎与资产总额相等。随着年龄增长，这种状况会有所改变。如果申请者负债超过资产，就将陷入无力偿还债务的困境而破产。

4）能力

对申请者能力的评估就是考察有没有还款能力，或有没有管理更高水平债务的能力。这些主要取决于申请者的收入以及债务水平。

（1）收入评估。首先是分析收入构成，主要包括：一部分是比较有保障的收入，如工资、薪金、退休金等，另一部分是不够稳定的收入，如佣金、股息、奖金等。对于后一部分收入，申请人要提供在一定时间内相对稳定的证明。其次是要评估收入的稳定性。例如，有的贷款期限较长，如果申请人在贷款期限内退休的话，其收入会受到一定影响。因此，信贷人员要对其退休后的收入进行评估，确保其有足够的收入偿还贷款。需要特别注意的是，仅仅是收入很高这一项还不足以说明申请人具有偿还贷款的能力，还必须将其收入与其所承担的债务一起分析。

（2）债务水平评估。债务水平的分析就是计算申请人的偿债率，即他每月的还本付息额在月收入中占的比重。在分析申请者的债务水平时，还需要注意到利率的变动对可调整利率贷款还本付息的影响，尤其是在利率上升，而月还本付息又有利率上限的情况下，可能会出现“负分期付款”。此时，即使申请者没有申请任何新的贷款，但仍有可能过度负债。这是因为，贷款的期限越来越长，月还本付息额度逐渐下降，但是总的看来，申请者所承担的债务总额相对于他的收入来说，还是可能相当大的。

4. 农村信用社个人信用评级体系设置

1）个人信用评级指标构成

根据以上分析，农户个人信用评级指标可设计如表 5-4 所示。

表 5-4　农户个人信用评级指标体系

一级指标	二级指标	指标说明
环境	年龄	一般年龄在 40～60 岁之间信用最好
	性别	性别对个人信用状况无明显影响
	婚姻状况	已婚人士信用状况好于未婚人士
	户籍状况	户籍在本地信用状况相对较好
	居住本地时间	居住在本地时间越长越稳定
	本地经济自然状况	本地整体自然经济状况越好，个人信用状况也相对越好
	身体状况	身体状况好，则还款可能性也较大
品德	个人信用记录	个人信用记录越好，对个人评级越有利
	民事、刑事处罚记录	若有民事、刑事处罚记录，则信用评级分数相应降低
资本金	住房状况	若有自己的住房，且现价较高，则还款越有保障
	农信社账户	农信社账户如储蓄卡、信用卡的情况，对个人信用评级也有影响
	投资情况	个人投资也属资产的一部分，投资越多，可折算资产越多
能力	收入来源	收入来源不同，其相应稳定性也不同，对贷款的保障程度也有不同
	年总收入	年总收入直接影响到还款能力
	抚养人口	抚养人口数越多，则净收入越少，评级分数越低
	月还款占收入比率	此比率越低，还款越有保障
	文化程度	文化程度越高，相对来说还款能力越强

（1）环境

年龄：60 岁以上，40～60 岁，30～40 岁，30 岁以下。

性别：男、女。

婚姻状况：已婚、未婚。

户籍状况：本地、外地、暂住。

居住本地时间：10 年以上，5～10 年，1～5 年，1 年以下。

本地经济自然状况：良好、一般、差、极差。

身体状况：良好、一般、差。

（2）品德

个人信用记录：无记录，好，一般，差。

民事、刑事、行政处罚记录：有民事处罚记录，有刑事处罚记录，有行政处罚记录，无记录。

（3）资本金（即财富）

住房状况：无房，租房，购房。

农信社账户：有储蓄账户，有信用卡，两者兼有，无。

投资情况：有企业，有个体副业，仅有土地收入。

（4）能力

收入来源：农业、副业、固定工资。

年总收入：50000 元以上，30000～50000 元，10000～30000 元，5000～10000 元，5000 元以下，无收入。

抚养人口：无，1 人，2 人，3 人及以上。

月还款占收入比率：>40%，30%～40%，20%～30%，10%～20%，<10%。

文化程度：大学本科、大学专科及以上，高中生或中专生，高中生以下。

2）个人信用等级评分

个人信用评级通常可以采用百分制计分方法，担保和环境因素可在百分制外进行加分或减分。至于每一指标项如何确定分值，可以根据各地经济的发展情况、消费水平以及历史数据加以确定。

3）个人信用等级设置

由于个人信用评级指标项较多，但每笔贷款额度可能较小，为操作方便，个人信用等级设置比企业信用等级要少，一般采用 4～6 级，如为 AAA、AA、A、BBB、BB、B、CCC、CC、C 级。

5.2.2 农户个人信用评级流程

农户个人信用评级的具体步骤包括：

（1）客户向信用社提出信用评定申请

信用评级的目的就是评定客户的等级之后设定贷款限额，方便客户贷款。因此，客户可以主动向信用社提出信用评定申请。

（2）信贷人员调查认定，获取资料（包括各项评定指标数据）

对于普通客户，需要获取的资料主要包括个人的基本资料（如姓名、年龄、性别、居住地等）、反映个人道德品质的指标（如信用记录和其他行政处罚记录）和涉及还款能力的指标（如个人的资金状况、住房状况、工作情况、收入水平、学历等）。

对于个体工商户，除了解上述资料之外，还需要了解个体工商户所在产业的行业状况、资产、负债状况。

（3）信贷人员根据一定的方法和经验，提出信用状况评定建议

农信社一般经营的个人信贷业务较多，单笔贷款金额较小，因而一般可由信贷员个人先给出信用评定的建议。农户信用评定等级分为优秀、较好、一般三个档次，具体等级设定及标准由各地信用社联社根据当地实际确定。

（4）信用评定小组审核修正评定结果

信用评定小组一般由农信社的信贷小组组成，对于农户小额信贷，信用评定小组以信用社人员和农户代表为主，同时邀请村党支部和村委会成员参加。信贷员个人给出评级的建议，评定小组进行初步的审核，若有不妥，则进行修正。

（5）根据信用评定等级设置贷款限额

每个评级结果对应一定的授信额度，经过评级的客户若有贷款需要，可在授信额度之内循环贷款。

（6）贷款审核

对于评级结果每半年要审核一次。对于农户小额信贷，信用社应对评定的农户信用等级每两年审查一次；对农户信誉程度发生变化的，应及时变更信用评定等级及相应的贷款限额；对随意变更贷款用途，出租、出借或转让贷款证（卡）的农户，应及时收回贷款证（卡），并取消其小额信用贷款资格。

（7）农信社个人信用评级流程

农信社个人信用评级流程如图 5-2 所示，是一个逐步完善的循环过程。各信用社根据信贷管理政策和各类客户评级标准，制定初始评级政策以及不同类别客户的指标体系和方法。随着历史数据的不断积累，通过统计违约概率调整评级政策、修正评级指标和方法。如具体到农户，在首次信用评级之后，要定期对个人情况及新的贷款政策展开审核。若发生变化，则结合原来的评级结果，重新对个人的信用等级进行评定。

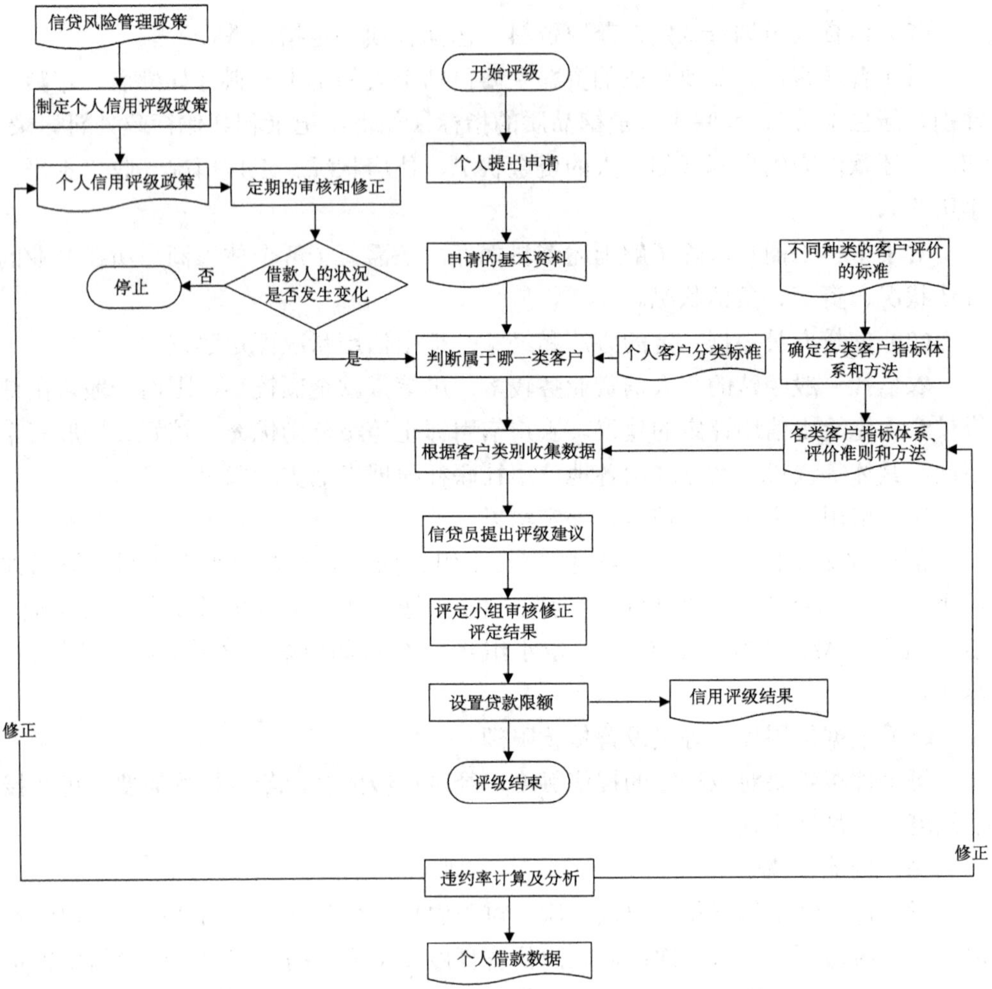

图 5-2　农信社个人信用评级流程

5.3　农信社个人贷款风险评估

5.3.1　农户贷款评估指标

1. 个人贷款评估与信用等级的关系

个人信用等级评定是为了衡量个人信用的好坏，从而对个人的各项信用指标进行量化打分，综合评出个人信用级别，作为授信依据。因此，信用等级评定对贷款评估有很大帮助。但不能以信用评级来代替贷款评估，因为信用等级评定是整体情况，而贷款评估是评价该笔贷款的风险程度。信用等级评定可作为贷款评估的重要参考，在贷款分类管理中加以运用。

个人贷款评估除了要考虑信用等级评定结果之外，还要考虑一笔特定贷款的贷款用途、贷款期限、贷款额度、贷款方式等因素。

2. 个人贷款评估指标选取

1）贷款方式

贷款方式是农村信用社在贷前和贷后向借款人提供的贷款形式，包括信用贷款、担保贷款和抵押贷款等。一般来说，农村信用社首选后两种形式。一方面，在方式权重系数设置中信用系数最高，担保和抵押系数较低；另一方面，抵押和担保方式有利于保全农村信用社的信贷资产，一旦农村信用社信贷资产面临损失，就可以通过法律途径（或将抵押财产变现，或找担保方偿还）得到补偿。因此，贷款方式的贷前选择和贷后补办担保和抵押工作，是农村信用社降低贷款风险和保障补偿的有效途径。

（1）信用贷款。信用贷款没有任何抵押和保证，相对来说风险要大一些。信用贷款的风险评价要结合个人信用评级结果。

（2）担保贷款。对借款人资本和能力等因素进行分析之后，就对借款人第一还款来源和还款能力有了清楚的认识。但当借款人财务状况出现恶化、借款人不按照贷款合同履行义务时，借款人信用支持为贷款的偿还提供了第二还款来源。贷款担保是指为提高贷款偿还的可能性，降低农信社资金损失的风险，由借款人或第三方对贷款本息偿还提供一种保证。农信社与借款人及第三方签订担保协议后，当借款人财务状况恶化、违反借款合同或无法偿还贷款本息时，农信社可以通过执行担保找第三方来收回贷款本息。

（3）抵押贷款。贷款方要求借款方提供一定的抵押品作为贷款的担保，以保证贷款到期偿还。抵押品一般为易于保存、不易损耗、容易变卖的物品，如有价证券、票据、股票、房地产等。贷款期满后，如果借款方不按期偿还贷款，贷款方有权将抵押品拍卖，用拍卖所得款偿还贷款。拍卖款清偿贷款的余额归还借款方。如果拍卖款不足以清偿贷款，由借款方继续清偿。

信用支持不能取代借款人的信用状况考察。担保仅仅是为已经可以接受的贷款提供一种额外的安全保障，它不能取代贷款协议的基本安排，也不会改善借款人经营风险和财务状况。农信社在发放贷款时，首先应考察借款人第一还款来源是否充足。即使抵押物、质押物具有良好品质，其价值超过贷款金额，保证人有充分的财务实力而且有履约的意愿，农信社也应对借款人的经营和财务状况进行认真的研究和分析。因此，担保分析的前提是对借款人整体信用状况的分析，农信社并不能只重视借款人被迫出售资产或由保证人担保而忽略信用状况考察。

2）贷款期限

贷款期限是指贷款发放时借贷双方确定的从贷款到还款的期限和逾期后的实际执行期限。贷款期限的长短直接影响贷款资产的安全，一般来说，贷款期限较短的风险较小；贷款期限较长的风险相对较大。在某些农信社中存在着“一高”“一低”现象，即中长期贷款占比例过高，中长期负债占比例过低，不符合农信社效益性、安全性、流动性“三性”统一的原则。

具体而言，一是背离资产负债管理的结构对称原则。结构对称原则要求资产项目与负债项目之间应相互对称和统一平衡。长期资产主要由长期负债和资本金支持，短期负债一般用于短期资产，其中的稳定余额部分虽然也可用于长期资产，但“一高一低”的比例“落差”过大，短期负债的稳定部分是远远不足以弥补的。

二是背离资产负债管理的偿还期对称原则。所谓偿还期对称原则，也称速度对称原则，是指农信社的资金运用应为资金来源的流通速度所决定，资产和负债的偿还期应保持一定程度的对称关系。是否对称主要运用平均流动率衡量，即资产平均到期日和负债的平均到期日之比，如果平均流动率大于 1，表示资金运用过度；反之，则表示资金运用不足。

三是背离资产负债管理的目标替代原则。目标替代原则，也称目标互补原则，是指流动性、安全性、效益性三大基本目标的均衡协调。虽然这种协调不是各占一定比例的绝对平衡，也是可以相互替代和补充的，但是“一高一低”的“高落差”靠一个分行内部在一定时期内是难以替代和补充的。

综上分析，要以效益性、安全性、流动性“三性”统一协调为原则，调整好贷款的期限结构。如果把三大基本目标视作杠杆，则安全性和效益性是杠杆相抗衡的两端，流动性是杠杆的支点，为实现杠杆的平衡，农信社既可以调整两端的分量，也可以调整支点的位置。要考虑三大目标之间的相互替代性，在实践中不必固守某一目标，单纯根据某一目标来考虑资产期限，而应将基本目标结合起来综合平衡，以保证农信社经营目标的实现，达到总效用的最大化。要解决“一高一低”问题，需要逐步优化贷款期限结构，有步骤地扩大短期贷款比重，缩小中长期贷款比重，逐步达到负债期限制约资产期限的目的，从期限结构上逐步服从和服务于“三性”统一协调原则，使资产和负债协调、均衡。

3）贷款占用形态

贷款占用形态是指贷款在一定时期所处的占用状况。包括正常占用贷款、一般逾期贷款、呆滞贷款、呆账贷款四类。贷款占用形态实际上与贷款期限确定密切相关，在贷款发放时能否科学地确定贷款期限对贷款的占用形态有很大影响。

4）贷款金额

地域不同，贷款金额大小对于贷款风险的影响不同。同一地域其他条件相同时，贷款金额越少，风险越小。具体分值确定可根据调研所得数据初步加以估算。

5）贷款用途

贷款用途不同，则相应的风险程度也不尽相同，如住房贷款的风险一般小于投资贷款的风险，助学贷款的风险小于汽车贷款的风险等。

5.3.2　农户贷款风险度模型

基于贷款风险度的分类方法是在对贷款对象进行信用等级评定的基础上，考虑贷款方式、期限以及形态等因素，综合确定贷款风险度并进而对贷款进行分类的方法[46]。贷款风险度是贷款风险的量化指标，一般用概率来表示，其取值在 0～1 之间。计算方法如式（5-1）和式（5-2）所示。

单笔存量贷款风险度=信用等级系数×贷款方式系数×形态系数×期限系数　（5-1）

增量贷款风险度=信用等级系数×贷款方式系数×期限系数　（5-2）

其中，农信社一般规定，贷款方式的参考风险权数如表 5-5 所示，贷款期限的参考风险权数如表 5-6 所示，贷款形态的参考风险权数如表 5-7 所示。

表 5-5　贷款方式风险权数表

农信社各种币种定期存单抵押	0～20	地市级以上专业农信社保证	0～20
农信社承兑汇票贴现	0～20	省级及单列市级以上非金融机构保证	20～40
国家债券抵押	0	联保集团保证	50～70
企业债权抵押	40～50	AAA、AA 级企业保证	50～80
股票、股权抵押	60～70	A 级企业保证	80～90
依法可设定抵押权的房地产抵押	30～50	BB 级以下企业保证	100
营运车辆抵押	30～50	信用贷款	100
设备抵押	60～80		
依法可设定抵押权的可转让动产抵押	80～90		
商业承兑汇票	80～90		

表 5-6　贷款期限风险权数表

贷款期限	期限≤3 个月	3 个月<期限≤6 个月	6 个月<期限≤1 年	1 年<期限≤3 年	3 年<期限≤5 年	期限>5 年
期限风险权数	100%	105%	110%	130%	135%	140%

表 5-7　贷款形态风险权数表

贷款形态	正常贷款	展期贷款	逾期贷款	呆滞贷款	呆账贷款
形态风险权数	100%	110%	130%	180%	250%

贷款风险是一个复合事件的概率，也就是贷款对象、方式、期限、形态、金额、用途等几个独立事件的概率乘积。因此，考察单笔贷款的风险程度，首先要确定贷款对象、贷款方式、贷款期限、贷款形态、贷款金额、贷款用途六个因素的风险权数。这些因素对贷款分类的影响如表 5-8 所示。

表 5-8　贷款风险影响因素表

指标	指标说明
贷款对象	信用评级分数越高，贷款越有保障，相应的评级越高
贷款方式	一般担保和保证方式的风险小于信用方式，另外对于担保方式还涉及是否容易变现等因素
贷款期限	贷款期限越短，风险越小，还款越有保障，评级级别也就越高
贷款形态	一笔贷款所处的贷款形态也是衡量贷款现在的风险程度的重要指标
贷款金额	贷款金额越小，还款的压力就越小，风险也就越小
贷款用途	贷款用途正当，且前景良好，则风险较低，评级级别较高

当一笔贷款的信用等级系数、贷款方式系数、形态系数及期限系数等确定后，它的贷款风险度就可根据式（5-1）和式（5-2）计算出来，贷款风险度与贷款分类的关系如表 5-9 所示。

表 5-9　贷款五级分类的风险度表

贷款分类	正常	关注	次级	可疑	损失
贷款风险度 Y	$0<Y\leqslant0.3$	$0.3<Y\leqslant0.5$	$0.5<Y\leqslant0.7$	$0.7<Y\leqslant0.85$	$0.85<Y\leqslant1$

由于贷款风险度模型需要确定每笔贷款的信用等级系数、贷款方式系数、贷款形态系数以及贷款期限系数等，使用很不方便，不太适合农信社贷款分类管理。

5.3.3　农户贷款风险综合评价

贷款分类是根据一些具体指标来分析，因此可以利用评价技术综合判断分析借款人还款可能性，据此确定贷款归类。

5.3.4　农户贷款评估等级

个人贷款评估的等级设置也可根据客户不同而有所不同，对于普通客户以及小规模、无完整财务报表的个体工商户和私营企业，一般设置 3～5 级，对于大规模、有完整财务报表的个体工商户和私营企业则设置 7～9 个等级。

5.3.5　农户贷款评估流程

贷款风险评估是一个系统工程，它由信用评级、贷款期限、贷款额度、贷款用途、贷款方式（信用、担保、抵押）等因素共同决定。农村信用社审核贷款是否发放的过程就是信贷风险评估的过程。个人信贷评估包括个人信用评级、结合信用评级及贷款期限、贷款额度、贷款用途、贷款方式等因素，它们确定贷款风险以及最后是否发放贷款等。农户贷款评估流程如图 5-3 所示。

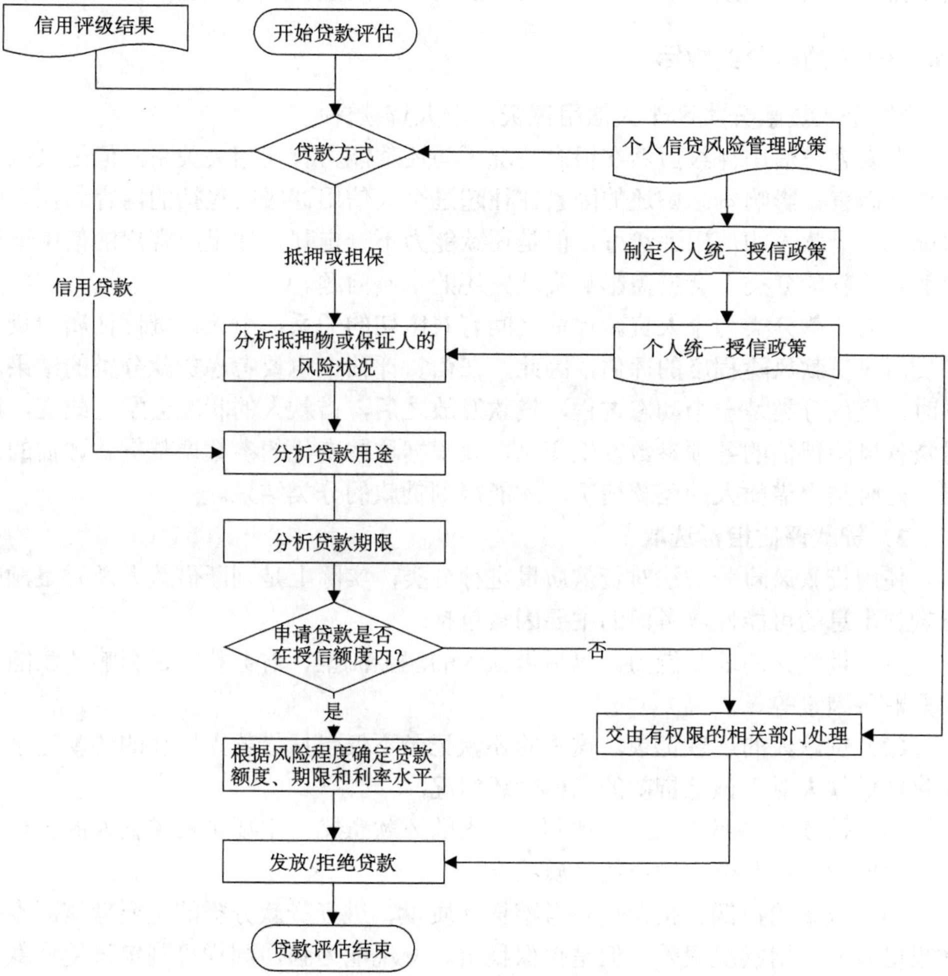

图 5-3　农户贷款评估流程

5.4　农信社个人贷款分类

贷款分类是指农信社的信贷分析和管理人员综合能获得的全部信息进行定性分析、定量计算，根据贷款的风险程度对贷款质量做出评价。贷款分类旨在评估农信社贷款质量，采用以风险为基础的分类方法（简称贷款风险分类法），把贷款分为正常、关注、次级、可疑和损失五类；后三类合称为不良贷款。贷款分类是贷后信贷风险管理的主要环节，贷款分类的主要作用是通过动态评估企业偿债能力的变化，评估已发放贷款的损失可能，将贷款分为相对损失率不同的类别，然后根据贷款分类政策规定，对不同类别的贷款采取相应的处理措施。

5.4.1　个人贷款分类指标

1）个人贷款分类和个人信用评级、个人贷款评估

个人客户信用评级虽然在很多情况下与还款能力有正相关关系，但是仅就一笔贷款而言，影响本息归还的因素往往超过个人信用评级所包括的内容。在有些情况下，借款人的信用评级好，但是还款能力不一定强。如果用客户的信用评级代替对贷款的分类，会掩盖影响贷款归还的本质问题。

个人贷款分类与个人贷款评估之间有着密切的关系，个人信贷评估属于贷中和贷后对贷款风险程度的评估，因此，在信贷评估中也要考虑贷款分类的结果。同时，贷款分类是一个动态过程，贷款发放之后，借款人的状况会发生改变，这时贷款风险评估的各项参数发生变化，要根据这些变化的参数调整贷款评估的结果，同时结合借款人的还款情况，才能得到贷款的分类结果。

2）贷款评估指标选取

使用贷款风险分类法对贷款质量进行分类，实际上是判断借款人及时足额归还贷款本息的可能性，考虑的主要因素包括：

（1）贷款人的还款能力。包括借款人的现金流量、财务状况、影响还款能力的非财务因素等。

（2）贷款人的还款记录。这里的还款记录不仅包括借款人以往的还款记录，还包括借款人对于该笔贷款的当前偿还情况。

（3）借款人的还款意愿。评判借款人的还款意愿，主要考察借款人的工作、居住稳定性，以及个人的道德品质状况。

（4）贷款的担保。担保也是考察贷款质量、进行贷款分类的重要考核因素。如果借款人信用状况很差，但是担保稳定、变现能力强，同样可判定该笔贷款为较高的类别。

（5）贷款偿还的法律责任。法律是贷款的有力保障，如果法律责任较大，则归还的可能性也更大。

（6）信贷管理水平。农信社信贷管理规范、严格，有较强的跟踪和预警能力，则相应贷款质量会整体提高。

3）个人贷款分类评估体系

（1）个人贷款分类指标设置。个人贷款分类的指标体系和个人贷款评估的指标体系相似。可以以贷款评估指标体系为基础，比较贷后借款人的情况和贷出时的区别，对贷款评估结果进行调整，同时考虑该笔贷款还款的情况，得到分类结果。

（2）贷款分类结果等级设置。对于个人贷款一般设置成五级。待到评级及分类的经验成熟后，可以在五级分类的基础上进一步细分。

5.4.2　个人贷款分类流程

农户贷款分类是信用社贷后风险管理的主要环节。分类的目的是通过动态分析农户偿债能力的变化，评估已发放贷款的损失可能性，并将贷款分为不同类别，以便信用社根据农户贷款分类政策规定，对不同类别的贷款采取相应的处理措施。农户个人贷款分类管理流程如图 5-4 所示，主要包括以下步骤。

1）制定个人贷款分类政策

根据中国人民银行的相关文件及《贷款风险分类指导原则》，各农信社要制定详细的个人贷款分类政策。个人贷款与企业贷款有很大的不同，因而对于贷款类别设置以及与此相关联的分类标准、分类方法等都有所不同，具体的管理组织、权限、流程等由贷款分类政策具体决定。

2）选择个人贷款分类的指标和方法

对于个人客户，不同类型的客户应采取不同的分类标准。根据 5.4.1 节的分析，选取分类指标。

3）个人贷款分类

指标确定之后，就可以采用相应的方法对特定的个人贷款进行分类。特别要注意的是，对于贷款担保，农信社应制定明确的抵押、质押品管理和评估的政策及程序。对于抵押品的评估，在有市场的情况下，按市场价格定值；在没有市场的情况下，应参照同类抵押品的市场价格定值。农信社也应制定明确的保证贷款管理政策，充分考虑保证合同的有效性和保证人履行保证责任的能力。

4）分类结果检验修正

使用每个贷款分类类别的贷款累计损失率来检验分类结果是否有效。具体如 3.5.4 节所述。

5）贷后管理

贷后管理是对贷款分类结果的应用，包括贷款的跟踪、催收、提取损失准备金等。贷款分类遵循会计审慎原则，应对每笔贷款风险计提专项呆账准备金，以弥补和抵御已经识别的风险。

如果影响借款人财务状况或贷款偿还的因素发生重大变化，应及时调整贷款分类。农信社至少每半年应对全部贷款进行一次重新分类。对不良贷款应严密监控，提高分析和分类的频率，根据贷款的风险状况采取相应的管理措施。

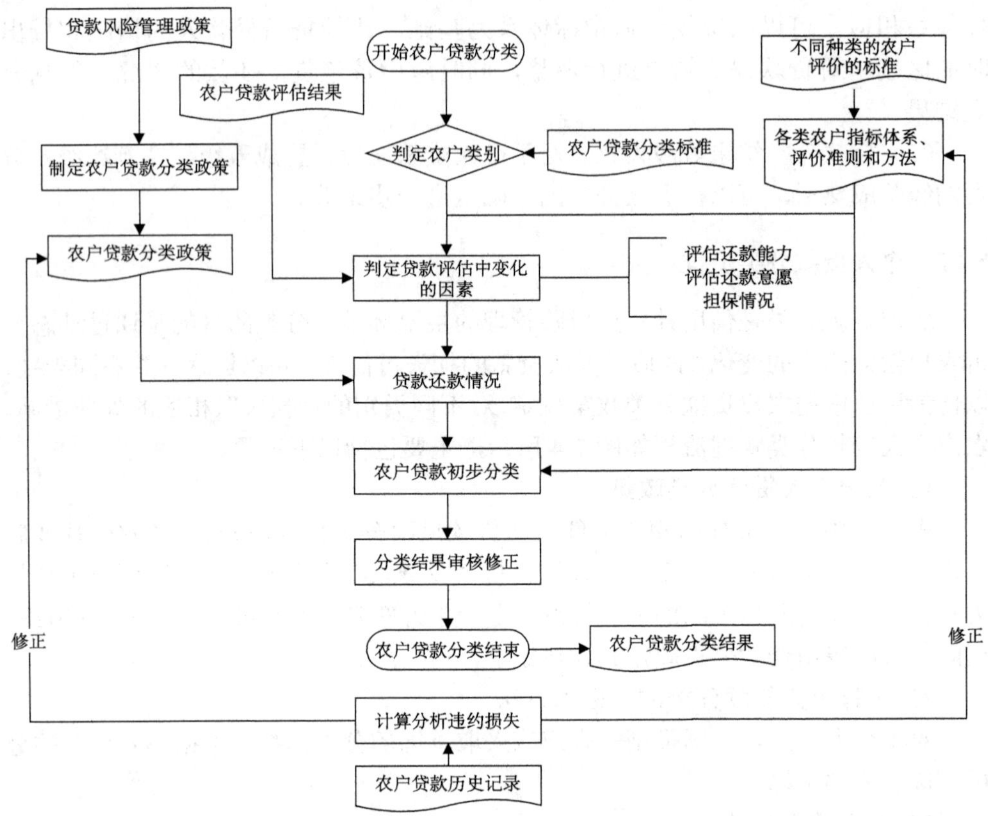

图 5-4　农户个人贷款分类管理流程

5.5　本 章 小 结

本章首先分析了农信社个人贷款的类别、特点和风险因素，针对农户贷款的信用评级指标和信用评级流程开展了详细的分析，构建了农户贷款风险评估指标的体系、评分模型和主要流程，并初步介绍了贷款分类指标和流程，为后续农户贷款和农村企业贷款分类研究打下基础。

第 6 章　农户贷款五级分类模型研究

专门针对农户贷款五级分类的模型研究还很缺乏。农户不同于企业和个人，它既具有企业的生产特征，又具有个人的消费特征。同时，农户的收入状况很不透明，其收入、支出、债务、债权的分布等没有系统的信息记录，缺乏类似于企业的资产负债表，因而缺乏五级分类的基础数据和材料，这就决定了在农户的贷款五级分类中，定性分析将占较大的比重。

6.1　农户贷款分类指标体系构建

6.1.1　农户贷款分类指标选取原则

农户贷款分类指标体系是信用社正确做出贷款分类决策的依据。因此，在设计农户贷款分类的综合指标体系时，一般也需遵循科学性与实用性原则、主成分性与独立性原则、整体性与层次性原则、定性与定量相结合原则、简洁与聚合原则、可操作性原则等[47]。贷款分类和农户的信用评估、贷款评估具有比较密切的相关关系，它们对农户贷款五级分类的影响情况可参考表 5-8。因此，在设计农户贷款分类模型的指标体系时，必须结合前文所描述的贷款分类需要考虑的主要要素，设计相应的指标分类体系。

6.1.2　农户贷款分类指标构建

根据对农户还款可能性的分析以及农户信用评价的分析，首先借鉴国内外个人信用评级的经验性指标，重点分析农户的自然状况、农户的信用品质、农户的还贷能力以及贷款条件等因素，特别要重点关注农户的偿债能力、偿债意愿和贷款条件（特别是贷款的担保状况）。

1）农户的自然状况

由于农户和城市个人具有很大的不同，因此，农户的自然状况主要包括劳动力的年龄、性别、婚姻、户籍以及身体状况等。

（1）主要劳动力的年龄是农户信用状况的一个重要影响因素，年纪适中的农户社会道德规范意识相对强些，经济基础也相对好些，承担风险的能力更强一些。

（2）主要劳动力的婚姻状况对还款的可能影响也较大，一般已婚人士的稳定性和责任感相对强些，因此归还欠款的可能性也就更大一些。

（3）户籍所在地对农户归还贷款的影响较大，一般认为户口在本地其相对稳定性大一些，并且居住本地时间越长越具有较强的稳定性。

（4）农户所在地的经济状况对农户的还款能力影响很大，较为富裕的地区，可认定平均经济状况要好于落后地区，因此还款的可能性会更大一些。

（5）农户主要劳动力的身体状况也是影响其还款能力的重要因素，而且信贷员经常走村串户，对于农户身体状况较了解，将它作为一个评价指标具有重要的现实意义。

2）农户的信用品质

农户的信用品质是指农户诚实守信的程度或者按照借款合同准时偿还债务的意愿。这是建立良好贷款关系、保证贷款安全的首要因素。农户信用品质包含很多内容，是一个定性指标，很多信息不易获得。但可以通过农户的信贷历史以及他们的民事、刑事处罚记录和借款农户在当地的口碑等方面来加以评定。

（1）信贷历史，指农户以往的申请和贷款还款记录。首先要看农户从什么时候开始借款，从哪些金融机构借过款；其次，要分析农户的贷款使用情况；最后，要分析农户的贷款还款情况，是否按时偿还所贷款项，有几笔贷款逾期，逾期多长时间，拖延偿还贷款的行为是偶尔的还是经常的。

（2）农户主要劳动力是否受到过民事、刑事的处罚记录，也是进行品德评定的一个重要参考因素，一般认为受到处分的人品德较差，在贷款分类中必须加以考虑。

（3）在广大的农村，借款户在当地的口碑是非常重要的参考指标，这是个人信用的重要体现。信贷员经常走村串户并且很多信贷员就是当地人，因此这个指标比较容易获得。

3）农户的还贷能力

农户的还贷能力体现在农户的收入和农户所拥有的资产等方面，这些是农户还贷的来源。分析的重点应该包括：

（1）住房的现值，住房在农户整体资产中占有很大比重，它不仅是较好的担保品，也是偿还贷款的潜在保障，该指标在农村是比较容易估计的。

（2）农户存款，通过是否有储蓄存折、是否有信用卡等信息作为参考。

（3）其他资产的规模：如牲畜、机动车辆、余粮等。

（4）已有负债，即农户通过其他融资渠道向他人的借款。已有负债比例越小，农户的财务状况就越好，反之就越差。

（5）收入的评估，首先是对收入构成的评估，它主要包括两个部分：一部分是比较有保障的收入，主要指农产品的收入；另一部分是不够稳定的收入，如外出打工收入。

（6）家庭平均抚养人口数量，是考察农户整个家庭经济状况的一个重要指标，这个指标对于农户的偿债能力影响比较大。

（7）主要劳动力的文化程度，对农户的创收能力有一定的影响，较高的学历一般具有较高的收入水平。

4）贷款条件

农村信用社的信用贷款其实比较少，特别是对农户的信用贷款就更少，绝大多数的贷款具有抵押或者是担保的条件，而不单纯是信用贷款。因此，分析农户贷款的分类问题时，必须充分考虑贷款条件因素。主要包括：

（1）贷款期限，是指贷款发放时借贷双方确定的从贷款到还款的期限和逾期后的实际执行期限。贷款期限的长短直接影响贷款资产的安全。一般贷款期限较短的，风险较小；贷款期限较长的，风险相对较大。

（2）借款用途，农户的贷款用途多为农业经营或家庭中发生了重要事件的需要，单纯为了消费目的而贷款的很少。因此，考察贷款的用途对于农户的贷款分类比较重要。

（3）贷款担保以及担保人和借款人之间的关系，由于农信社的贷款多为担保贷款，因此，担保人和借款人之间的关系非常重要。

（4）贷款方式，一般包括信用贷款、担保贷款和抵押贷款等。一般来说，农信社首选后两种形式。

（5）贷款占用形态，是指贷款在一定时期所处的占用状况，贷款的占用形态实际上与贷款期限的确定密切相关，在贷款发放时，能否科学地确定贷款期限对贷款的占用形态有很大影响。

（6）贷款金额，不同地域的贷款金额对贷款风险的影响也不同。同一地域其他条件相同时，贷款金额越少，风险越小，具体风险估计可根据调研所得的数据初步加以估算。

综上分析，可构建如表6-1所示的农户贷款五级分类指标体系。该指标体系不仅考虑了农户的信用状况，还考虑了贷款用途、贷款期限、贷款额度、贷款方式等因素。

表6-1　农户贷款分类综合评价指标体系

一级	二级	指标说明
一、自然状况	1．主要劳动力的年龄	一般年龄在40左右信用最好
	2．劳动力的婚姻状况	已婚人士信用状况好于未婚人士
	3．居住本地时间	居住在本地时间越长越稳定
	4．本地经济自然状况	本地整体自然经济状况越好，农户的信用状况相对越好
	5．劳动力的身体状况	身体状况好，则还款可能性也较大
二、信用品质	1．还款记录	还款记录越好，说明其还款能力和还款意愿比较强
	2．奖惩记录	若有民事、刑事处罚记录，则贷款评估分数相应降低
	3．农户的口碑	口碑越好，则还款意愿一般较高

续表

一级	二级	指标说明
三、还贷能力	1. 住房状况	若有住房，且现价较高，则还款越有保障
	2. 其他资产折价	其他资产也可作为信用贷款的保障
	3. 年总收入	年总收入是还款能力的一项最直接的指标
	4. 平均抚养人口数	相对于家庭总人员，有收入者越多，还款越有保障
	5. 其他兼职工作	兼职工作意味着农户有多种收入来源
四、贷款条件	1. 贷款期限	贷款期限越长，则风险越大
	2. 担保否	有无担保对于贷款的安全影响较大
	3. 贷款额度	贷款额度越大，则风险越大
	4. 贷款方式	信用贷款风险大；担保贷款和抵押贷款风险小
	5. 贷款占用形态	逾期贷款风险大，逾期越长风险越大
	6. 贷款用途	如农户建房贷款的风险一般小于投资贷款的风险，助学贷款的风险小于汽车贷款的风险等
	7. 还款方式	不同还款方式，贷款风险不同，因此分类也不同

6.1.3　农户贷款五级分类设置

根据贷款分类指导原则，可设立如表 6-2 所示的等级分类标准，即 AA（正常类贷款）、A（关注类贷款）、BB（次级类贷款）、B（可疑类贷款）、C（损失类贷款）。

表 6-2　农户贷款五级分类设置说明

等级	分值说明	等级描述
AA（正常）	[80，100]	贷款风险状况优良，具有足够高的偿债能力和偿还意愿
A（关注）	[65，80)	贷款风险状况良好，具有较强的偿债能力和偿还意愿
BB（次级）	[55，65)	贷款风险状况一般，具有一定的偿债能力和偿还意愿
B（可疑）	[50，55)	贷款风险状况较差，偿还能力不足，偿还意愿不强烈
C（损失）	[0，50)	贷款风险状况极差，已经无力偿还欠款，无偿还意愿

6.2　基于 AHP-Fuzzy 分类模型

通过上述章节的研究，构建了农村信用社农户贷款五级分类的指标体系。针对上述指标体系，收集相关数据，有很多方法可以完成对农户贷款所属类别的分类分析，如模糊综合评判、灰色综合评判等。本章在构建五级分类系统时将会充分考虑到各种评判方法，为验证农户贷款的五级分类体系，根据第 5 章给出的 AHP-Fuzzy 综合评判方法建立相应的分类模型。

6.2.1　农户贷款五级分类标准

在建立农户贷款五级分类模型时，一个重要的步骤就是根据不同区域设置不同的综合评价评分标准值。这是因为农村信用社覆盖范围很广，不同地区的经济、文化等各个方面的情况不同，因此，省级联社必须依据各地不同情况设置相应的评分标准值以及分类评价的权重值，而不应全省统一，搞“一刀切”。本节的评价数据来源于对某地区农信社的数据调查，通过专家、信贷员、信用社主任等多方讨论，形成了如表 6-3 所示的贷款分类综合评价标准值表，相应的权重（通过专家打分，并利用 AHP 计算获得）也设置在表中，由此形成了某地区农信社农户贷款五级分类标准。

表 6-3　某地区农户贷款五级分类综合评价标准值表

<table>
<tr><th colspan="2">指标</th><th>优秀值</th><th>良好值</th><th>一般值</th><th>较低值</th><th>较差值</th></tr>
<tr><td rowspan="5">一、自然状况（0.2）</td><td>1. 劳动力的年龄（0.4）</td><td>45</td><td>40</td><td>35</td><td>30</td><td>25</td></tr>
<tr><td>2. 居住本地时间（0.1）</td><td>10.5</td><td>6.5</td><td>2.5</td><td>1</td><td>0.5</td></tr>
<tr><td>3. 劳动力婚姻状况（0.15）</td><td colspan="5">已婚 5 年以上：9～10；5 年以下：7～8；未婚：3～4；离婚：2～6</td></tr>
<tr><td>4. 本地经济自然状况（0.2）</td><td colspan="5">经济发达：7～10 分；　一般：4～6 分；不发达：1～3 分</td></tr>
<tr><td>5. 劳动力身体状况（0.15）</td><td colspan="5">健康：8～10；良好：6～8；较差：3～5；极差：0～2</td></tr>
<tr><td rowspan="3">二、信用品质（0.1）</td><td>1. 还款记录（0.4）</td><td colspan="5">优秀：9～10；良好：7～8；中等或无记录：5～6；有延期：3～4；不良：2 及以下</td></tr>
<tr><td>2. 奖惩记录（0.3）</td><td colspan="5">表彰：10；无记录：7～10；民事处罚轻：6～8；民事处罚重：2～5；刑事记录：0～3</td></tr>
<tr><td>3. 农户口碑（0.3）</td><td colspan="5">优秀：8～10 ；良好：5～8；差：4 及以下</td></tr>
<tr><td rowspan="5">三、还贷能力（0.3）</td><td>1. 住房状况（0.2）</td><td>15 万</td><td>10 万</td><td>5 万</td><td>1 万</td><td>0.5 万</td></tr>
<tr><td>2. 其他资产折价（0.2）</td><td>15 万</td><td>10 万</td><td>5 万</td><td>1 万</td><td>0.5 万</td></tr>
<tr><td>3. 年总收入（0.4）</td><td>15 万</td><td>10 万</td><td>5 万</td><td>3 万</td><td>1 万</td></tr>
<tr><td>4. 平均抚养人口数（0.1）</td><td>1</td><td>1.5</td><td>2</td><td>3</td><td>4</td></tr>
<tr><td>5. 其他兼职工作（0.1）</td><td colspan="5">私有企业主及主要管理人员：7～10 ；农村企业普通员工：4～8；家政服务（如保姆）：3～7；体力劳动：1～5；其他：0～5</td></tr>
</table>

续表

指标		优秀值	良好值	一般值	较低值	较差值
四、贷款条件（0.4）	1．贷款期限（0.1）	1 年：8～10；2 年：6～8；3 年：4～6；4 年：2～4；5 年：1～2				
	2．担保否（0.1）	担保：8～10；无担保：5 及以下				
	3．贷款用途（0.1）	政策性贷款：8～10；房屋装修改建：6～8；投资贷款：4～5；购买耐久性消费品：2～4				
	4．贷款方式（0.2）	抵押贷款：8～10；保证贷款：3～7；信用贷款：0～2				
	5．贷款形态（0.2）	正常贷款：8～10；关注贷款：7～–5；次级贷款：–6～–10；可疑贷款：–11～–20；呆账贷款：–21～–40				
	6．贷款额度（0.2）	0.5 万	1 万	1.5 万	2 万	3 万
	7．还款方式（0.1）	不还本金只缴利息：1～2；只还本金，利息另行计算：2～3；还本金与利息：4～6				

表 6-3 中给出了定量指标临界值，对于定性指标，设总分为 10 分，临界值分别为 10，8，6，4，2。

6.2.2　农户贷款五级分类算例

实例数据来源于某地区农村信用社，某农户贷款状况如表 6-4 所示。基于表 6-4 的数据和前文所述模型，规定评语集 V 对应的分数 $V_1=100$，$V_2=80$，$V_3=70$，$V_4=50$，$V_5=30$。采用 $(\cdot,\oplus)$ 算子，进行 Fuzzy 合成运算，最终得到：

表 6-4　某地区农信社某农户贷款分类实例

指标及其实际值			指标值所在区间				
指标		实际值	优秀值	良好值	一般值	较低值	较差值
一、自然状况	年龄	35	0	0.5	0.5	0	0
	居住本地时间	7.5	0.25	0.75	0	0	0
	本地经济自然状况	经济发达	0.7	0.3	0	0	0
	婚姻状况	结婚 7 年	0.5	0.5	0	0	0
	本人身体状况	健康	0.6	0.4	0	0	0
二、信用品质	还款记录	无记录	0	0	0.8	0.2	0
	奖惩记录	无记录	0.2	0.5	0.3	0	0
	口碑	良好	0.1	0.5	0.4	0	0
三、还贷能力	住房状况	0.8	0	0	0	0.6	0.4
	其他资产折价	3.5	0	0	0.63	0.37	0
	年总收入	8.5 万	0	0.7	0.3	0	0
	平均抚养人数	1.5	0	1	0	0	0
	兼职工作	中层管理	0.6	0.4	0	0	0

续表

指标及其实际值			指标值所在区间				
指标		实际值	优秀值	良好值	一般值	较低值	较差值
四、贷款条件	贷款期限	1.5 年	0.3	0.4	0.3	0	0
	担保否	是	0.4	0.3	0.3	0	0
	贷款用途	投资贷款	0.2	0.3	0.5	0	0
	贷款方式	抵押贷款	0.6	0.2	0.2	0	0
	贷款形态	正常贷款	0.4	0.4	0.2	0	0
	贷款额度	0.8 万	0.2	0.7	0.1	0	0
	还款方式	还本付息	0.3	0.3	0.3	0.1	0

$$
Z = W \circ F = \begin{bmatrix} 0.2 \\ 0.1 \\ 0.3 \\ 0.4 \end{bmatrix}^{\mathrm{T}} \begin{bmatrix} 0.33 & 0.47 & 0.22 & 0 & 0 \\ 0.09 & 0.3 & 0.53 & 0.08 & 0 \\ 0.06 & 0.42 & 0.246 & 0.194 & 0.08 \\ 0.36 & 0.39 & 0.24 & 0.01 & 0 \end{bmatrix}
$$

$$
= \begin{pmatrix} 0.237 & 0.406 & 0.2628 & 0.0702 & 0.024 \end{pmatrix}
$$

根据本章设置的评语集，最终评价结果 $V' = ZV^{\mathrm{T}} = 78.806$，农户贷款风险处于 A 级，因此将该农户的该笔贷款归类为关注贷款，该笔贷款风险状况良好，农户具有较强的偿债能力和较强的偿还意愿。

6.3 本 章 小 结

本章根据农户贷款五级分类流程，结合贷款分类指导原则，综合贷前信用评级指标、贷款评估指标以及贷后管理指标，建立农户贷款的五级分类指标体系。以某地区农村信用社的某个农户贷款资料为例，建立了基于 AHP 的模糊综合评判分类模型，示例计算表明了上述模型能够较好地评价农户贷款的风险状况。该方法为农村信用社的农户贷款五级分类提供了参照标准和方法，能在一定程度上增强农户贷款分类的科学性，是一种可行的农户贷款分类方法。

第 7 章　农信社企业信贷管理研究

由于农信社自身资金与规模的特点，决定了在企业信贷方面，中小企业是其主要客户对象，这就要求农信社针对中小企业的特点加强信贷管理。中小企业作为国民经济的重要组成部分，对国民经济和社会发展起着重要的作用。支持和促进中小企业的发展成为当前经济活动中的一个热点，农信社如何通过对贷前客户评级及进行遴选，从中发掘和培育优质客户群体，完成贷后的贷款回收和防范贷款损失的风险管理显得非常重要，因此有必要在参照现行评估体系的基础上，结合中小企业信贷风险的特点进行定性与定量综合分析。

7.1　中小企业信贷风险特点

7.1.1　中小企业信贷风险概述

与大型企业相比，中小企业具有许多内在的优势，如企业组织简单、经营机制灵活、市场适应性强、创新能力强、符合比较优势、具有自生能力等。这些特有的优势使中小企业能在激烈的市场竞争中得以生存和发展，成为中国最活跃的经济细胞。但中小企业自身也存在着明显的弱点，如资产规模小、资金实力弱、生产存续期短、竞争力不强、管理不规范、道德失范现象严重等，这些固有的弱点使得农信社的信贷投入面临着较大的风险，具体表现为：

（1）市场风险。在构成国民经济体系的产业链中，中小企业始终处于为大工业拾遗补阙的附属地位，其在资金、技术、信息等方面存在着明显的不足。直接融资受到国家政策和企业规模的限制，生产营运资金主要依靠贷款。银行信贷投向和投入量向大型企业集中的倾向，使得中小企业间接融资的难度加大，资金缺口更加严重；在技术方面，有相当部分中小企业生产技术落后，生产效率低下，产品结构趋同；在信息方面，受企业自身条件的制约，信息的搜集、整理、传导能力有限，信息资源不能得到充分利用，难以为企业的快速决策提供有力的支持。可以说，中小企业自身的不足，直接导致了该群体的高失败率。据统计，仅有约50%的中小企业的生存期能达到 3 年左右，1%的中小企业的生存期能达到 10 年。

（2）信用风险。长期以来，由于社会信用体系不健全，对于贷款出现的道德风险缺乏相应的约束机制，加上中小企业逃废债的社会成本不大，使乡镇中小企业群的信用观念淡薄，恶意逃废农信社债务的现象较为严重。

（3）财务风险。相当部分乡镇中小企业财务管理不规范，随意性强，如有的企业报表账册不全，账实不符，随意变更会计核算方法和程序等，报表失真现象较为普遍。特别是有部分企业为获取农信社贷款，甚至隐瞒真实财务状况，编制虚假财务报表。

7.1.2　中小企业信贷管理现状

西方银行对企业信贷风险的管理理论经历了四个发展阶段：资产风险管理阶段、负债风险管理阶段、资产负债风险管理阶段和风险资产管理理论阶段。信贷风险管理最初主要偏重资产业务的风险管理，即贷款业务的风险管理和其他业务的风险管理。20 世纪 60 年代以后，信贷风险管理的重点转向贷款业务，即负债风险管理。负债风险管理是使用借入资金来保持和增加其资产规模，从而增加收益。资产风险管理侧重于资产业务的风险，强调稳健而进取不足，负债管理则侧重于负债业务中的风险，强调进取却忽视了稳健，两者均不能保证信贷安全性、流动性和效益性的均衡。于是就产生了资产负债综合风险管理理论，这一理论强调对资产业务风险和负债业务风险的协调管理，通过资产结构、负债结构的共同调整，在保证银行一定收益性、流动性的前提下，谋求信贷风险的最小化，以保证银行经营的安全性。1988 年 7 月，《巴塞尔协议》颁布实施，是信贷风险管理模式转向风险资产管理的新起点。

在国外的银行或农村合作金融机构中，绝大部分的信贷资金贷给了各类企业，如果借款企业不能按期偿还贷款本息，就构成了企业贷款风险。构成企业贷款风险的因素有很多，主要有以下几方面：企业经营者管理水平不高；企业的资本金比重和流动资金比重过低；过度追求销售的增长使成本上升、应收款大量增加，形成企业还贷风险；市场竞争激烈；宏观环境恶化，经济衰退，市场需求下降；恶意逃废债务。发放企业贷款应进行贷款风险分析，包括：企业一般情况分析、企业各种财务比率分析、企业现金流量分析和财务收支的大体预测四个步骤。每一个步骤都可能发现风险存在的可能性及大小，一旦发现风险过高，则必须慎重考虑是否发放贷款。

国内金融机构在对中小企业发放贷款时考虑的因素依次是：企业的财务状况和经营管理水平、申请贷款项目的风险、申请贷款企业的信用状况、企业所在的行业、自身的资金松紧状况、内部的贷款管理权限和贷款申请企业的所有制性质等。

企业财务状况和经营水平主要是对资产负债情况、盈利能力以及现金流量进行评价，从而判断企业的资金运营状况和偿债能力。由于中小企业受到规模的限制，其盈利能力与现金流水平与同行业的大型企业相比，可能存在一定的差距。因此，对中小企业信贷的审批更注重对其所运作项目的前景进行评价分析。

申请贷款项目的风险分析涉及面广，主要包括技术风险、行业风险、市场风险等。尤其是技术风险，由于中小企业的特殊性，其技术的成熟度将对企业未来的盈利能力产生重大影响。因此，在对中小企业项目贷款评估的过程中，应特别注重对技术的先进性、技术更新周期、技术成熟度等方面的评价。

市场风险也是应该关注的另一个焦点。中小企业在市场占有能力上的不确定性将直接影响其未来的发展前景。我国农信社在评价中小企业的市场风险时，一般要求确保企业产品在总体供不应求的前提下，能够提供相关的订单或明确的目标客户，以作为判断其市场前景的一项依据。

与大型企业相比，中小企业有其自身的弱点。第一，中小企业抗风险能力差，受其规模等内部因素影响，中小企业受市场、环境的影响程度很大。特别随着世界经济一体化进程的加快，企业受环境制约的程度进一步加深，一旦市场、经营环境发生变化，一些中小企业很难适应。第二，中小企业的内部治理结构和控制机制不健全，由少数人或个别人控制现象比较普遍，信用贷款所需要的财务账表管理混乱，不齐或不实，民营企业普遍存在法人资产与自然人资产没有严格区分的现象。当企业经营发生困难时，抽逃企业资产的情况时常发生而且很难控制。第三，一些企业信用观念不强，诚信度不够，借钱时就没准备还钱。有些企业想方设法悬空和逃废债务。受到这些因素的影响，我国农信社在开展乡镇中小企业信贷的过程中，为确保贷款的安全性，往往采用抵押和第三方保证担保的方式来降低风险。

7.1.3　中小企业信贷风险因素

信贷风险评估的重点内容在于金融机构对客户的授信，即信贷资产，而评估信贷资产的难点与核心是其可回收程度，也即信贷风险损失率的分析与评定。风险源于事物发展的不确定性，是指一种获益或损失的机会。因此，信贷风险是农信社面临的主要风险，一般是指获得农信社贷款的债务人能否遵照合同、按时还本付息的可能性。

信贷风险主要体现在三方面：①贷款方式（信用、抵押、质押、贴现等）；②贷款对象（指贷款企业的信用等级 AAA、AA、A、B、C 或其财务状况）；③贷款形态（正常贷款、关注贷款、次级贷款、可疑贷款和损失贷款）。在贷前应考虑贷款方式和贷款对象两个因素，贷款贷出后应加入贷款形态的考虑因素，以便对企业信用风险进行有效的控制。不同的因素会对信贷资产产生不同的风险，信贷风险评估的主要任务是在分析信贷资产风险因素的基础上，评定并量化由此造成的信贷资产损失。可运用数学方法对贷款对象、贷款方式和贷款形态等方面存在的风险进行量化，并按照量化指标对贷款风险进行综合分析评定。

7.2　企业信贷风险管理流程

企业信贷管理流程如图 7-1 所示。

7.2.1　制定信贷政策

企业信贷政策是关于企业贷款决策活动的具体行为准则。制定书面的、科学的信贷政策是信贷管理工作健全的标志，也是信贷风险管理的基本条件。其目的与主要内容参见 3.1.1 节，在此不再赘述。

7.2.2　选定目标市场

由于农信社贷款市场的广泛性和客户的差异性，如何对零散的市场采取集中管理的办法，最终尽力避免信贷陷入低质量的市场和客户，是很关键的问题。确定目标市场主要是通过市场综合调查，根据资产风险管理指标的要求，对市场予以甄别，对企业所在行业及其产品进行排行排序，然后根据客户的经营素质、实力、商誉、业绩、前景等因素，进行信用等级评定，在此基础上选定基本客户群。但要注意，建立目标市场，选定基本客户群，是一个动态的管理过程，既要保持相对的稳定性，又要关注市场和客户的变化，做出必要的调整。

7.2.3　走访企业客户

信贷客户经理是指经常与客户直接打交道的信贷营销人员，在尚未实行客户经理制的农信社一般指信贷员。接到客户的借款申请后，信贷客户经理就应着手进行贷前走访，即走访客户并从那里搜集有关信息资料，着重了解五个方面的问题：一是借款人是否具有法定资格，二是贷款是否符合农信社当前的信贷政策，三是是否在本行开立基本结算账户，四是借款人的基本条件和申请贷款的原因，五是需要的贷款品种。在走访客户的过程中，事前要经过精心准备，按照格式化的清单，注意资料搜集的真实性和完备性，以满足贷款评估所需。不仅要走访客户总经理和财务人员，还要走访客户的市场营销人员和客户的客户（供应商和购买商），并深入实地进行考察。

7.2.4　企业贷款评估

在走访贷款客户并获取相关信息资料后，便进入实质性的分析研究即评估阶段，这一阶段特别重要，是贷款决策者是否同意贷款的关键，因此，贷款评估工作要做得特别缜密。为保证评估分析质量，必须成立专门的评估部门专司其责，在核实和认定贷款的品种后，通过审查客户的财务报告、资产负债表、现金流量

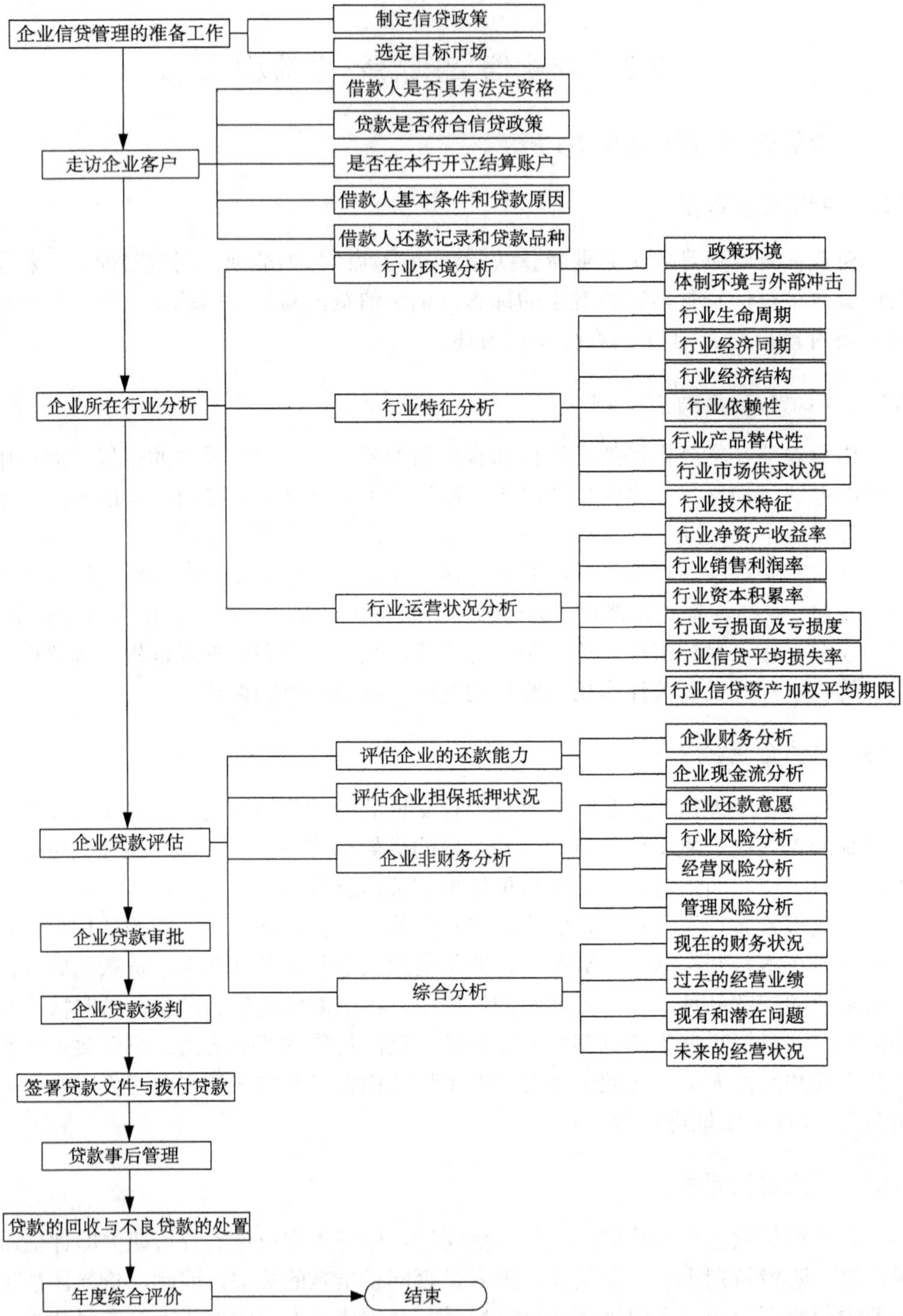

图 7-1　企业信贷管理流程

表、业务发展计划、行业及市场管理水平、业务经验和其他信息资料，深入地了解借款人的真实实力、经营业绩（包括预期业绩）、发展前景和竞争的优劣势。值得指出的是，评估分析侧重点的变化要根据不同品种的贷款和不同客户的差异分别确定。一般而言，贷款评估分析的重点有以下 10 个方面：①产品（产品策略、市场占有率、产品周期）；②借款人的客户的基本情况（信用可靠性）；③销售策略（批发与零售、内销与外销）；④供应策略（内供与进口）；⑤国际风险（产品出口时的国际政治和汇率风险）；⑥借款人市场竞争的优劣势及其改进；⑦决策者和员工素质；⑧投资及经营周期；⑨现金流量与还款来源；⑩后备还款来源（抵押、保证）。在经过系统的分析后，最后要对基本还款来源和后备还款来源的可靠性做出定量、定性的描述，同时做出相应的结论性意见，旨在表明贷款风险程序以及贷与不贷、贷多贷少、贷款期限、价格水平、贷款方式及其必要的附加条件，并形成专门格式的评估文本，按照管理权限提交有权审批人审议和决断。

7.2.5　企业贷款审批

审批贷款时，通常应采用信贷审查委员会制度，因为此制度可以集中委员们的丰富经验，使农信社的信贷决策水平达到最佳状态。委员会成员一般由农信社信贷总管和信贷、资金管理、财务、法律等部门主管组成，由信贷总管组织召集。审贷会上，由评估负责人介绍评估分析文本，委员们进行广泛讨论，最后由召集人整理归纳审贷结论性意见，并做好备忘录（最好采取无记名表决方式）。之后按自下而上的程序报社长签批。社长审阅后，如有异议可否决审贷意见，但社长一般不能直接决定贷款，所有贷款都必须经审贷委员会审议决定，这样在农信社内部形成一种制衡机制。采取这种审批方式要注意两点：一是要保证审贷的及时性，提高审贷效率。二是在一级法人体制下，凡超越本级行授权范围或认为贷款影响事关重大的项目，提请上级行最后审批。

7.2.6　企业贷款谈判

在贷款得到审批后，信贷经理（或信贷员）即与客户见面，就贷款期限、贷款价格、贷款条件、担保方式、合同契约的具体内容、存款结算承诺、贷款到位时间等内容进行谈判，与客户达成一致意见后进入下一个工作流程。

7.2.7　签署贷款文件与拨付贷款

任何贷款（包括准贷款）文件在正式签署之前，都必须经由农信社内部的专业部门对贷款文件的真实可靠性和法律效力进行审查，特别是借款合同中的制约条款和有效担保的法定证明文件，要一丝不苟地审查。审查无误后，与借款人共同签署。贷款文件的完备性和有效性十分重要，当贷款发生问题时，有可靠的、法律体系支持的、规范的贷款文件，可以为贷款人提供实质性的谈判筹码。国外农信社管理贷款文件准则中有一条值得我们借鉴:“在所有贷款文件没有正式签署之前不得放出贷款。”在市场经济条件下，由于种种原因，客户信息的披露程序往往不能使农信社满意，为了规避这一问题带来的风险，贷款的担保非常重要，它是制约借款人违约的重要机制，是贷款偿还的后备来源。在采用抵押品作为贷款的担保时，信贷员应调节贷款值与抵押品客观价值的对称关系，并要求保险。抵押品价值一般高于贷款总额，它需要弥补当贷款发生问题时开始计算的利息损失和拍卖费用。如需贷款保证还要审查保证人的信用情况。贷款文件正式签署后，农信社应按合同要求向借款人拨付贷款。

7.2.8　贷款组合管理

贷款一旦放出，必须切实加强贷款组合（事后）管理，以确保日后偿还，它一般包括贷款的日常管理和贷款监督两个方面。在贷款的日常管理中，信贷客户经理负有“最前沿”的责任，要定期深入借款客户，密切关注借款人与偿还贷款相关联的经营活动。可重点关注五种渠道的相关信息，即客户本身、客户的供货商、客户的购买商、本社支付结算系统和其他金融机构。发现问题及早预警，及时采取措施，认为自身力量不够时，请部门主管出面协同工作。贷款日常管理的另一个重要方面，就是要建立规范的目录式信贷档案，并交由信贷综合部门进柜集中保管，信贷档案要防止分散化倾向，要建立登记领用归还制度，谨防丢失。信贷日常管理要与贷款的内部监督融为一体，本处所指的监督则是指农信社内部两个层面的检查监督，一是信贷部门内部设置检查岗，对信贷运行状况进行常规性的检查监测，及时纠正偏差；二是独立于同级农信社的审计部门的贷后稽核和离职审计，上级行依靠这种监督，发现各类问题，责令下级行采取相应措施加以控制，问题严重时，上级行要给予处罚，并派专人监督改正。

7.2.9　贷款回收与不良贷款处置

正常情况下，信贷员在贷款到期和利息计付日之前，要及时通知借款人，在本行账户上备留足够的存款余额，由农信社主动扣收。如果借款人到期无力偿还贷款本息，农信社将视具体情况区别对待；属客观原因导致偶然性的短暂困难，根据客户要求可展期一次，但期限不得超过原定期限，否则应将贷款本金转入逾期贷款账户，并按借款合同规定加罚利息，利息转入表外科目核算并计算复利。凡属逾期不能按期偿还的贷款都应视为有问题贷款，应按以下步骤和措施加以处理：①通过多种途径咨询分析，诊断借款人的真实“病症”，做到心中有底，如有可能与客户合作讨论解困办法；②每天认真监督账户的活动情况，增加直接收回贷款或减少有问题贷款的可能性；③查阅贷款文件、担保抵押协议、谈判备忘录，如有可能与借款人签署附加文件，增加收回的渠道；④如有可能向保险公司投保，但要支付一定的保险费用；⑤注入新的资金激活，但要谨慎；⑥充当“红娘”，促进资产重组；⑦如果借款人状况继续恶化，则要采取断然措施，依法处置抵押品或向保证人追偿；⑧呆账部分按规定动用呆账准备金予以冲销。

7.2.10　年度综合评价

年度结束后，需要专门做综合评价，具体内容参见 3.1.10 节，在此不再赘述。

7.3　信用评估指标选择

企业信用评估指标体系是指在对企业进行信用评级时，所要考虑的各种影响因素及其类别和结构的划分。企业信用评估的实施，关键在于选择适当的评估指标和制定出评估标准。也就是说，评估应该包括哪些指标，每一指标和分项指标应适用什么标准，每一指标和分项指标应各占多少比重即比重的分配，以保证这些指标的综合评分能公正、客观、准确地表达客户的信用程度。理想的评估标准包括品格、能力、资本、环境条件等方面，并遵循可信度最高而误差最小的原则。

7.3.1　指标体系设置原则

信用评估指标体系是信用评估机构和评估人员从事评级工作的依据，也是衡量信用评估结果是否客观公正的标尺。没有一套科学的、完善的信用评估指标体系，很难设想它能保证信用评估结果做到客观、公正。因此，建立信用评估指标体系必须在正确的指导原则下进行，才能达到预定要求。

（1）全面性：信用评估指标体系的内容应该全面地反映所有影响评估对象信用状况的各项要素，不但要考核过去的业绩，还要预测未来的发展趋势，不但要考虑评级对象本身的情况，还要研究周边的环境及其产生的影响。这样，信用状况才能达到全面评价的要求。我们决不能通过少数几项指标的评价，就做出信用评估的结论，这就容易产生评估失实的错误。

（2）科学性：建立信用评估指标体系，各项指标必须有机配合、形成体系，相互之间既不重复，又无矛盾。同时，指标的计算和评价方法必须科学，要有一定的依据。整个指标体系的建立，要在不断实践的基础上逐步证实提高，最后通过一定形式形成正式文件。既要防止朝令夕改，造成指标体系的随意性，又要经得起实践的考验，逐步增强指标体系的科学性。

（3）针对性：信用评估指标体系必须具有针对性，对于不同的评估对象和评估目的，指标体系应该有所区别。信用评估目前在国内分为证券评级、贷款企业评级和特定信用关系评级三类，应根据评级要求的不同，分别制定各自的信用评级指标体系。又由于不同企业具有各自的经营特点，因而有一部分指标又要结合企业的经营特点来确定，不能千篇一律。

（4）公正性：信用评估指标体系的建立要符合客观事实，能正确反映评估对象信用等级的真实面貌，指标体系和计算方法不能偏向评级对象或投资主体的任何一方，评级机构和评级人员必须态度公正、评价客观，以事实为依据，决不能根据个人爱好任意改变指标项目、计算方法和评价标准。

（5）合法性：信用评级必须遵守国家有关政策、法律和法规，指标体系要体现国家客观政策的导向，有些经济效益指标和风险监管指标，国家政府机关有规定标准值的，必须体现规定要求。

（6）可操作性：信用评估指标体系的建立，要具有实用性，数据要便于收集。既要符合我国国情，具有本国特色；又要参照国际惯例，考虑今后同国际惯例接轨，逐步走向世界。

7.3.2　指标体系选择方法

指标体系的建立主要是指标选取及指标之间结构关系的确定。对于复杂系统，指标的选取和指标关系的确定并不是一件容易的事，既要求对理论（包括所涉及的专业领域的知识、系统评价理论等）有深邃的把握，也要求必须具备丰富的经验。因此，复杂系统的指标体系的建立过程应该是定性分析和定量研究的相互结合。定性分析主要是从评价的目的和原则出发，考虑评价指标的充分性、可行性、稳定性、必要性以及指标与评价方法的协调性等因素，由系统分析人员和决策者主观确定指标和指标结构的过程。因此，指标体系的构造过程可分成两个阶段，即指标初选的过程和指标完善的过程。

1）指标体系的初选

指标体系的初选采用分析法。分析法是指将度量对象和度量目标划分成若干部分、侧面（即子系统），并逐步细分（即形成各级子子系统及功能模块），直到每一部分和侧面都可以用具体的统计指标来描述、实现。就度量对象的划分来说，包括按对象的运动过程和对象的构成要素两种方式来分解。当然，这两种分解方式通常是交叉的。就度量目标的划分来说，通常是将指标体系的度量目标划分成若干个子目标或子子目标，然后每一个子目标都用若干个指标来反映。

2）指标体系的完善

科学的指标体系是获得正确的统计分析结论的前提条件。而初选后的指标体系未必是科学的，因此，必须对初选的指标体系进行科学性检验，即对初选指标体系进行完善化处理。指标体系的测验包括两个方面的内容：单体测验和整体测验。单体测验是指测验每个指标的可行性和正确性。可行性是指该指标的数值能否获得，那些无法或很难取得准确资料的指标，或者即使能取得但费用很高（高于指标体系本身所带来的社会与经济效益）的指标，都是不可行的。正确性是指指标的计算方法、计算范围及计算内容应该正确。整体测验主要是测验整个指标体系的指标的重要性、完整性。重要性是指保留那些重要指标，剔除对评价结果无关紧要的指标。一般用德尔菲法对初步拟出的指标体系进行匿名评议，选出相对比较重要的指标。完整性是指统计指标体系是否已全面地、毫无遗漏地反映了最初描述的评价目的与任务。

7.3.3　评估指标体系建立

通过以上指标体系的选择思路和方法，选出相对重要又能准确反映企业信用状况的指标体系，具体如下所述。

1. 资金信用

资金信用是指企业在生产经营结算中延期收、付款的行为或资金的借贷关系，是影响企业信用度的重要因素之一。评价企业的信用度，必须考察企业的资金信用状况。反映企业资金信用状况的指标主要有以下几种：

（1）贷款偿还率。贷款偿还率是指，在一定时期内，企业到期偿还的贷款额占全部贷款余额的比例，它是考核企业贷款偿还情况的指标。逾期贷款是贷款危险的信号，通常把逾期贷款作为考核企业贷款流动性和偿还情况的重要指标。借款能否及时偿还，综合反映了企业生产经营活动情况，在企业资金周转的过程中，任何环节上出现问题，都会影响借款的及时偿还。因此，企业贷款偿还率在一定程度上反映了贷款的风险程度，表明了企业的资金信用状况。

（2）货款支付率。货款支付率是反映企业在一定时期内，因购买材料、半成品而发生的货款支付情况的指标，主要考核企业结算货款支付的程度。其计算公式为：货款支付率=（期初应付货款＋本期外购货款－期末应付货款）/（期初应付货款＋本期外购货款）。

（3）货款回收率。货款回收率是反映企业在一定时期内，因销售产品而发生的货款回收情况的指标，主要考核企业结算货款收回的程度。其计算公式为：货款回收率=（期初应收货款＋期初发出商品＋本期销售收入总额－期末应收货款－期末发出商品）/（期初应收货款＋期初发出商品＋本期销售收入总额）。

企业能否按时支付全部货款直接表明了企业的承债能力，反映了企业的资金信用状况；企业能否按时回收全部货款直接影响企业资金的周转，影响企业生产经营活动的延续。因此，在收付货款上表现出良好资金信用的企业，其信用度必然也高。

2. 偿债能力

偿债能力是指企业偿还债务本金及利息的能力，要从短期、长期两个方面考虑。反映偿债能力状况指标如表 7-1 所示。

表 7-1　偿债能力指标

比率	公式	定义	分析
流动比率	流动资产/流动负债	表明流动负债有多少流动资产偿还	在分析时要注意流动资产结构，流动资金周转情况
速动比率	（流动资产－存货）/流动负债	表明流动负债有多少速动资产偿还	未考虑到应收账款的可回收性和期限
现金比率	现金类资产/流动负债	表明速动资产扣除应收账款后的余额与流动负债的比率	现金比率越高，表明借款人的直接支付越强
资产负债率	负债总额/资产总额	说明总负债占总资产的比重	该比率越低，债权人风险越小，债权保障程度越高
负债与所有者权益比率	负债总额/所有者权益总额	表示所有者权益对债权人权益的保障程度	该比率越低，表明借款人的长期偿还能力越强
利息保障倍数	税息前利润总额/利息费用	衡量借款人偿付利息能力	说明对债权人权益的保障程度

3. 盈利能力比率

盈利能力很重要，因为企业正常经营并产生利润是偿还债务的前提条件，盈利能力越强，企业还本付息可能性就越大，贷款的风险就越小。反映企业盈利能力状况指标如表 7-2 所示。

表 7-2　盈利能力指标

比率	公式	定义	分析
销售利润率	销售利润/销售收入净额	指销售利润占产品或商品销售收入净额的比重	该比率越高，表明产品销售成本控制得越好。在通货膨胀情况下，该比率的提高，有时不是因为管理能力的加强，而是因为价格上升
营业利润率	营业利润/销售收入净额	指营业利润占产品或商品销售收入净额比重	该比率越高，表明借款人营业活动的盈利水平越高
净利润率	净利润/销售收入净额	指净利润占产品或商品销售收入净额比重	同上，如不同，就应关注营业外支出及纳税管理能力
成本费用利润率	利润总额/成本费用总额	指成本费用支出所能带来的利润总额	该比率越高，说明同样的利润只需较少的成本费用支出

4. 效率比率（营运能力分析）

营运能力是指通过贷款企业资产周转速度的有关指标反映出来的资产利用效率，它表明管理人员经营、管理和运用资产的能力。主要指标如表 7-3 所示。

表 7-3　营运能力指标

比率	公式	定义	分析
资产收益率	利润总额/资产平均总额	资产的投资回报	使用税前净利润，删除了不同税率对利润的影响，否则任何比较都会出现偏差
股东权益收益率	利润总额/股东权益	表示所有者权益的回报情况	该比率为评价管理部门盈利能力提供了一个很好的衡量标准
总资产周转率	销售收入净额/资产平均总额	表明总资产使用效率	比率越高，说明资产经营效率越好，反之则相反
存货周转率	销售成本/存货平均余额	表明存货的周转速度	比率高，说明存货周转好
应收账款周转率	赊销收入净额/应收账款平均余额	表明借款人收回货款的能力	说明借款人的应收账款的变现能力
固定资产周转率	销售收入净额/固定资产平均净值	表明固定资产平均使用效率	该比率下降表明近期固定资产有所增加或生产能力过剩，该比率上升表明可能过分依靠旧的厂房和设备

5. 创新能力分析

企业的创新能力反映了企业未来持续增长的能力，与企业未来的偿债能力成正比。主要指标如表 7-4 所示。

表 7-4　创新能力指标

比率	公式	定义	分析
新产品销售收入比率	新产品销售收入/产品销售收入	表明在产品销售收入中有多少比例是销售新产品所得	该比例越大，表明企业未来持续增长的能力越强
研究和开发（R&D）投入强度	R&D 投入/产品销售收入	表明企业销售收入中有多少用于研究和开发新产品	该比例越高，表明企业用于保持产品领先的投入大，企业的发展能力强
技术人员比重	技术人员数/企业员工总数	表明企业中参加创新人员的比例	保持一定的该比例，能反映企业的创新技术力量的强弱

6. 成长能力分析

企业的成长能力分析反映企业未来的市场前景，展示其持续不断发展的能力，主要指标如表 7-5 所示。

表 7-5 成长能力指标

比率	公式	定义	分析
净资产增长率	（期末净资产–期初净资产）/期初净资产	表明企业在一定时期内的资产增长能力	该比例越大，表明企业未来偿债能力在不断地增强
销售收入增长率	（期末销售收入–期初销售收入）/期初销售收入	表明企业在一定时期内的销售收入增长的比例	该比例越大，企业的偿债风险越小

7. 现金流量指标

判断企业现金流量是否充足，分析企业偿债能力的强弱，主要指标如表 7-6 所示。

表 7-6 现金流量指标

比率	公式	分析
外部融资比率	（经营性应付项目增减净额+筹资现金流入量）/现金流入量总额	它反映企业在金融市场筹措资金的能力，和经营对外部资金的依赖程度，比率大，说明企业筹资能力强
强制性现金支付比率	现金流入总额/（经营现金流出量+偿还债务本息付现）	它反映企业是否有足够的现金偿还债务，支付经营费用等，比率越大，其现金支付能力越强
到期债务本息偿付比率	经营活动现金流量/(本期到期债务本金+现金利息支出）	它用来衡量企业到期债务本金及利息可由经营活动创造现金支付的程度，比率越大，说明企业偿还到期债务能力越强
现金偿债比率	经营现金净流量/长期债务总额	它反映企业按照当前经营活动提供的现金偿还长期债务能力，经营活动中所获得的现金应该是企业的长期现金的主要来源，这一比率越高，企业偿债能力越强
现金股利支付率或利润分配率	现金股利或分配利润/经营现金净流量	它反映本期经营现金净流量与现金股利之间的关系，比率越低，企业支付现金股利能力就越强

8. 非财务指标

1）企业客户行业风险分析

（1）成本结构分析：如果企业的固定成本比例比变动成本高，就说它经营杠杆高，那么，高产量（相当其生产能力）比低产量更能盈利。经营杠杆和规模经济将影响一个行业和单个企业的盈利能力，也就是说，当销售量波动且难以预测时，经营杠杆高的比经营杠杆低的企业更危险。

（2）行业成熟度分析：可以用行业销售的增长率及企业关闭和离开行业的比

率来判断行业是处于新生、成熟和衰退。

（3）行业周期分析：如果行业的繁荣和萧条比经济的繁荣和萧条程度小，该行业对农信社风险小，风险最小的行业是不受业务周期影响的行业，风险最高的行业是那些对周期敏感，导致行业广泛倒闭的处于衰退期的行业。可以通过与借款人交谈，阅读与特定行业相关的出版物和审查其财务报表来判断它是否顺利度过了以前的繁荣与衰退。

（4）盈利能力：如果一个行业中多数企业由于费用超过收入而赔钱，该行业的持续存活能力就有疑问，农信社应尽可能避免对该行业过多地介入。

（5）依赖性：借款人对一个或两个行业的依赖程度越大，借款给该行业的风险越大，行业的供给线和客户群越分散，风险越小。

（6）替代产品：贷款给其产品很容易被替代的行业或企业，风险将大于贷款给其没有替代产品的行业。

（7）监管：在衡量行业风险时，应注重判断行业监管政策及其政策调整可能对行业发展的影响程度。

2）企业客户经营风险分析

（1）相对规模：规模暗示着市场份额及企业稳定性方面的信息，市场份额是指在市场总销售中企业销售所占比例。较大的市场份额是衡量企业稳定性的有效尺度，企业经营业绩的风险及不确定性会较小，但是市场份额与规模并非绝对的风险指标，有的小企业成功地着眼于市场空白点，集中小企业的精力、资源能获得丰厚的利润，从而不会受到竞争的冲击。

（2）企业成熟度：与行业成熟度相似，应结合起来考虑，不同之处在于，一个成熟的企业被证明有能力度过经济周期中低谷，它比没有经历过经济低潮时期的企业有更好的风险承受能力。

（3）多样性：一个经营产品多样化的公司比经营单一特定产品销售或小型产品线公司的风险相对来说要小，不会太受到消费类型转变的影响。

3）管理风险分析

农信社在进行风险评价时，应分析整个企业管理的力度和深度。要分析企业是否有足够的管理深度以保证其在一个主要的经理离开后还能继续保持成功，应该确定是否在每个主要领域都有一位资深的经理，并有一个总经理来平衡和指导各项活动，尤其需要确定，贷款人应在业务风险管理和行业风险分析方面有资深的管理经验。

7.3.4　评级指标体系确定

通过前面描述的指标体系建立方法，经过指标初选和指标完善，选出信用评级模型所需指标，但在实际运用中应根据实际情况，以及相应模型自身的要求，从上一节中选取相应的指标。下面就简单评分法所需指标及评分方法确定为例，说明确定过程如下：

（1）指标设置。以金融法规为基础，根据对借款人还款能力影响因素的大小，设置能够反映借款人偿债能力、获利能力、经营管理能力、履约状况、发展能力和潜力 5 个方面的 18 个指标，如表 7-7 所示。

表 7-7　企业信用评级表

序号	指标名称	权重	高级评分标准（8～10 分）	中级评分标准（4～7 分）	低级评分标准（1～3 分）
一、偿债能力指标					
1	资产负债率	7	≤60%	60%～80%	>80%
2	流动比率	6	≥120%	80%～120%	<80%
3	速动比率	5	≥80%	40%～80%	<40%
二、获利能力指标					
4	产品销售利润率	6	>行业平均值 1.2 倍	0.6～1.2 倍	<行业平均值 0.6 倍
5	成本费用利润率	4	>8%	2%～8%	<2%
6	净利润率	4	>行业平均值 1.2 倍	0.6～1.2 倍	<行业平均值 0.6 倍
三、经营管理指标					
7	应收账款周转率	6	>5 次	2～5 次	<2 次
8	存货周转率	6	>4 次	1～4 次	<1 次
9	经营管理水平	6	制度健全；管理水平高	管理水平一般	管理水平差；制度不健全
10	人力资源管理水平	4	管理水平高	管理水平一般	管理水平较差
四、履约指标					
11	贷款按期偿还率	7	>95%	80%～95%	<80%
12	交易履历	6	按时付款	尚可接受	常常违约
五、发展能力和潜力指标					
13	行业趋势及地位	6	主导地位	一般	不重要
14	销售收入增长率	6	>10%	2%～10%	<2%
15	利润增长率	6	增长势头良好	平均增长率	状况变差，下降迅速
16	担保	7	担保价格高；预付	部分担保	无担保
17	发展规划与实施条件	4	实力强；战略清晰	一般实力	发展艰难；实力弱
18	同业市场竞争力	4	竞争小	一般性竞争环境	竞争对手强大

（2）设置记分标准。对每个指标设置高、中、低三个等级，高级 8～10 分，中级 4～7 分，低级 1～3 分。指标分值设置既要有定性标准，又要有定量标准，

并同时考虑到行业标准。划分等级标准尽可能采用国际标准，以便对不同时期、不同行业进行比较。对行业差别不大的指标，采用统一标准。

（3）权重设置。根据 18 个指标对借款人还款能力影响的大小设置权重。在 1～10 范围内设定一个权数，各指标的权数可用德尔菲法通过专家评定。确定后不宜随意改动。

（4）系统计算。根据记分标准对 5 类 18 个指标分别打分。某项的情况越好，分数越高。在没有资料信息的情况下，给 0 分；用权值乘以 10，计算出最高分；用实际分数乘以权值得出加权分值，并与最高分相比得出百分率，即为最终评分值（根据最终等级评分表得出企业信用等级）。本案例可以在信息不完全的情况下做出决策。当某个信息不足时，给此标准打 0 分，或尽量压缩权值使其最小，尽可能地减少对评估结果的影响，适用于对信息不完全的借款人的评估。但全面收集借款人信息仍是科学决策的关键。

（5）等级划分。根据最终值划分为 AAA，AA，A，BBB，BB，B，CCC，CC，C 九个等级，最终等级评分如表 7-8 所示。

表 7-8　最终等级评分表

企业信用等级	评分
AAA	>85
AA	75～85
A	66～75
BBB	60～66
BB	54～60
B	46～54
CCC	35～46
CC	21～35
C	<21

注：A 级 66 分以上，客户信用很好、贷款风险很少。B 级 46～66 分，客户信用较好，贷款有一定风险。C 级 21～46 分，客户信用较差，贷款风险较大，也可能由于信息不足而使实力评估受到影响。C 级以下客户信用很差，另有一些信息缺陷，贷款风险大。

7.4　贷前行业分析

农信社评价信贷客户优劣的常用依据是客户财务现状，而对客户所在行业的兴衰背景关注不够。事实上，信贷客户的财务指标只是对客户即期或过去短期经营状况会计信息的不全面反映，财务指标状况的恶化往往滞后于经营状况的下滑。

在农信社信贷客户会计信息失真问题较普遍的状况下，加强对信贷客户所在行业发展趋势的研究，把握行业不同发展阶段的各自特征，有助于为农信社信贷资金存量结构的及时调整、新增资金的有效进入提供决策依据。

7.4.1 行业分析的目的

行业是介于宏观经济和微观经济之间的重要经济范畴，是由具有共同特征的企业群体所组成。由于同一行业内的企业成员在生产经营上存在着相同性或相似性，其产品或服务具有很强的替代性，行业内的企业成员彼此间处于一种更为紧密的联系之中。行业兴衰与国民经济发展的特定阶段有较强的相关性，在同一时期，一些行业的增长与经济同步增长，一些行业增长可能领先于经济增长，还有一些行业可能随着经济的增长反而衰落甚至消失。行业的兴衰决定了行业内部企业的生存条件和发展状况，进而影响到与行业相关的农信社的信贷资金安全。考察信贷历史情况可以发现，农信社业存在的不良资产有相当一部分就是由行业的衰落引起的，有相当部分贷款转化为不良资产。因此，行业分析应成为今后农信社信贷分析的重要内容，有利于农信社辨别最近和未来可能提供信贷进入机会的成长行业，并根据行业的生命运行周期，适时把握退出时机，以确保信贷资产质量。

7.4.2 行业分析的内容

1. 行业环境分析

1）政策环境

（1）货币政策与财政政策。财政政策对许多行业具有较大影响。当财政紧缩时，行业信贷风险大多呈上升趋势；反之则下降。货币政策对行业风险的影响，要根据生产要素结构而定，资金密集型行业的运行状态与货币政策方向呈显著正相关。而对劳动密集型企业，货币政策紧缩一般不会对其产生明显的不利影响；相反，生产过程中资金价格上升，劳动力成本相对下降，还会在一定程度上增强该行业的竞争优势。

（2）国家产业政策。产业政策通常能指明今后一段时期内政府支持和限制的重点行业，并对各行业的发展规模和内部结构提出指导性意见。属于国家重点支持行业，在政策有效期内发展条件优越，风险相对较小；属于国家允许发展的行业，一般市场竞争比较充分，风险程度适中；而属于国家限制发展的行业，往往发展空间较小，风险程度偏高；国家明令禁止发展的行业和产品，行业风险极高，一般不予投入。

（3）法律法规环境。判断行业法规体系是否稳定和完善，行业法律环境是否存在变化的可能，以及这种变化对行业潜在的冲击或影响。

2）体制环境及外部冲击

经济转型时期，各行业的经营管理体制经历着深刻变革，这些变革因素对行业运行和风险变动产生重大影响。分析和判断体制转轨因素的影响程度和范围，对认识和把握行业信贷风险的总体趋势具有重要作用。随着全球化进程的加快，外国产品和公司大量涌入中国市场，对许多行业的发展形成直接冲击，导致行业整体的信贷风险上升。由于开放的速度和顺序不同，各产业面临的风险也有较大区别。

2. 行业特征分析

1）行业生命周期

行业成长一般经历初创阶段、上升阶段、成熟阶段和衰退阶段。在市场经济条件下，所处行业的发展阶段不同，企业面临着不同的经营风险和发展机遇。

2）行业经济周期

在国民经济中，行业的兴衰通常与国民经济总体运动的周期变动有明显的关联性。根据行业发展状况与经济周期变化的关联程度，把行业分为：①增长型行业，增长型行业的运动状态与经济活动总水平的周期及其振幅相关；②周期型行业，周期型行业的运动状态与经济周期直接相关，当经济处于上升时期，这些行业会紧随其扩张，当经济衰退时，这些行业也相应跌落；③防御型行业，这些行业运动状态的存在是因为其产业的产品需求相对稳定，并不受经济周期处于衰退阶段的影响。

3）行业的经济结构

由于经济结构的不同，行业基本上可分为四种类型：完全竞争、不完全竞争和垄断竞争、寡头垄断、完全垄断。垄断程度高但未来垄断期限较短的行业可能面临较高的信贷风险。而垄断程度高但垄断期限长的行业，信贷风险相对较低。

4）行业依赖性

行业依赖性是指目标行业经营状况与其上下游产业的相关程度。目标行业对其上下游行业的依赖性越大，则贷款潜在风险度就越高。行业依赖性主要表现在目标行业供应商和客户群的集中度上。上下游集中度越高，则目标行业就越可能受相关行业影响，其运行风险就越大。当集中度低于 20%时，认为产业依赖性风险得到有效控制，而当集中度超过 80%时，则认为产业依赖性风险处于很高水平。

5）行业产品替代性

如果目标行业的产品有许多来自其他行业的替代产品，那么该行业将面临较大的竞争压力，特别是当替代产品在价格和性能方面都具有相对优势时，目标行业的潜在风险就可能处于较高水平。

6）行业市场供求状况

对行业产品的市场供求总量及其结构变化有一个准确判断，当有效需求大于供给时，产品产销率增加，资金循环通畅，经营风险降低；反之则相反。

7）行业技术特征

行业主导技术的先进程度和变化情况（技术发展平稳，无剧烈变动的可能；技术发展较快，或潜伏重大变革的可能；技术发展迅速，淘汰率高；技术发展前景暗淡，失败可能性很大）是造成行业信贷风险的主要因素。

3. 行业运营状况分析

1）行业净资产收益率

净资产收益率指企业在一定时期内的净利润同平均净资产的比率，是衡量行业盈利能力的最重要指标，充分体现了企业自有资本获取净收益的能力。

2）销售（营业）利润率

行业销售利润率是指行业内企业一定时期的销售利润同销售收入的比率。它表明企业每单位销售收入能带来多少销售利润，反映了企业主营业务的获利能力，是评价企业经营效益的主要指标。

3）资本积累率

行业资本积累率是指行业内企业本年所有者权益增长额与年初所有者权益的比率。行业资本积累率反映企业当年的资本积累能力，是评价目标行业发展潜力的重要指标。资本积累率越高，表明资本保全性越强，行业抵御风险、持续发展的能力越大。

4）行业亏损面及行业亏损度

行业亏损面是衡量行业风险程度的重要指标，旨在从整体上反映目标行业中经营亏损企业的运营状况。行业亏损面等于行业内亏损企业个数与行业内全部企业个数的比值。

行业亏损度旨在测量行业内部企业经营亏损的程度，表示为行业内亏损企业亏损总额的绝对值除以行业内盈利企业盈利总额绝对值与亏损企业亏损总额绝对值之和，取值介于 0 到 1 之间。

5）行业信贷平均损失率

信贷平均损失率建立在贷款五级分类基础上，是衡量信贷资产质量的关键指标。计算公式为

$$\xi=\frac{\sum_{j=1}^{5}a_j\cdot\theta_j}{\sum_{j=1}^{5}a_j}=\sum_{j=1}^{5}\theta_j\cdot\beta_j$$

其中，ξ 表示行业信贷资产的平均损失率；a_j 表示目标行业的所有的信贷资产中

第 j 类贷款的数额；θ_j 表示五级分类中的 j 类贷款的平均损失率；β_j 表示在行业信贷资产中第 j 类资产所占比重。

6）行业信贷资产加权平均期限

该指标反映行业信贷资产中因期限结构而形成的风险，其计算公式为

$$\text{行业信贷资产加权平均期限}=\frac{\sum \text{行业内}I\text{笔合同金额} * \text{合同期限（月）}}{\sum \text{行业内}I\text{笔合同金额}}$$

行业信贷加权平均期限的适合区间为 24～60 个月，当指标超过 72 个月时，信贷风险会因期限过长而趋于上升。

7.4.3　行业分析的方法

1. 行业结构分析

行业的经济结构常常受行业中企业数量、产品性质、价格制定等多种因素的影响。经济结构不同，行业的市场类型也不同。从市场竞争角度分析，行业的结构可以分为以下几种：

（1）完全竞争性行业。该行业的基本特点是：行业进出不受限制，生产、经营者数量众多，生产要素可以完全自由流动，产品是同质的、无差别的，企业只能是市场价格的接受者，而不是市场价格的制定者，市场价格由整个行业的供求关系决定，生产者、经营商可以充分了解市场的各种信息。在现实生活中，这种行业类型很少，一些资本有机构成较低的行业，例如农产品行业。

（2）不完全竞争性行业。这类行业所要求的资本有机构成、技术含量的平均水平高于完全竞争性行业。因此，这类行业的进入会受到资本、技术等因素一定程度的制约，行业进入者的生产要素可以流动，进入者生产同样但不同质的产品，产品之间存在一定的可替代性。由于进入者生产的产品具有可替代性，而且在资本有机构成、生产技术水平等方面具有一定的门槛，因此行业中的部分厂商对市场价格有一定程度的控制力。在国民经济各行业中，轻工产品制造业大多属于这类行业。

（3）寡头垄断行业。这类行业所要求的资本有机构成、技术水平、产出规模、产品储备水平均高于不完全竞争性行业，行业的进入受到较大的限制，进入该行业的企业数量大大减少。进入该行业的企业中，少数企业在市场中占有较大的份额，他们对市场中该类产品的生产、交易和价格有较大的控制权，并能获得较稳定的超额利润。属于这类行业的有汽车制造业、钢铁冶炼业、石油化工业、天然气开采业等行业。

（4）完全垄断行业。这类行业对进入者有严格的限定，行业进入者一般是政府或政府授权的特许专营企业，或根据专利独立生产的企业。由于市场被独家企

业控制，产品没有或缺少替代性，生产者能根据市场的供求情况确定产品的产量和价格，并可获得稳定的超额利润。但厂商在产品价格和生产数量及盈利水平方面，往往会受到政府的管制。现实生活中的大部分公用事业，一些资本密集型、技术密集型行业如航天业，也属于这种类型。

以上考察了行业的市场结构，由于行业的结构不同，行业内企业的生存发展条件也不相同，企业的经营风险、盈利水平存在较大的差异。行业结构分析就是要求农信社认识这些行业差异性，单从信贷资金的“三性”原则或农信社立场出发，贷款资金介入寡头垄断行业和完全垄断行业应是较理想的选择，也就是信贷资源的最佳配置行业。

2. 行业生命周期分析

（1）行业的生命周期。行业的兴衰呈现此起彼伏的特点，每一行业的发展，通常经历由萌芽到成长到兴旺再到衰退等演变过程。这个过程就是行业生命周期，它一般可分为 4 个阶段：①初创阶段。行业刚刚诞生或初创不久，行业进入者为数极少，一般仅限于对产业进行开拓的公司。由于创业阶段开发研究所需费用高、产品市场小，企业大多无利可言，亏损较为常见，经营者一般要承担很高的经营风险。②成长阶段。这时行业开始进入稳定发展的阶段。在这一时期，新行业的产品市场需求量逐渐上升，市场前景良好。从初创阶段生存下来的生产商、经营商开始形成利润，利润水平逐渐提高，从而吸引大量的企业加入。新行业的产品结构逐渐发生变化，单一的产品、低质高价的产品逐渐被系列化、价廉物美的产品取代，企业之间的竞争日趋激烈，那些资本技术实力雄厚、经营管理水平较高的企业，通过有效提高劳动生产率降低成本，扩大生产规模，加强新产品的开发和市场推广，逐渐扩大其产品的市场占有率，兼并或淘汰竞争力不强的企业。③成熟阶段。这时，行业处于发展规模大但发展速度逐渐下降的阶段。在这一阶段，新的企业难以进入该行业，在竞争中生存下来的厂商数量有限，他们垄断了市场，行业中每一个厂商均占有一定的市场份额，由于竞争手段相似、竞争能力相当，市场份额的分配格局变化不大，市场风险有所降低，行业在一定程度上垄断着当期市场，行业保持着较高的利润水平。④衰退阶段。新兴行业的逐渐兴起，新产品和替代品开始出现，并不断扩大市场的占有份额。原行业中的企业生产、销售和利润水平逐步下降，不少企业因利润低而逐步向其他行业转移，还有不少企业出现因亏损而面临停业或破产的可能，从而使原有行业逐步萎缩，甚至就此消失。

（2）行业生命发展周期与农信社信贷资金进退的关系。行业生命周期的变更规律，行业在不同发展阶段上的特点，决定了农信社在选择信贷对象时，应把握以下要点：①行业初创阶段。一方面，由于行业能否最终形成尚难以预测，行业的开拓者投资风险极高；另一方面，即使今后行业形成，但初创阶段的企业能否生存下来还是难以判断。因此，对初创阶段的行业，农信社信贷进入存在着高风险、低收益甚至血本无归的可能，一般来说，农信社的信贷资金不宜进入。②行业成长阶段。行业竞争激烈，但行业的平均利润率水平较高，介入发展阶段的行业的农信社信贷资金具有高风险、高收益的特征，农信社的信贷资金可以试探进入。③行业成熟阶段。由于市场竞争势均力敌，企业经营风险有所降低，行业平均利润率水平较为稳定。农信社的信贷资金介入这些行业，具有低风险、低收益，但收益相对稳定的特征。这对经营追求稳定的农信社来说，应该是较好的选择。④行业衰退阶段。由于市场前景甚微，行业平均利润率下降，一时难以转入其他行业的企业之间竞争异常激烈，其生存发展十分艰难。对正在步入衰退期的行业，一般具有低收益、高风险的特征。农信社在对这类企业的信贷把握上，应在全系统限制新增信贷资金的进入，研究存量贷款的尽早退出策略，规避可能出现的信贷风险。

3. 行业经济周期分析

在国民经济中，行业的兴衰通常与国民经济总体的周期变动有明显的关联性。根据行业发展状况与经济周期变化的关联程度，把行业分为：

（1）成长型行业。这种行业受经济周期的影响程度小，其预期盈利增长率明显高于其他行业的平均利润水平，不论经济是否进入衰退时期，成长型行业都能保持相当的发展速度。当然，对不同的国家不同时期或同一国家的不同地区来说，成长型行业的内容可能存在着一定差异。例如，美国 20 世纪 90 年代的高速成长型行业有生物基因工程、IT 产业以及航天产业等；对我国现阶段来说，成长型行业主要是国家制定的战略性新兴产业。

（2）稳定型行业。这类行业受经济周期变化的影响小，无论在什么时候，一般保持匀速发展的态势。例如食品业，公用事业中的供水、供气及供电等行业。

（3）周期型行业。这类行业的业绩随经济周期的变化而呈现出周期性变化。它又可以分为两种类型：一种是与经济周期同方向变动的行业，在经济繁荣时期，它们的业绩普遍好于或高于其他行业的平均水平，当经济转入衰退时期，它们的业绩普遍差于其他行业的平均水平；另一种是与经济周期反方向变动的行业，例如，金矿开采业、宝石开采业在经济衰退时期，投资者出于对其资产保值增值目的考虑，对黄金、宝石等炫耀性商品的市场有效需求可能反而会增加，从而使这类行业的经营业绩呈现出与经济周期反方向变动的状况。

7.4.4　行业分析的建议

农信社对信贷客户对象的选择应建立在全面综合分析其行业兴衰、行业与经济周期变化关系及行业对农信社的边际贡献等基本指标的基础上，要重点使信贷资金向正在发展的新兴行业，特别是高科技行业、基础产业及个人消费信贷领域倾斜；设法从正在衰退或淘汰的传统产业或行业退出，尤其是要加快对国有企业中那些中低信用等级客户的退出步伐。此外，还应注意以下几个方面：

（1）行业进入或退出的选择应与信贷风险控制相结合。对特定的农信社而言，由于其信贷资金来源不同，可使用的期限长短不尽相同，对风险的承受能力和信贷投入的目标存在着较大差异，对信贷客户选择的行业标准也不可能一样。①信贷风险承受能力差的农信社对行业的选择。这类农信社应在宏观经济形势较好的时期进入，尽量选择一些低风险、低收益，且受经济周期影响不大的行业，例如选择已步入成熟期的公用事业客户作为信贷进入的市场目标或基本客户，避免高风险的行业。②信贷风险承受能力一般的农信社对行业的选择。这类农信社在把握好信贷进入的时机后，把信贷投入重点尽量放在低风险的行业，同时，可适当选择一些高风险、高收益、随经济周期变化的行业作为市场客户目标，当然应避开进入尚处于初创阶段的行业。③信贷风险承受能力较强的农信社对信贷行业的选择。这类农信社可以采取信贷组合的策略，把信贷投入重点适当向高风险、高收益、处于成长阶段的行业倾斜，还可以根据自身以往的经验，尝试选择一些自己熟悉的具有较大发展前途且尚处在创新阶段的行业作为信贷对象。

（2）行业进入或退出的选择应与国家的产业政策相结合。产业政策是中央政府为促进国民经济稳定协调发展，对一定时期的产业布局、产业组织结构进行某种程度干预的经济政策。产业政策是以财政政策和货币政策作为传导机制，通过传导机制影响农信社的信贷投向。国家重点或优先扶持的产业，往往是国民经济中的瓶颈行业，所以产业政策是社会经济长期发展战略的体现，具有相对稳定性的特点。在积极的财政政策和稳健的货币政策下，这类行业的发展速度明显快于其他行业；在“双紧”的财政、货币政策下，这类行业仍然会得到国家在税收、利率、贷款条件、财政补贴等多方面的优惠。即使在经济衰退时期，还会保持一定的盈利水平，而且展现着良好的发展前景。农信社选择这类行业或产业中的企业作为自己的信贷客户，贷款风险自然就会大大降低。当然，这类行业中的企业会成为各农信社信贷资金极力介入的争夺重点。相反，国家正在限制或淘汰的夕阳行业，会受到来自各方面政策的限制，农信社要加强行业发展趋势研究，尽早制定退出策略，从这类行业中整体、及时、有效退出。

（3）行业进入或退出的选择应与该行业对农信社的边际贡献相结合，以此来确定对该行业的信贷政策。要全面、完整、系统分析宏观经济政策对经济增长可能的导向和对行业发展所产生的影响及重点客户产品的市场状况，通过动态测算该行业客户对农信社的相关边际贡献指标来判别该行业的成长性，从而制定某一特定时期对某一特定行业的信贷政策，并用来指导全行信贷系统对该行业信贷支持的方式和力度。①通过完整计算和预测该行业对农信社过去、现在和将来的贷款边际贡献率、存款边际贡献率，以及通过分析农信社对该行业的利息收入和存款总量占比的依存度及其他市场化指标，评价和判别该行业的成长性。当贷款边际收益大于贷款边际成本，农信社对该行业的利息收入、存款依存度较大或所占的比重上升时，说明该行业正处于上升时期。此时，农信社应积极进入该行业；当贷款的边际收益等于或小于贷款的边际成本，农信社对该行业的利息收入、存款依存度较小或所占比重开始下降时，说明该行业可能正处于转型期或已进入衰退时期。此时，农信社要在系统掌握行业发展生命周期资料的基础上，及时采取应对策略，通过有效的撤出方式，实现从该行业的整体退出。②通过对行业的生命周期分析，结合农信社自身的资金实力，依据历史资料来确定该行业的成长阶段和成熟阶段的最大授信额度。当该行业的贷款使用总量在授权控制额度以内时，可以在该行业内的各企业之间调剂使用；当贷款规模超过授信总额时，及时撤出超出授信总额的那部分信贷资源；当行业衰退阶段到来时，要坚决压缩直至取消授信额度。从而，以积极有为的信贷管理方式实现对该行业整个生命周期的有效追踪，使自已有限的信贷资金资源在不同的行业之间实现最优配置。

（4）行业进入或退出的选择应充分与行业发展的历史、现状及行业未来发展趋势的分析相结合。①充分考虑行业历史业绩和行业技术特征。农信社要广泛收集有关行业销售、盈利、贷款利息清偿、存款、资本结构、技术发展、相关产业政策、行业生产经营要素变化的历史资料，为行业变动趋势预测做好准备。②运用适当的方法，对行业成长变动进行定量分析，预测行业的未来业绩和发展变化规律，以便农信社寻找可以进入的行业或必须退出的行业。

7.5　贷前信用评估

企业信贷管理中的贷前信用评估主要包括企业的财务分析、现金流量分析、担保分析与非财务因素分析，也就是贷款对象状况和贷款支持（贷款担保）的分析。贷款对象状况和贷款支持是贷前需要重点考虑的，而一旦贷款发放出去，贷款形态就成为要考虑的第三维因素，贷款形态的分类实质是通过揭示贷款的实际价值和风险程度来判断借款人及时足额归还贷款本息的可能性，它能真实、全面、动态地反映贷款质量，及时发现贷款发放、管理、监控、催收及不良贷款管理过程中存在的各种问题，并为判断贷款损失金是否充足提供依据。此时，贷款形态则是衡量贷款质量的最主要指标，其他两方面因素次之，最后综合这几个方面评估企业的信用，这也是企业信贷管理的核心内容。

7.5.1　财务分析

企业信贷管理中的财务分析或称财务报表分析，是指农信社对借款人财务报表中的有关数据资料所进行的确认、比较、研究和分析，借以掌握借款人的偿债能力，预测借款人的未来发展趋势，为做出正确的信贷管理提供依据。

农信社向借款人借出资金的主要目的，就是期望借款人能够按照规定的期限归还贷款，并支付利息。如果借款人到期不能还本付息，那么农信社不仅不能从这种资金借贷业务中获得收益，反而会遭受一定的损失；如果借款人资不抵债甚至破产，那么农信社遭受的损失就会更大，甚至全部贷款都不能收回。所以农信社对借款人最关心的就是其现在和未来的偿债能力，而取得借款人偿债能力信息的最佳途径就是分析借款人的财务报表。因此，对借款人偿债能力的分析应是信贷管理中财务分析的核心。

但是，借款人的偿债能力并不是孤立的，它和借款人的盈利能力、营运能力、资本结构和现金净流量等因素密切相关，因而为了准确计算和评价借款人的偿债能力，在信贷管理中所进行的财务分析也应分析这些内容。

盈利能力的分析就是通过一定的方法，判断借款人获取利润的能力，它包括借款人在一定会计期间内从事生产经营活动盈利能力的分析和借款人在较长时期内稳定地获取利润能力的分析。农信社之所以重视借款人盈利多少、盈利水平的高低以及盈利的稳定性和持久性，是因为盈利是借款人偿还债务的重要资金来源。借款人盈利能力越强，借款人还本付息的资金来源越有保障，债权的风险越小。因此，对借款人盈利水平、盈利稳定性和持久性的分析和判断是信贷管理中财务分析的重要内容。

营运能力是指通过借款人生产经营中各项资产周转速度所反映出来的借款人的资产运用效率，它不仅能反映借款人资产管理水平和资产配置组合能力，而且也影响着借款人的偿债能力和盈利能力。一方面，借款人的资产配置组合越先进合理，资产周转速度越快，就越表明借款人经营能力强；另一方面，资产运用效率越高，资产周转速度越快，借款人所取得的收入和盈利就越多，盈利能力就越大，那么借款人就会有足够的资金来还本付息，因而其偿债能力就越强。因此，营运能力的大小对借款人偿债能力的不断提高和盈利能力的持续提高有着重要影响。

资金结构是指借款人全部资金来源中负债和所有者权益所占的比重及相互间的比例关系。通过分析借款人的资金结构，可以准确地计算负债在资金来源中所占的比重，进而判断出借款人偿债能力的强弱。借款人资金来源结构合理，借款人的经济基础牢固，就有较强的偿债能力，尤其是长期偿债能力。因此，资金结构分析也应是信贷管理中财务分析的一个重要方面。

在信贷管理中，上述分析除了使用财务报表本身的资料外，还需使用财务指标综合反映借款人的财务状况。这些指标分为四类：

（1）盈利比率：这类比率通过计算利润与销售收入的比例来衡量管理部门的

效率，进而评价管理部门控制成本、获取收益的能力。

（2）效率比率：这类比率通过计算资产的周转速度来反映管理部门控制和运用资产的能力，进而估算经营过程中所需的资金量。

（3）杠杆比率：这类比率通过比较借入资金和所有者权益来评价借款人偿还债务的能力。

（4）短期偿债能力比率：这类比率通过比较流动资产与流动负债的关系来反映借款人偿还到期债务的能力。

各种比率具体内容如图 7-2 所示，在 7.3 节企业信贷管理信用评估指标选择中，已经详细列出各自的公式内容及其如何反映企业信用状况的内容。

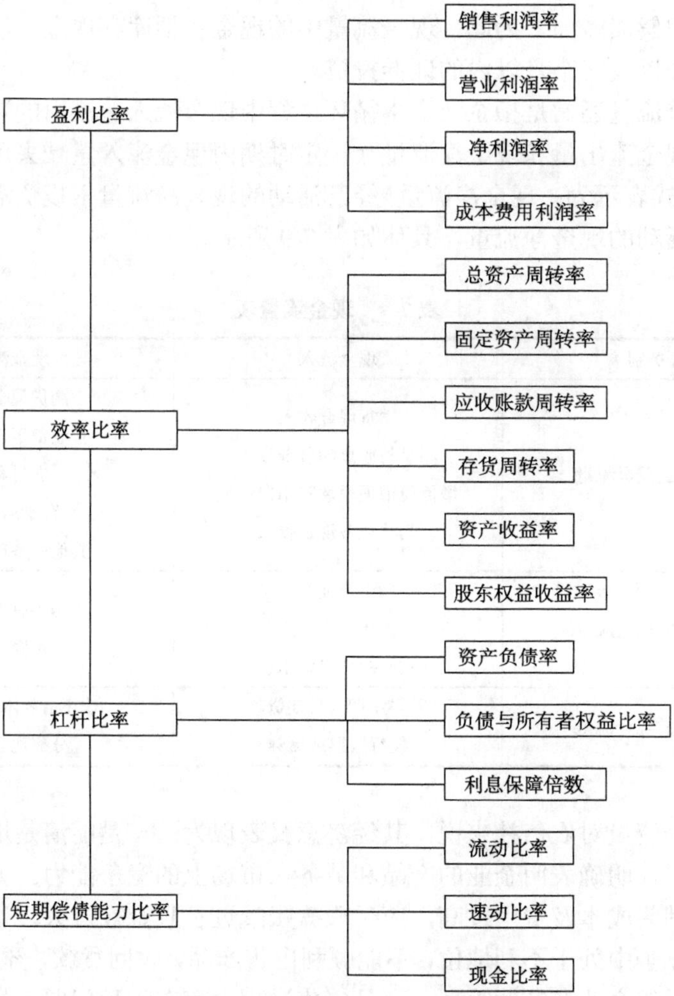

图 7-2　各种比率具体内容

7.5.2　现金流量分析

盈利企业是不是一定能还款，而亏损企业就一定不能还款？一般来说，盈利企业比亏损企业偿还农信社贷款的可能性大。但是，一家盈利企业可能因不能偿还到期贷款面临清算，而一家亏损企业却能偿还到期贷款继续维持经营。为什么呢？因为前者虽然赚了钱但没有钱，而后者虽然没有赚钱但有钱。因此，利润是偿还贷款的来源，但不能直接偿还贷款，偿还贷款最可靠的是现金，贷款人最直接关心的应该是借款人的现金流量。

在对企业的贷前信用评估中，计算、预测与分析现金流量是为了揭示借款人过去和未来的还款能力，而除了通常所指的现金外，活期存款等一些速动资产也具有非常强的偿债能力。为此，现金流量中的现金包括库存现金、活期存款、其他货币性资金以及三个月以内的证券投资。

企业现金流量通常是指企业资本循环过程中现金流入、流出的数量，包括现金流入量、现金流出量和现金净流量（一定时期内现金流入量减去现金流出量的差额）。用公式表示为：现金净流量=经营活动的现金净流量＋投资活动的现金净流量＋融资活动的现金净流量，具体如表 7-9 所示。

表 7-9　现金流量表

现金类别	现金流入	现金流出
经营活动的现金流量	销货现金收入 利息与股息的现金收入 增值税销项税款和出口退税 其他业务现金收入	购货现金支出 营业费用现金支出 支付利息 缴纳所得税 其他业务现金支出
投资活动的现金流量	出售证券 出售固定资产 收回对外投资本金	购买有价证券 购置固定资产
融资活动的现金流量	取得短期与长期贷款 发行股票或债券	偿还借款本金的现金 分配现金股利

企业现金流量对农信社来说，其经济意义表现为：一是能清楚地反映企业的经营管理水平，明确表明企业的产品和劳务在市场上的竞争能力。如果企业存货积压严重，销售成本及费用过高，应付账款账龄过长且金额过大，这些都意味着企业在市场竞争中处于不利地位，不能顺利出售产品，收回货款，盈利能力下降。这些情况都说明企业在经营管理、商品销售过程中存在种种问题，如不能有效地

解决，很可能影响其按时还本付息，从而导致不良贷款的产生。二是当净现金流量为正值时，可以判明企业处于盈利时期，且正值越大，企业盈利越多，则还本付息能力越强，反之亦然。三是正因为净现金流量的计算是以实际发生的现金收支为基础，它不计算非现金收支，所以，净现金流量反映企业的真实盈利能力。

农信社考察贷款的风险程度，主要看借款人偿还贷款的可能性有多大，这还取决于其还款能力和还款意愿。财务分析主要说明企业是否有还款能力，而现金流量则进一步说明企业还款能力有多大，还款直接来源是什么。

在分析企业现金流量时，要注意不同的借款人、不同行业或处于资产转换循环不同阶段的企业，其现金流量特点的不同，据此来确定现金流量分析的起点和重点。以制造企业为例，在开发新产品或引进新生产线时，借款人不仅没有销售收入，而且需要注入投资资金，所以此时的现金净流量一定为负，此时要关注的是企业融资活动的现金流入，分析其合理性和能否有效地支持经营循环；随着产品上市，企业有了销售收入，但此时为了扩大市场影响，客户在销售产品时可能有数量、价格折扣和有较多的应收账款等，对于供应商有扩大订货和不允许拖欠货款的需求，因此这一阶段仍需扩大投资资金的量，现金净流量仍可能为负，此时需分析企业营运投资是否合理，借款人是否最大限度地减少应收账款和存货的增加，并扩大应付账款等；在产品成熟阶段，企业的净现金流量应该为正，要认真分析经营活动是否最大限度地产生现金，分析现金流入量对长期债务、分配利润和现金流出等的比率（如上节的现金流量指标选择）来判断企业信用状况；在产品衰退期，企业的经营活动现金净流量逐渐减少（甚至为负），农信社应根据企业其他方面的情况分析企业综合信用。如果借款人是流通企业或者是服务性企业，其现金流量构成与上述企业会有较大差异。比如，投资现金支出比例小；在不同阶段，现金流量相对稳定等。具体现金流量指标如图 7-3 所示。

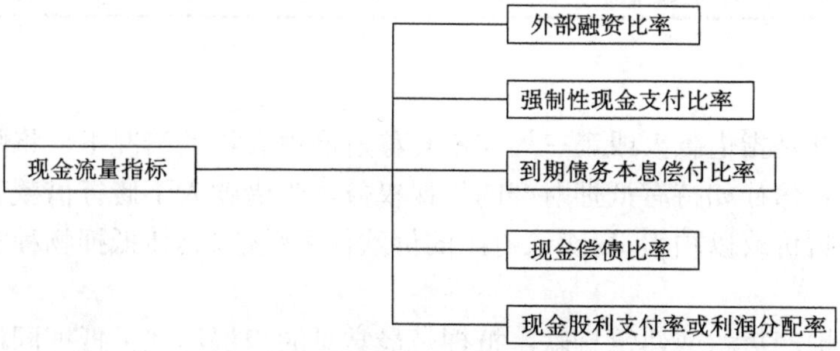

图 7-3　现金流量指标

7.5.3 担保分析

对企业的现金流量进行财务分析之后，对借款企业的第一还款来源和还款能力会有清楚的认识。但是当借款企业的财务状况出现恶化、借款企业不按照贷款合同履行义务时，借款人的信用支持为贷款的偿还提供了第二还款来源。为降低农信社受损风险度，应尽可能要求借款企业提供担保与抵押。

1. 担保的种类

担保的种类有许多，如表 7-10 所示。

表 7-10　担保分类

种类	概念	作用	采用条件	其他特征
抵押/质押	借款人或第三人在不转移财产所有权的情况下，将财产作为债权的担保，农信社对该项财产的出售所得的现金拥有权益	为农信社提供了对贷款偿还来源的一定程度的控制	贷款偿还的第二还款来源，信用风险并非最低，多用于新的借款人	可以控制，易于变现
保证	当借款人违约时有第三人偿还农信社贷款的协议	为农信社提供了另一还款来源，能够增强保证人对公司债务的责任	合伙制企业，非上市公司，母子公司	与当地的地方性法规相一致
附属协议	有另一债权人签署的同意对农信社贷款负第二责任的协议	一种“防护性”的还款来源，债务人破产清算时农信社拥有优先权	资本金不足的公司，财务报表中显示有应付账款或应付股利的公司	可附属于本息的全部或部分
安慰信	一种保证书，母公司对子公司的借款不做正式担保，而代之以安慰信	母公司对子公司的债务不承担偿还的义务，但通过安慰信可以获得一定程度的保障	母子公司	在某些国家的公司法中，安慰信的效率等同于保证

1）抵押

贷款抵押是指借款人或第三人在不转移财产占有权的情况下，将财产作为债权的担保。农信社如持有抵押财产的担保权益，当借款人不履行借款合同时，有权以该财产折价或以拍卖、变卖该财产的价款优先受偿。具体抵押物种类如表 7-11 所示。

对于房地产贷款或建筑贷款，抵押是最常见的担保形式。抵押同样适用于短期周转贷款。例如，对于以应收账款为抵押的贷款，农信社就有权优先获得应收账款回笼时产生的现金，若农信社发放的贷款是以设备出售或处置所产生的现金，则这些可能的现金就应成为农信社的权益。

表 7-11　抵押物分类

抵押物	风险因素	主要保全措施
存款	存入农信社、金额、到期日、是否可转让	取得质押存单
可出售的证券	现值、发行人的实力、信用等级、历史上价格波动的情况、宏观经济状况、利率、交易市场和变现能力	取得质押证券，关注市场变化
应收账款	客户的财务状况、信誉好坏	分析客户的还款能力，及时催款
存货	原材料还是产成品，原材料的通用性，存货的损耗程度，是否容易保存，是否已损坏或腐烂变质，市场状况，价值是否稳定	分析市场供求状况，加强日常管理
机器设备	设备种类、技术水平、折旧程度、维护情况、使用状况或清算价值	取得所有权证书，进行日常检查，关注市场行情
建筑物	建筑物的状况、是否有特殊用途、流动性	取得建筑物所有权证书
土地	市场行情、使用权、转让限制	以书面形式订立抵押合同，办理抵押物登记，取得土地使用权证书
股份	股票市场的波动、公司的经营状况	分析股市行情，关注公司发展

一般说来，农信社如果认为借款人的信用状况不是特别好，例如，是第一次向该借款人发放贷款；借款人的销售和盈利发生较大波动；借款人到期不能按约偿还；借款人对外负债过高，不能确保偿还所有债务等，农信社都应要求借款人提供抵押物。借款人如果还款能力微弱，其提供的抵押物必须绝对充足。

2）质押

贷款质押是指借款人或第三人将其动产或权利凭证移交农信社占有，将该动产或权利作为债权的担保。当借款人不履行债务时，农信社有权将该动产或权利折价出售来收回贷款，或者以拍卖、变卖该动产或权利的价款优先受偿。

贷款质押可分为动产质押和权利质押。按我国法律规定，可以充当权利质押的质物有：①汇票、支票、本票、债券、存款单、仓单、提单；②依法可以转让的股份、股票；③依法可以转让的商标专用权、专利权、著作权中的财产权；④依法可以质押的其他权利。

3）保证

保证是贷款担保的另一种重要形式。农信社、借款人与第三方签订保证协议，当借款人违约或无力偿还贷款时，由保证人按照约定履行债务或者承担相应的责任。保证通常是由保证人以自身的财产提供一种可选择的还款来源。并且，只有当保证人有能力和意愿代替借款人偿还贷款时，贷款的保证才是可靠的。农信社必须充分了解保证人的财务实力和信誉。

贷款的保证对借款人来说能产生一种微妙的心理作用。这是因为，贷款的保证通常是由借款人的股东、所有人、高级管理人员或关联机构提供的，它能够增强有关人员的个人责任感，时刻提醒他们对借款人所承担的义务。由于要承担一定的责任，保证人就会努力督促借款人稳健经营并获得足够的利润。

4）附属协议

附属协议是由借款人的其他债权人签署的同意对农信社贷款负第二责任的协议，其作用相当于清偿借款人的债务时，为农信社提供其他债权人的优先权。附属协议有两种：完全的附属协议和部分的附属协议，前者是指借款人在清偿农信社贷款之前，不能支付其他债权人的任何本金和利息；后者是指借款人可以支付其他债权人的本金和利息，但是在借款人破产清算时，农信社的贷款要得到优先偿还。

如果借款人与其股东、高级管理人员或关联公司有实质性的债权债务关系，农信社可以与这些债权人签署附属协议。其意义在于：

（1）如果借款人遇到财务困难，农信社的贷款可以得到优先偿还。

（2）在完全附属协议下，根据附属协议的规定，其他各方对借款人的债权实质上相当于永久性的资本投入。

（3）在贷款出现问题时，其他债权人会同意保持其附属地位，以维持借款人的经营，避免其破产。

（4）由于增强了借款人的财务保障，附属协议使借款人获得贷款的可能性增大。

2. 抵押和质押的分析

在检查贷款质量的过程中，检查人员通常要对抵押物进行独立的分析，审查抵押物是否为农信社依法拥有，是否可识别，是否有合适的市场，以及其价值是否能够保证贷款的全部清偿。

对抵押的分析和评估，一般包括以下几方面内容。

1）抵押物的占有和控制

农信社发放抵押贷款，将依法取得抵押权和留置权。各国法律对抵押物的种类都有规定，如《中华人民共和国担保法》第三十四条规定，可以充当抵押物的财产有：①抵押人所有的房屋和其他地上定着物；②抵押人所有的机器、交通运输工具和其他财产；③抵押人依法有权处分的国有的土地使用权、房屋和其他地上定着物；④抵押人依法有权处分的国有的机器、交通运输工具和其他财产；⑤抵押人依法承包并经发包方同意抵押的荒山、荒沟、荒丘、荒滩等荒地的土地使用权；⑥依法可以抵押的其他财产。《担保法》还规定了不能充当抵押物的财产。检查人员在审查抵押贷款时，要注意抵押物的种类是否符合法律规定。

2）抵押物的流动性

抵押物的流动性或变现能力，是指抵押物在处理时能否为市场所接受、接受程度如何。在借款人失去第一还款来源时，抵押物的变现能力将直接影响贷款本息是否能及时偿还以及偿还的程度。对偿还能力较差的借款人来说，农信社必须要求其提供存款、金银等流动性强的抵押物，在正常情况下，这类抵押物能按市场价出售，变现时间短、费用低，也是农信社贷款安全的保障。各类财产变现率区间点状示意图如图 7-4 所示。

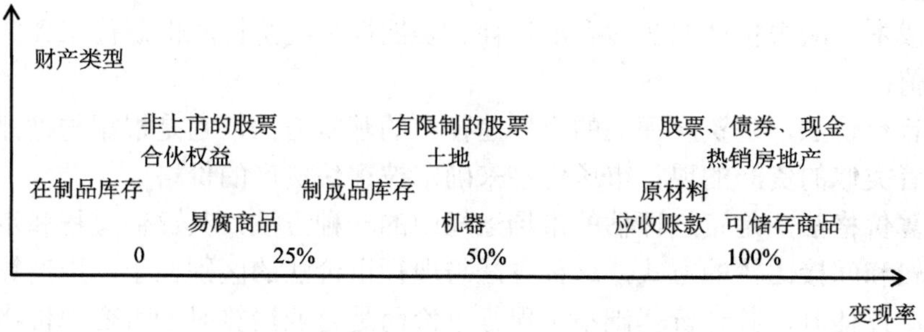

图 7-4　各类财产变现率区间点状示意图

3）抵押物价值评估

在发放抵押贷款时，农信社要准确掌握抵押物的价值，确保贷款期限不超过抵押贷款的经济寿命；在贷款发放以后，农信社要对抵押物的保管、使用和实际价值不断进行检查。当抵押物价值低于借款合同规定的水平时，应要求借款人补充新的抵押物。检查人员可以从以下方面审查农信社对抵押物的评估。

（1）抵押物价值的取得。

抵押物价值可以从以下途径获得：一是参照审计过的财务报表，二是聘用专业评估人士对抵押物进行评估，三是由农信社进行现场检查和评估。

从控制风险的角度出发，农信社对抵押物的评估应持一种谨慎和保守的态度。在确定抵押物的价值时，所采用的折扣率应与担保贷款通常采用的折扣率保持一致，例如，以存货、机器为抵押的贷款，其抵押率（贷款余额/抵押物价值）就应低于以流动性较强的应收账款为抵押的贷款。

（2）抵押物评估的机构。

农信社首先对评估人，包括评估机构及其评估人员的资格和声誉进行调查，内容包括评估人与所评估的财产是否存在资金或其他利益关系；评估人和借款人或评估人与农信社内部人员之间的关系；评估人是否具备评估特定抵押物的资格，所使用的评估方法是否适用于被评估的项目等。

抵押物评估机构应具备完全的独立性和权威性，评估人员应能充分胜任评估工作，例如接受过充分的专业训练，且具备比较丰富的从业经验，能独立、客观、公正地进行评估工作。

（3）抵押物评估的方法。

按照目前国际上普遍承认的财产评估计价标准，财产评估的基本方法可分为收益现值法、重置成本法、现行市价法和清算价格法。

收益现值法，是资产评估的成本途径中的基本方法，用收益现值法进行资产评估，应当根据被评估资产的预期获利能力和适当的折现率，计算出资产的现值。

重置成本法，是资产评估的成本途径中的基本方法，它通过确定被评估资产的重置成本，减去资产的实体有形损耗、功能性和经济性陈旧贬值来评定资产的重估价值。

现行市价法，是资产评估的市场途径中的基本方法，它是根据与被评估对象相同或者类似的资产的现行市场价格来确定被评估资产的价格。

清算价格法，是资产评估的市场途径中的一种方法，其评估过程和步骤采取直接比较和间接比较的方式，这种方法与现行市价法的区别在于：用清算价格法进行资产评估时，其计价基础不是现行市价而是企业清算时的可变现价格。

不同的资产有不同的评估方法。在进行抵押物的价值评估时，检查人员还应考虑到市场趋势、农信社处理同样抵押物的经验和抵押物处理的费用。

（4）抵押物的变现值。

抵押物的变现值也就是抵押物出售时能够实现的价值。它取决于多种因素，主要有：抵押物的品质，抵押物的保险，抵押物的损耗，变现的原因，变现时的经济状况、市场条件。

（5）抵押率。

抵押率是指贷款金额与抵押物之比，它在某种意义上反映了第二还款来源的保障程度。抵押率的确定受许多因素的影响，如抵押物的流动性和市场条件、抵押物类型、贷款期限的长短和通货膨胀等，不同类型的贷款需要不同的抵押物，抵押率也不尽相同。抵押率的高低也反映农信社对抵押贷款风险所持的态度，抵押率低，说明农信社对贷款采取比较审慎的态度，反之，说明农信社对此采用较为宽松的态度。

（6）质押分析。

对质押的分析与对抵押的分析非常类似。检查人员在检查质押的有效性时，应注意以下方面：

①质物是否与贷款种类相适应，如动产质押通常不用于大额贷款。

②质物和质押行为是否符合法律规定，如质押财产是否按法律要求脱离债务人托管机构的控制。

③质物是否已投保并得到良好的维护。

④对质物的估价是否合理，由于质物很难以足够高的价格出售，所以对其价值应持保守态度。

3. 保证分析

贷款保证的目的是为借款人按约、足额偿还贷款提供支持。在对贷款保证进行分析时，检查人员关心的是保证的有效性。一般考虑以下方面：

（1）保证人的资格。法律对保证人资格有明确的规定，如对于政府保证，我国《担保法》第七条明确规定："国家机关不得为保证人，但经国务院批准为适用外国政府或者国际经济组织贷款进行转贷的除外"。只有拥有资格的保证人才有签署保证的权力，农信社的利益才能受到法律的保护。

（2）保证人的财务实力。保证人的财务实力是保证人履约的基础，仅有履约的愿望而无财务实力的保证人，并不能真正履行保证责任。由于影响保证人偿债能力的因素与影响借款人偿还能力的因素基本一致，因而分析的方法也大致相同。影响保证人偿债能力的因素包括：保证人的财务状况、现金流量、是否有负债、信用评级以及保证人目前所提供保证的数量和金额，农信社必须充分掌握这些信息，才能准确分析保证人是否有履行其义务的能力。

（3）保证人的保证意愿。保证人应该依据法律规定为债务的全部或部分偿还提供支持。检查人员一般假定保证人不存在保证意愿问题，着重对保证人的财务实力进行分析，但如果有证据表明实际情况与假定不一致，检查人员除分析保证人的财务实力外，还应该准确掌握保证人所表现出的保证能力；保证人履约是出于自愿，还是农信社采取法律诉讼或其他行动的结果。

（4）保证人履约的经济动机及其与借款人之间的关系。保证人以其自身的财产和信誉为借款人承担经济和法律上的责任，即承担与借款人相同的还款责任，因而在分析保证的有效性时，有必要掌握保证人履约的经济动机及其与借款人之间的关系。保证人履约的经济动机包括：保证人已经部分履行了保证义务；保证人在贷款项目上有相当比例的投资份额；保证人的建设项目与贷款项目是交叉抵押的，或者与这笔贷款混合在一起；保证人以某项变现能力很强的财产作为反担保，同时该项财产又在保证人的控制之下。保证人主要有借款企业的股东、合伙人、高级管理人员、母公司以及有业务往来的公司。保证人与借款人之间往往存在不同程度的经济利益关系。检查人员尤其要注意完全依赖保证担保的贷款，掌握保证人和借款人对贷款的关心程度。

（5）保证的法律责任。按照保证人承担法律责任的程度，保证可分为无条件保证和有条件保证。无条件保证是指，当借款人违约时，无论借款人是否提供抵押物或将来支付能力如何，保证人都将支付全部到期的本金和利息。有条件保证是指，当借款人使用所有的还款手段仍然不能偿还贷款时，保证人才按保证协议偿付借款人剩余的部分债务。由于保证类型不同，保证人承担的法律责任也不同。检查人员应注意由此产生的对贷款偿还的影响。一项可靠的保证应该具有法律强制性。但在某些情况下，保证的执行会受到一些限制，如保证人长期拖延执行保证合同，司法程序复杂以及担保执行中的其他不确定性。保证合同对保证的执行还可能会有其他规定，如保证的对象、期限、保证的终止条件等，检查人员在分析保证的有效性时，要认真审查保证合同。

4. 担保的应用

1）担保评价步骤

首先，贷款审查人员认真学习《中华人民共和国担保法》，掌握有关的政策规定，认真阅读和审查被检查对象提供的有关资料，掌握农信社担保评估和管理的政策规定，并对农信社贷款管理中的薄弱环节和可能存在的问题进行初步分析，明确审查重点。

其次，审查人员运用内部控制问卷，查看有关书面文件资料，审查担保评估管理的政策和程序是否完整。

再次，审查人员审查农信社保管的抵押、保证合同和证明，实地察看抵押物、质物的保管情况，测试抵押物的价值，分析保证人的财务实力和履约意愿，确定农信社是否已经认真执行了担保政策和程序。

农信社要保存完整的贷款担保的信息资料。抵押文件资料应包括抵押合同、抵押评估报告、财产所有权证明等，从抵押评估文书中可以得到抵押物的状况、位置、流动性、价值、评估机构、评估基础、最近一次的评估时间和变现能力等信息。保证文件资料应包括保证书、保证人的财务报表、信用评级、外部审计师的证书等。审查人员应对担保的有效性进行独立分析。

2）担保在贷款分类中的具体运用

担保是影响贷款质量的重要风险因素。当借款人的正常经营收入不足以偿还贷款本息时，抵押、保证就成为直接的还款来源，对贷款质量产生决定性影响。

如果抵押物价值下降，农信社对抵押物失去控制，或保证人的财务状况出现疑问，对借款人目前的还款能力产生不利影响，且以上情况继续存在，将可能影响贷款的正常归还，贷款应分为“关注”类。

如果必须通过担保来获得还款来源，只要抵押物可变现且变现净值超过偿还贷款的本息，或保证人有履行保证的意愿和财务实力，都应将该项贷款归为“次级”类。

如果以担保作为第二还款来源，贷款本息仍然无法足额偿还，导致一部分损失，贷款应归为“可疑”类。从财务报表上看，“可疑”类贷款的借款人已经资不抵债，农信社主要通过变卖抵押物或对保证人行使追索权来收回贷款，但不能收回全部贷款本息。

当贷款归为“可疑”类时，农信社处理抵押物的留置权或寻求补充新的抵押物，可能会有利于贷款的归还。但在情况确定时，如果还款的可能性增大，贷款可分为“次级”类；如果还款前景恶化，贷款就应归为“损失”类。

7.5.4　非财务分析

在对借款人的现金流量和财务状况进行分析的同时，还需要对影响借款人还款能力的各种非财务因素进行分析，评价其对现金流量等财务指标影响方向和影响程度，借此对借款人的还款能力做出更加全面、客观的预测和动态评估，进一步判断贷款偿还的可能性。影响贷款偿还的非财务因素在内容上和形式上均是复杂多样的，在对贷款进行分类时，一般可以从借款人的行业风险、经营风险、管理风险等几个方面，来发现非财务因素的存在并分析其影响程度，进而对贷款进行分类。

对企业进行非财务分析时，主要考虑以下几方面：

（1）企业客户背景情况分析。贷款人开始经营的年度，注册公司的所有权；企业与农信社关系的基本资料，包括账户开立时间、借贷关系建立时间和从收益角度看该客户对农信社的重要性；应详细分析该客户目前的授信业务情况（质量状况）；企业客户使用贷款的用途，企业如何运作这部分资金，用于还债的现金是如何产生的。

（2）企业客户行业风险分析。一般可以从借款人行业的成本结构、成熟度、周期和替代性、行业的盈利性、经济技术环境的影响、对其他行业的依赖程度以及有关法律政策对该行业的影响程度等方面，来分析借款人所处行业的基本状况和发展趋势，并由此判断借款人的基本风险，具体参见 7.4 节。

（3）企业客户经营风险分析。可以从借款人的经营规模、发展阶段、产品单一或多样、经营策略等方面了解借款人的总体特征，分析其产品情况和市场份额以及在采购、生产、销售等环节的风险因素，来判断借款人的自身经营风险。

（4）企业客户管理风险分析。对借款人的组织形式、借款人的文化特质、管理层素质和对风险的控制能力、经营管理作风等方面来考察借款人的管理风险，并且关注借款人遇到的经济纠纷及法律诉讼对贷款偿还的影响程度。

（5）企业客户还款意愿分析。可以从借款人对农信社和其他债务人的还款记录，从借款人在经营过程中遵纪守法、诚实守信程度，有无隐瞒事实采取不正当手段来套取农信社贷款等，从贷款偿还率、货款支付率和货款回收率（参见 7.3 节信用评估指标所列内容）等指标，来判断借款人的还款意愿，是否有意拖欠农信社。

由于非财务因素具有较多的主观判断，因此需要检查人员正确理解分类标准，并在实践中不断积累经验，对贷款的偿还做出正确判断。

7.5.5　综合分析

在确定还款可能性时，最主要的是对影响还款可能性的多因素进行综合分析，就是如何将上述的定性和定量分析归纳汇总，由此对借款人的还款可能性做出综合判断。在充分考虑了借款人的现金流量、财务状况、信用支持和非财务因素影响的基础上，能基本判断借款企业目前的财务状况、现金流量、过去的经营业绩、目前和潜在的问题、未来的经营状况和还款的意愿等情况。

在分析借款企业的财务和现金流量状况时，应结合该行业的平均水平分析，特别是目前财务状况好坏的程度。借款企业财务状况与其还款能力有密切但不直接的关系，它只能部分说明借款企业的还款能力，直接决定贷款偿还的是借款企业在贷款到期时是否有充足的现金流量。例如，即使借款企业的负债比率很高，但是它有充足的现金流量，就具备了还款的能力。当然，财务状况与现金流量又高度相关，财务状况差的借款人，如果没有新开工或新建项目，一般不会有很好的现金流量，应综合考虑这两方面的内容。但应该认识到，有的借款企业即使有充足的现金流量，也不一定会用于还款，因为日常周转资金占用了一部分现金流量，当贷款被挪用于在建工程或固定资产投资时，也会占用一部分现金流量，因而用于偿债的现金流量表现得不够充足，或者即使有好的还款意愿，那也是还了又借，借了又还。因此，在重点分析现金流量同时，必须与其他指标结合在一起进行综合分析，还需要注意分析未来的现金流量，这些对借款企业的偿债能力分析更为重要。

在分析长期贷款时，应分析借款企业的杠杆比率，分析其资金来源结构是否合理，评价其经济基础的牢固程度。如果借款企业的盈利能力和营运能力较强，但是财务杠杆过高，负债过重，此时对其偿还长期贷款的可能性就应关注，不能简单认为借款企业的财务状况是好的。如果是短期贷款，即使借款企业的其他各项指标都不错，但是流动比率偏低，就有理由对其短期偿债能力产生怀疑，这就要求进一步分析借款企业的现金流量，分析其是否被大量的不易变现的资产所占用，进而判断其到期偿债能力。

由于借款人的各种财务信息是对经营活动的部分反映，只是一种历史数据的记录，而一些影响借款人经营活动的因素无法及时反映在财务信息上，因此在判断借款人目前的经营状况之后，有必要分析存在于借款人的各种非财务因素，以及影响借款人未来财务状况的方向和程度，进而判断借款企业的未来偿债能力。例如，在分析一家借款企业的非财务因素时，如果发现该企业的领导层发生重大变革，一些有经验的管理人员提出辞职，而重要的领导岗位却被一些不懂业务的人所取代，此时该企业的财务方面即使表现得很好，也不代表未来不会变坏，因此，农信社应重点关注该企业的变化，降低贷款偿还的风险。

最后，还应考察借款企业以前的还款记录，通过贷款还款率等指标分析借款企业的还款意愿，判断以前贷款的拖欠是因为借款企业的经营出现问题，还是借款企业有意赖账，同时还应从借款企业的贷款担保和抵押方面入手进行分析。

总之，农信社在确定贷款偿还可能性时，应从借款企业的财务状况和现金流量、影响贷款偿还的各种因素以及贷款的担保抵押等方面综合考察，对借款企业未来偿还贷款的可能性进行全面的分析和判断，得出总体评价。

7.6　贷后风险管理

及时识别信贷资产的内在风险是农信社稳健经营的重要条件，而它的关键在于按风险程度对贷款质量进行评估。只有在单笔贷款分类结果加总的基础上，才能得出信贷资产质量的总体判断，这就需要进行贷款分类。

贷款风险程度与企业信用等级虽有一定的内在联系，即借款人信用等级越高，贷款风险越小，分类级别越高，但即使 AAA、AA 级企业中仍然存在大量不良贷款。究其原因，主要有两点：一是借款企业提供虚假的报表和资料，使信用评级失准；二是一些评估机构对国有、股份制大中企业评级偏高、偏松。所以，借款人的信用等级虽然在很多情况下与还款能力有一定的相关关系，但就单笔贷款而言，影响贷款本息归还的因素往往是多方面的，往往超过借款人信用评级所包含的内容，在很多情况下，借款人的信用等级虽好，但还款能力不一定很强。所以，不能用客户的信用等级代替对贷款的分类，否则就会掩盖影响贷款归还的本质因素，最终影响贷款分类结果的客观性和准确性。

7.6.1　贷款分类

1. 制定贷款分类政策

1）分类指导原则

首先要严格按照央行的指导原则对贷款进行分类，这就要求各个农信社抓住每个类别的核心定义，它集中体现了每个类别的还款保证程度，从而反映了贷款的内在风险。从核心定义看，各类别贷款风险的程度和损失程度呈现出逐步递增或恶化的趋势。

（1）正常类贷款。从企业的财务状况来看，企业有足够的现金流量来支付到期的利息和本金；企业的各种财务比率指标在本行业中处于领先地位或达到平均水平；贷款的担保资格合格且价格合理；没有迹象表明有不利于企业的国家政策或行业变化倾向发生。

（2）关注类贷款。一般来说，以下方面是贷款由正常类向关注类转化的标志：

①净现金流量减少；

②借款人销售收入、经营利润在下降，或净值开始减少，或出现流动性不足的征兆；

③借款人的一些关键财务指标低于行业平均水平或较大下降；

④借款人未按规定用途使用贷款；

⑤贷款的抵押品、质押品价值下降；

⑥借款人的还款意愿差，不与农信社积极合作；

⑦农信社对抵押品失去控制，农信社对贷款缺乏有效的监督等。

（3）次级类贷款。一般来说，以下方面预示着次级类贷款的产生：

①借款人支付困难，且难以按市场条件获得新的资金；

②借款人不能偿还对其他债权人的债务；

③借款人内部管理问题妨碍债务的及时足额偿还；

④借款人采取隐瞒事实等不正当手段套取贷款。

（4）可疑类贷款。可疑类贷款及时执行抵押担保也肯定要发生一定的损失，只是因为存在借款人重组、兼并、合并等待定因素，损失金额还不能确定。以下五个方面则预示着可疑类贷款的产生：

①借款人处于停产、半停产状态；

②固定资产贷款项目处于停缓状态；

③借款人已资不抵债；

④农信社已诉诸法律来收回贷款；

⑤贷款经过了重组，仍然逾期，或仍然不能正常归还本息，还款状况没有得到明显改善等。

（5）损失类贷款。即贷款要大部分或全部发生损失。通常来说，当借款人出现以下四个方面的情况时，预示着损失类贷款的发生：

①借款人无力偿还，抵押品价值低于贷款额；

②抵押品价值不确定；

③借款人已彻底停止经营活动；

④固定资产贷款项目停止时间很长，且复工无望等。

此外，如果企业的贷款数额很大，当其财务状况恶化时，应考虑对一笔贷款进行分割评估。将企业能够偿还和偿还有困难的部分，分别归入不同的类别。进行分类时，首先要完整、真实地掌握贷款的状况，再从贷款分类的标准出发，根据贷款偿还可能的不同，将贷款拆分为不同档次。通过各种手段追索后，确定无法收回的部分，要归为“损失类”；对于还不能确定的部分，要归为“可疑类”。

2）贷款分类具体指导原则

（1）行业选择。信贷风险承受能力差的农信社选择行业时，应在宏观经济形势好的时期进入，尽量选择低风险、低收益且受经济周期影响不大的行业，如已步入成熟期的公用事业客户作为信贷进入的市场目标或基本客户，避免高风险的行业。信贷风险承受能力一般的农信社在把握好信贷进入的时机后，把信贷投入重点尽量放在低风险的行业，同时，可适当选择一些高风险、高收益、随经济周期变化的行业作为市场客户目标，当然应避开尚处于初创阶段的行业进入。信贷风险承受能力高的农信社可以采用信贷组合的策略，把信贷投入重点适当向高风险、高收益、处于成长阶段的行业倾斜，还可以根据自身以往的经验，尝试选择一些自己熟悉的、具有较大发展前途且尚处在创新阶段的行业作为信贷对象。

（2）授信额度和管理。按照授权管理要求，科学合理地确定客户授信方式及额度。对处于缺少优良客户、资产质量差、管理水平低的地区农信社，要严控信贷审批授权，从严掌握信贷规模和资金。对剥离后不良贷款占用达60%以上的基层农信社，其贷款审批权上收二级分社。对非优良客户的所有贷款和新开户客户的第一笔贷款的审批权限集中到二级分社。基层营业农信社除小额质押贷款、农户贷款外，不得审批发放贷款。

（3）信贷文化的培养。农信社必须牢固树立“风险意识”，把贷款风险控制摆在核心地位，并借助风险控制把业务经营真正转到讲求质量和增进效益的轨道上来。农信社必须将商业性贷款列为风险控制的重点，并按风险控制的有关规定进行运作，对监营和代理的政策性贷款也应讲求质量和效益。

农信社需要培养出一种以风险意识为核心、以求真务实为基础的信贷文化。识别贷款风险、防范贷款风险，努力把贷款损失减少到最低限度，信贷人员要树立高度的风险意识，决不能因为大胆开拓业务经营而忽视对风险的防范和消除，也不能因为注意风险防范而不敢对业务经营进行开拓和创新。

2. 阅读信贷档案

在对贷款进行分类以前，首先要了解农信社的贷款档案以及档案中所包含的内容，同时还要了解进行贷款分类时的操作工具，即《信贷状况报告表》及其结构和其在分类中的具体使用。

3. 审查贷款的基本情况

检查人员在了解农信社的贷款档案以及《信贷状况报告表》的结构后，可开始进行贷款分类。首先考察贷款的基本情况，这一步骤要求检查人员了解贷款目的、贷款实际上是如何使用的、贷款合同的最初偿还来源以及现在偿还来源等问题。

（1）贷款的目的。贷款合同上的最初用途与贷款实际用途是否一致，是判断贷款正常与否的最基本标志，因为贷款一旦被挪用就可判定将产生更大的风险。

一般通过资产转换周期与资金需求分析来识别贷款用途和还款来源。

（2）还款来源。贷款时合同约定的还款来源和目前偿还贷款的资金来源。

（3）资产转换周期。资产转换周期是农信社信贷资金由金融资本转换为实物资本，再由实物资本转化为金融资本的过程。有些贷款逾期，是因为贷款合同期限比资产转换周期短；其次，资产转换周期的内容为贷款目的和还款来源提供非常有用的信息。因此，在审批贷款的过程中应非常重视对贷款投放的资产转换周期的研究。而在对资产质量进行专项稽查时，也应对资产转换周期以及被查农信社在贷款审批中是否重视资产转换周期给予关注。

（4）还款记录。还款记录在贷款风险分类的确定中具有特殊作用。一方面，还款记录直截了当地反映了贷款是否正常还本付息，还是发生过严重拖欠或被部分注销的情况；贷款是否经历过重组；本息逾期的时间是否已挂账停息；以及应收未收利息的累计额。这些基本信息能够帮助判断这笔贷款是否有分类的必要。另一方面，还款记录还是判断借款人还款意愿的重要依据。因为一个人的意愿往往很难直接观察，只能从历史记录的事实来判断。

4. 收集行业数据

在对借款人企业所在的行业进行分析时，要从行业的成本结构、成长期、产品的经济周期性和替代性、行业的盈利性、经济技术环境的影响、对其他行业的依赖程度以及有关法律政策对该行业的影响程度等方面来分析借款人所处行业的基本情况和发展趋势，并由此判断借款人的基本风险。

5. 确定借款人还款可能性

使用贷款风险分类法对贷款质量进行分类，实际上是判断借款人及时足额归还贷款本息的可能性，考虑的主要因素包括：一是借款人的偿还能力，包括借款人的现金流量、财务状况、影响还款能力的非财务因素等；二是借款人的还款记录；三是借款人的还款意愿；四是贷款的担保；五是贷款偿还的法律责任；六是农信社的信贷管理。在以上六种因素中，借款人的还款记录、还款意愿、非财务因素分析中有关借款人经营、管理、所处行业等内容、贷款偿还的法律责任中有关第一还款来源部分；贷款的担保、有关保证人经营、管理、所处行业等内容、贷款偿还的法律责任中有关第二还款来源部分等。

由此，基于贷款归还的可能性，可从财务分析、非财务因素分析、现金流量分析、信用支持四个方面建立贷款分类指标体系；当然，按还款来源则又可归纳为第一还款来源和第二还款来源。具体如图 7-5 所示。

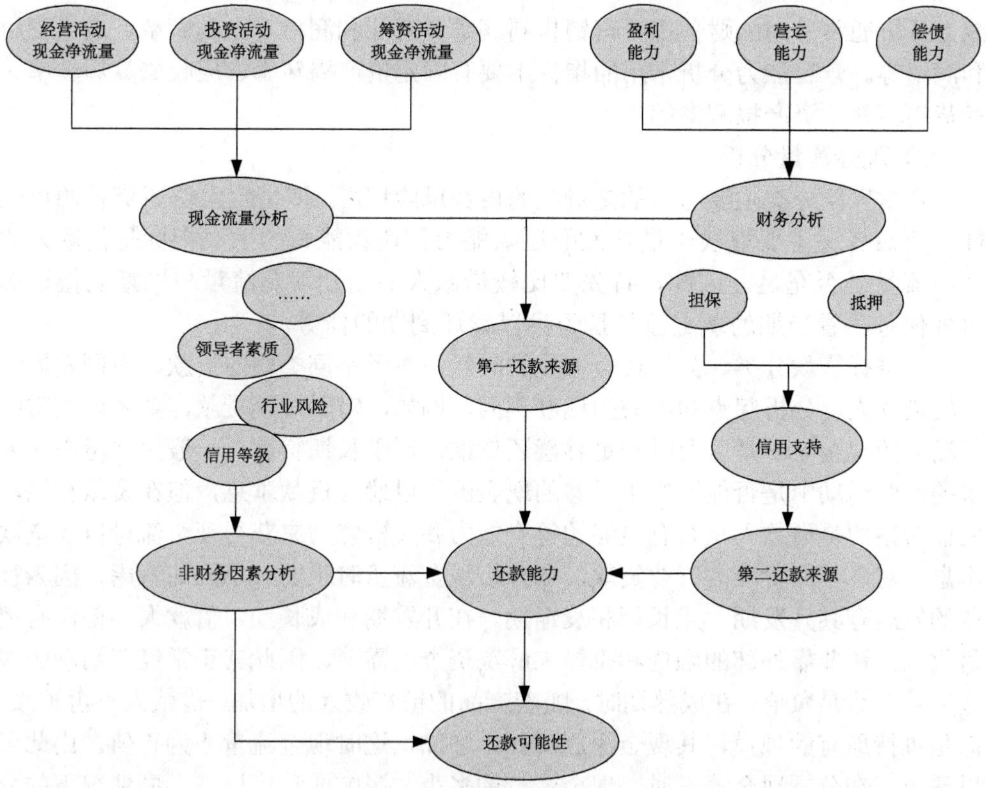

图 7-5　影响还款可能性的各种因素

1）财务分析

在贷款的分类中，借款人的经营状况是影响其偿还性的根本因素，其财务状况的好坏是评估偿债能力的关键。在具体的财务分析中，需要评估借款人的经营活动状况，还要通过各种财务指标来反映和分析借款人的偿债能力。在具体的财务分析中：

（1）评估借款人的经营活动的情况。根据提供的连续三年资产负债表和损益表，考察借款人过去和现在的资产状况及其构成、所有者状况及其构成、偿债能力、盈利能力、财务趋势与盈利趋势等。分析偿债能力的实质是分析资产与所有者权益的相互关系，借款人偿还债务能力的强弱，是考察还款可能性的主要因素。

（2）通过各种财务指标来反映和分析借款人的偿债能力。衡量借款人短期偿债能力的主要指标有流动比率、速动比率、现金比率。衡量长期偿债能力时需主要考虑以下几个指标：资产负债比率、产权比率。

（3）借款人的偿债能力并不是孤立的，它与借款人的盈利能力、营运能力和现金流量等因素密切相关，所以在贷款分类的财务分析也应考虑这些内容。盈利能力分析通常考虑的财务指标有销售利润率、营业利润率、净利润率、成本费用利润率等。营运能力分析常用的指标主要有固定资产周转率、应收账款周转率、存货周转率、资产报酬率等。

2）现金流量分析

贷款风险分类主要考察的是贷款的内在风险程度，即借款人偿还贷款的可能性，而后者又主要取决于借款人的还款能力。还款能力的主要指标是借款人的现金流量是否充足。因此，首先要比较借款人的当期现金流量与同期要偿还的对外债务，看当期的现金流量是否足以偿还到期的债务。

在进行贷款分类、分析现金流量的时候，对于不同类型的贷款、不同发展阶段的借款人，分析起点和考虑的程度不同，例如，对于短期贷款，要考虑正常经营活动的现金流量是否及时和足够偿还贷款；对于长期贷款，一般主要考虑在未来的经营活动中是否能够产生足够的现金流量以偿还贷款本息，但在贷款初期，应该考察的是借款人是否有足够的筹资能力和投资能力来获得现金流量以还贷款本息。对于不同阶段的行业贷款，在分析现金流量时也要有不同的考虑，因为行业的发展有其开发期、成长期和衰退期。在开发期和成长期，借款人不但没有销售收入，还要靠外部的融资和投资来解决资金的需要，因此其正常经营活动的现金流量一般是负值；在成熟期时，随着产品的销售收入的增加，借款人不再扩张，而是维持原有的规模，其现金净流量开始增加，这时现金流量才为正值。由此可以看出，在分析现金流量时，现金流量的多少、影响的程度以及不同情况下的分析是不同的，不能将现金流量的分析简单化。

借款人现金流量主要来源于经营活动、投资活动和融资活动三个部分，因此经营战略管理、目标以及销售、成本、费用、对内对外投资和借款的变化等内部因素都会直接影响其未来现金流量。同时经济周期、市场供求、新竞争对手的出现、新管理条例的实施及自然灾害的爆发等外部因素都会影响借款人的经营、投资、融资活动，最终影响其现金流量。因此分析影响企业未来现金流量的因素要从企业内部和外部两个层次考虑。

3）非财务分析

和农户借款需要非财务分析一样，农信社更需注重对企业借款人进行非财务因素分析，只是分析的指标和考虑的因素有很大不同。

非财务因素分析一般可以从借款人的经营规模、发展阶段、产品单一或多样、经营策略等方面了解借款人的总体特征，分析其产品情况和市场份额以及在采购、生产、销售等环节的风险因素，来判断借款人的自身经营风险。再对借款人的组织形式、借款人文化特点、管理层素质和对风险的控制能力、经营管理作风等方面来考察借款人的管理风险，并关注借款人遇到的经济纠纷及法律诉讼对贷款偿还的影响程度。比如我国目前的借款人资产重组，一般不是借款人自己可以控制的，但它的确对借款人的经营、借款人的还款产生重大的影响。

通常贷款的偿还是由借款人还款能力所决定的，贷款的偿还在很大程度上又是由借款人的还款意愿所决定的。在进行贷款分类时，可以从借款人对农信社和其他债务人的还款记录，借款人在经营活动中遵纪守法、诚实守信程度，有无隐瞒事实采取不正当手段来套取农信社贷款等，来判断借款人的还款意愿，是否有拖欠农信社的贷款。

农信社对贷款管理的有效性也是贷款能否及时、完整地收回的重要原因之一。严格有效的信贷管理，可以使农信社在贷款发放时就能回避一部分潜在风险，而在贷款出现风险时又能够得到法律的保护，将贷款风险减少到最低程度。

4）信用支持因素——评估抵押品和担保

对农信社而言，企业贷款与个人贷款一样，也应尽可能要求借款人提供担保与抵押，此为信用支持。但信用支持不能取代借款人的信用状况，担保仅是为已经可以接受的贷款提供一种额外的安全保障。农信社发放贷款时，首先应该考察借款人的第一还款来源是否充足，所以担保分析的前提是对借款人整体信用状况的分析。

评估抵押/质押品价值，并确定将其变现是否能获得足够的资金偿还贷款时，信贷人员通常要通过对抵押品的分析来鉴别农信社评价抵押质押品的有效性以及其市场价值。在分析抵押质押品变现能力和现值时，在有市场的情况下，按照市场价格定价；在没有市场的情况下，应参照同类抵押质押品的市场价格定价。

5）综合分析

在确定还款可能性时，最主要的是对影响还款可能性的因素进行综合分析，也就是如何将上述的定性和定量分析归纳汇总，从而对借款人还款可能性做出判断。

6. 使用模型进行分类

1）基于贷款风险度分类

农信社在对企业进行信贷等级评定的基础上，考虑贷款方式、期限以及形态因素，由此确定企业贷款的风险度及其分类，具体计算过程及其关键要素与农信社个人的基于贷款风险度分类一致，具体参见 5.3.2 节。

2）综合评估分类法

计算贷款风险度的方法进行贷款分类是建立在对企业信用评级的基础上的，于是就要求先对企业进行信用评级分类。当然还可以采用对企业信用评级的方法进行贷款分类，通过对借款人所在行业的分析和对借款人还款可能性的分析，建立贷款分类评价的指标体系（表 7-12），然后可以采用第 4 章中介绍的方法确定指标和模型进行贷款分类，得到分类结果。

表 7-12　企业贷款分类指标体系

一级指标	二级指标	指标内容
财务分析	偿债能力	流动比率
		速动比率
		现金比率
		资产负债比率
		产权比率
	盈利能力	销售利润率
		营业利润率
		净利润率
		成本费用利润率
	营运能力	固定资产周转率
		应收账款周转率
		存货周转率
		资产报酬率
现金流量分析	经营活动	现金净流量
	投资活动	现金净流量
	融资活动	现金净流量
非财务分析	借款人总体特征	经营规模
		发展阶段
		经营策略
	借款人经营风险	市场份额
		采购环节
		生产环节
		销售环节
	借款人管理风险	借款人的组织形式
		管理层素质
		风险控制能力
		经营管理作风
信用支持	担保	担保品价值
	抵押、质押	抵押/质押品价值

7. 分类结果审核和修正

通过前面的分析和计算，最终可以得出贷款五级分类结果，但必须对结果进行及时审核和修正，以免出现因贷前调查不准确、贷中审查不严密而造成的分类错误现象。要对整个贷款分类流程进行缜密周全的审查，还要检查农信社内部管理流程。当然这是一个动态的过程，更加需要农信社建立和完善其信贷管理的流程。

7.6.2　分类跟踪

农信社在贷款合同规定的一段时间内，可以根据贷款分类的结果及时采取措施，对那些可能转化成不良贷款的款项采取补救措施，控制贷款清收风险。

按照《贷款风险分类指导原则》，正常类、关注类贷款都属于正常贷款，其中关注类有轻微的问题；次级类、可疑类、损失类，属于不良贷款。关注类贷款的问题虽然轻微，却不能忽视，否则容易向不良贷款方向转化。因此，从关注类往后都可以视为问题贷款，农信社需要采取适当的纠正措施。对于正常类贷款，虽然目前不存在问题，也难保证在本息归还之前不会转化，不可放任不管，农信社要继续跟踪稽查，并有其相应的控制措施。

1. 正常类贷款

正常类贷款的偿还是有充分把握的，不会有损失。在正常贷款的贷后管理中，一方面，农信社要加强与企业合作，协助企业合理运筹资金，优化生产要素，使企业在资金充实时主动归还农信社贷款，减少不必要的债务负担；在企业急需资金周转时，农信社及时给予解决，培养优良的客户群体。另一方面，要继续严格贷款手续并继续跟踪监督，不能因为企业信誉好就放松警惕，埋下风险隐患。

2. 关注类贷款

关注类贷款的偿还虽然没有问题，但存在潜在的缺陷，继续存在下去将会影响企业的贷款偿还。农信社应分析企业哪个环节出现了问题，建议企业迅速整改，促使其向好的方向转化。对那些市场前景看好、暂时缺乏资金周转的企业，农信社可以增加启动资金进行搞活。

关注类贷款原则上不属于不良贷款的处理范围，但实际上，有时其问题虽然较轻但不容忽视，如果农信社及时采取措施，可以制止其向不良贷款转化，并促使其向正常贷款转化。

对于关注类贷款，首先要继续加强监督。如果企业的经济情况有进一步恶化的趋势，那么农信社可考虑提早收回贷款；如果借款企业的还款意愿较差，那么以后还要防止企业转移财产等。其次，加强对抵押/质押品的控制，如果抵押/质押品的价值下降，督促企业补充价值合理的抵押/质押品。再次，如果企业的经营状况有所恶化，需进一步分析原因，寻求解决措施。企业经营状况恶化可能原因有以下几方面：

（1）整个行业的衰退。在这种情况下，只有在行业中处于领先地位的企业才能生存下去，如果借款企业不属于此类，那么贷款质量有可能继续下降，而且难以救助，只有考虑提早收回贷款。

（2）企业的管理不善。在这种情况下，如果企业有合作态度，农信社可以在专业范围内，提出帮助企业改善管理的建议；如果企业缺乏合作态度，说明企业的还款意愿较差，农信社需及早准备，保护自身的利益。

（3）暂时的资金周转困难。企业的某些经济指标下降可能是由于其债务人支付不及时而造成的周转困难，如果企业的发展前景良好，可以考虑适当追加贷款帮助其渡过难关。

3. 次级类贷款

次级类贷款的缺陷已经很明显，正常经营收入不足以保证还款，需要诉诸抵押担保，甚至有损失的可能，农信社可采取的措施有：

（1）密切关注借款企业的资金流向，督促企业加强经营管理；同时，催收贷款，控制现金的进出以及回流资金。

（2）加紧催收逾期贷款，向借款人发送贷款逾期催收通知书，并且与企业签订还本付息计划，保护农信社债权的合法有效。

（3）对保证不足或抵押物价值下降的企业，要求企业尽快补足，以防企业一旦不能还款，也可以通过处置担保来清偿贷款本息。

4. 可疑类贷款

可疑类贷款可能已经发生了一部分损失，或者及时处置了担保也肯定要发生一定的损失，农信社可采取的行动有：

（1）对借款企业的资产负债进行清理，积极主动参与企业的重组、兼并等活动，防止企业逃债废债。

（2）及时整理收集有关的合同、借据等资料，对贷款手续不完备、要素不齐全的贷款及时补救或重新签订协议，保护好相关的法律文件，根据借款人的资产状况，有的放矢地通过法律手段进行强制清收。

5. 损失类贷款

损失类贷款大概率会产生损失，必须单列管理，在每年的呆账准备金中核销。因为损失类贷款已不具备或基本不具备资产价值，即使将来有部分能够收回，推迟冲销这笔贷款也是不值得的。当然，也不排除损失类的贷款可以通过某些措施，如进入债权-股权转换处理，从而挽回部分损失的可能。只要有希望存在，农信社就不能放弃努力。

总之，对于正常贷款，农信社要总结经验，在继续加强合作的基础上仍不放松监督，防患于未然。对于不良贷款，农信社需树立正确的债权、债务观，不能一味逼债，应与企业共同研究解决方法。

7.6.3　贷款控制

在款项贷出时，贷款的用途已在合同中订立，企业是否按照预定的用途来使用贷款，可以作为控制的计划标准。计划标准还包括对抵押、质押、保证等担保的分析。同时，企业的宏观和微观分析可以得出系列指标，也可以构成贷款控制的计划标准，主要包括：

（1）国家经济政策及法律、法规的变动；

（2）各种财务比率；

（3）各种重要的表外信息，如行业技术革新、企业领导阶层的人事变动等；

（4）担保的资格及价值的变动；

（5）对企业未来一段时间内现金流的预测。

农信社贷出款项前，通常做了充分分析。因此，一笔贷款刚刚贷出时，贷款属于正常类。但是，随着各种经济情况的变化，贷款的质量状态也会发生变化。另外，如果农信社在当前和贷中没有发现实际已经存在的问题，但这些问题在贷后可能会很快表现出来，这也会使贷款的质量发生变化。贷后管理的目的就在于及时发现这些变化，并尽量采取适当措施，防止贷款的质量更加恶化，并促使其向好的方向转化。具体管理步骤如下所述。

1. 分析企业所处的宏观经济环境

任何企业都置身于一定的经济环境中，受宏观环境如地区、国家，乃至世界经济的影响。尤其是一些出口依赖型企业，受经济影响的程度更深。因此，首先要对企业所处的环境进行分析。

对国民经济的预测，需要国际、国内各种行业的大量信息，农信社很难把握，要在很大程度上借助专家和政府部门公布的信息。

另外，国家经济政策及法律、法规方面的变革也会对企业的经济情况产生影响。如果政府从整个国家的经济发展考虑，适时地调整产业结构，农信社必须关注这些调整，以及时确定自己的信贷政策。一般来说，在国家允许的政策范围内经营，严格执行国家有关的产业政策，确定自己的信贷投向，对于农信社来说是相当有利的。

法律和政策的改变会对借款人所在的行业产生不同程度的影响，可能对一个行业有潜在的好处，也可能对另一个行业的盈利或生存构成威胁。对借款企业所在行业的实质性影响的政策、法律出台，贷款的质量会因此受到影响。在对贷款进行分类时，根据行业受影响的程度适当地调整，有些行业的经营、盈利能力对金融货币政策、产业指导政策、税收政策是高度敏感的，贷款风险程度也比较高。

宏观分析涉及农信社业务的各个方面，通常情况下农信社必须借助外部力量，而不是主要针对自身的分析。

2. 针对不同的企业的具体情况进行微观分析

微观方面如企业所处的行业、企业本身的财务状况、企业的竞争力等，与贷款的归还可能息息相关。

1）财务分析

农信社从企业所能获得的信息，最主要的是企业的财务报告，财务分析在农信社贷款管理中占有重要地位。财务分析是将大量的财务报表数据转换成对特定决策有用的数据，减少决策的不确定性。对于农信社来说，它为信贷资金计划分析工作提供收益导向，为信贷计划和资金管理提供决策依据，是风险管理的核心工作。通常，从分析中可以发现企业经营变化的一些端倪。

农信社对于企业提供的财务报表，一般要经过注册会计师的审计，注册会计师的意见是依据国家有关法规和一般公认会计准则，并采用必要的验证程序后提出的，具有较强的独立性和权威性。但是，经过注册会计师验证的财务报表并不都是可靠准确的，农信社必须对这些报表给予足够的关注。

首先要对财务报表进行核对，检验有无笔误、遗漏等操作性错误，再采取一些必要的程序对报表进行检验，之后进行报表内容的比例分析和财务趋势分析。

各报表之间、表与表之间、各个项目之间都有密切的关系，只有加以分析和比较，才能了解相互之间的联系和意义，对企业的财务状况作出正确的判断，最能体现联系和意义的方法就是比例分析和趋势分析。从三大报表及其附表和附注以及相关的资料中，可以计算出各种比率。但是，仅仅分析一年的财务报表是不够的，要了解企业未来的财务状况和经营效果，还应对几年来的财务报表进行序列分析，掌握变化的趋势。

贷款风险管理中的财务分析最为关注的是借款人的偿债能力。借款人的偿债能力不是孤立的，它和借款人盈利能力、营运能力、资本结构和现金流量等因素密切相关，为了准确计算和评估借款人的偿债能力，必须对以下内容进行分析：①企业的流动性比率/变现能力比率；②杠杆比率/负债比率；③盈利比率；④经营能力比率/效率比率；⑤获取现金能力比率；⑥收益质量指标。

这些指标不是孤立的，要和趋势分析结合起来，和现金流量分析结合起来，以达到全面、客观地反映借款人盈利能力、营运能力和偿债能力的目的，从而为贷款正确分类提供依据。

财务趋势分析中常用的财务报表跨期分析方法则包括：共同比报表、趋势分析和财务预测等。

对于期限不同的贷款来说，农信社所关注的企业状况的重点有所不同，相对来说，对于短期借款者，农信社非常关心短期偿债能力，而对于长期借款者，则在短期能力之外还要关注企业的长期偿债能力。由于短期借款必须在短期归还，长期贷款也必须在短期内归还本息，所以，企业的短期偿债能力的强弱对农信社来说最为重要。

通过财务比率分析和财务趋势分析，可以对借款人经营情况有初步了解，并对贷款质量做出初步判断。然而，财务报表所表达出来的信息有一定的局限性。

2）表外信息分析

表外信息在内容上包含了影响企业财务状况及经营业绩的所有重要信息。这些信息有内部的、外部的，有历史的、预测的，有货币的、非货币的。它们在内容上没有固定模式，主要取决于其本身的存在或发生情况，以及这些事项与企业财务的相关程度。

根据信息来源的不同，表外信息可以分为附注信息（即可以从财务报表附注中得到的信息）和附注外信息。通常来说，附注信息反映的是企业的内部信息，如企业的还款意愿等；而附注外信息则是反映企业所处环境的各种信息，如国民经济景气程度、行业现状和前景等。

3）行业分析

（1）行业的成本结构变化。借款企业所在行业的成本结构对其行业风险、盈利性及竞争性都有重要的影响。

通常来说，高经营杠杆的行业比低经营杠杆的行业有更高的风险。因为当生产规模下降时，后者比前者更容易降低成本、保持盈利。在高经营杠杆行业中，平均成本（在盈利临界点以下时）是随着生产规模的扩大而下降的，平均成本低的企业要比平均成本高的企业更有竞争力。

通过对成本结构进行分析，可以对借款人所在行业的风险形成基本的判断。如果企业的平均成本在本行业中处于较低水平，则企业在成本方面具有优势；反之，则企业在成本方面具有劣势，农信社应对其加以重视。尤其是如果企业在一个时期内成本相对不断升高，说明企业正逐渐失去其在行业中的地位，对农信社贷款来说意味着较大的风险。

（2）行业所处生命周期。行业的发展一般可分为三个主要的阶段，即新兴阶段、成熟阶段和衰退阶段。企业因其行业所处的生命周期不同，面临着不同的风险和机会。了解贷款人行业所处的生命周期，可以预见借款人所面临的某些挑战，评价其对贷款风险的影响。

依据行业的销售增长率，以及进入或退出该行业的企业比率，可以来判断借款人行业所处的生命周期。这些信息主要来源于公共数据部门、新闻媒介或借款人提供的资料。在农信社的信贷政策中，往往对某些行业有所侧重或限制，所以对这些行业的发展也有所研究。

新兴行业的风险主要是技术方面不确定、创办成本较高、没有创新的成功策略、不断有新的公司成立加入竞争等。新兴行业的企业需要为销售增长、规模扩大筹集资金，往往需要信贷支持，而它们又由于新产品的不断开发、管理层缺乏相应的行业经验、成本波动较大等因素的影响，没有明确、稳定的还款来源。对这些行业中的企业贷款，其风险是相对较高的。

成熟行业的主要特征是市场份额的竞争十分激烈，竞争的焦点转向价格和售后服务；顾客对产品有丰富的了解；产品的标准已经形成。成熟行业企业的贷款，主要用于厂房和设备的更新，季节性融资和营运资金的长期融资等。这类企业的还款来源比较容易判断，因为企业的经营已经进入可以预测的轨道，在对借款人管理控制行业风险的能力进行评估时，有大量的历史记录可用。作为一个整体来说，成熟行业贷款的风险要小于新兴行业。

衰退行业的销售增长额呈下降趋势，这类行业中的企业把生存放在第一位。衰退行业中的贷款风险一般是巨大的，这些行业中的企业对生存没有把握，也无法预测，这时关键是要分析贷款企业的具体情况。

（3）行业的经济周期变化。行业的风险与经济周期密切相关。如果行业是周期性的，则行业的经营能在一定程度上反映经济的趋势，随着经济的繁荣而繁荣、萧条而萧条；如果行业是反周期的，行业的经营在萧条时期反而会比繁荣时更好。非周期性行业则一般不会受经济周期的影响，主要是一些必需品行业。

行业的周期可能超前、同步或滞后于经济周期。所以在分析行业周期时，时间性是一个需要重视的问题，如果行业超前于经济周期，这一行业的销售等经营活动可能先于经济的繁荣而繁荣，先于经济的萧条而萧条。如果行业同步于经济周期，则行业的销售等经济活动直接反映经济的周期性。滞后经济周期的行业，其经营活动则总是慢经济周期一步。

借款人所在行业的经济周期性，对于预测借款人的财务状况、现金流量是十分有用的。对行业的周期性特征，需要通过对借款人的调查分析及从公开刊物上了解的信息作出判断；对经济周期的预测，则要借助于专家和政府部门。

（4）行业的盈利性变化。企业需要依赖盈利来维持经营，一个长期不盈利的企业将失去活力，如果一个行业中的大部分企业都在亏损，那么行业继续存在下去的可能性就会受到怀疑。

在分析行业的盈利能力时，要注意考察现金流量情况。一个盈利的借款人不一定有正的现金流量，或现金流量不一定能满足偿还贷款的需要。

（5）产品替代性和技术环境的变化。如果行业的产品与替代产品在价格上相差较大，消费者可能会转向替代产品。技术环境因素，如技术重大突破和进步等，会对借款人所在的行业产生影响，表现为产品成本的变化或整个行业被替代等。

4）借款人的还款意愿

这是形成信用风险的主观因素，可以通过以下方法来分析：

（1）企业信用等级的变化。企业信用等级的变化在一定程度上反映了企业经营状况的变化，如果企业的信用等级下降，往往意味着贷款质量的下降。

（2）企业违约率的变化。根据从企业内部、评级机构，或者政府机构获取的历史资料，可以得出企业的违约率。当然违约率只代表了过去某个时段企业的履约情况，不能很好地用以预测未来，但它在一定程度上代表了企业的信誉状况。

（3）企业的竞争力。这是一个综合的概念，可以分解为不同的层次。总体看，它由企业的资源优势、市场优势和绩效优势组成；具体则包括企业的生产或销售规模、企业所处的发展阶段、产品多样化程度及经营策略等方面。

（4）企业规模的变化。在企业财务报表分析中，通常以相对数来衡量财务状况和经营业绩。相对数的优点在于不受企业规模影响，使分析结论较为客观合理。然而事实上，企业的发展在很大程度上取决于企业规模，因为企业规模的大小不仅决定其在资本势力、竞争实力以及风险承受能力等方面的强弱，而且决定其社会知名度的高低，而所有这些方面都会影响企业的资本筹集、市场开发等财务经营活动，进而影响企业的财务状况和经营业绩。

企业规模是相对的，必须与同行业的其他企业比较才有意义。而且，企业的规模不仅在于数量（如员工数量，占地面积等），还在于质量（如利润率、市场占有率等）。当企业的规模发生较大变化时，必须对其进行进一步分析。如果企业规模与质量同时提高，贷款质量也随之提高。

（5）企业领导者的变化。领导者的素质如文化水平、技术职称、专业年限、道德品质、管理风格以及个人习惯、婚姻或家庭问题、冒险的倾向等，能够在一定程度上影响企业的发展方向。对于领导者素质的判断在相当程度上是主观的。企业领导者的更换，或者同一领导者的行为方式发生变化，有时会对整个企业的发展产生影响。

5）企业经营状况的变化

企业的经营状况主要通过企业的产品、市场、采购、生产、销售等方面来表现。主要分析：

（1）产品可替代性。如果产品是需求稳定的日用产品或必需品，而且质量好，有独特之处，那么风险就低；反之，如果产品是奢侈品，需求量小，替代品多，那么风险就高。

（2）市场状况。如市场竞争的激励程度、企业对市场价格和需求的控制能力、客户的分散程度以及销售方法等。

（3）采购、生产、销售环节。企业采购、生产、销售环节应是连贯而又相互支持的。企业原材料的购买量和供货时间要根据存货管理计划、生产规模来定；价格如果能尽量低，则企业能够很好地控制其生产成本。企业的生产应能够保护连续性，并及时采取新技术，不断提高生产效率。在销售上，企业的销售范围广、销售环节简单，则风险小；企业能够有效地控制其销售网络、销售环节灵活，则风险小。

7.7　本章小结

本章分析了农村企业信贷风险的主要特点，对农村企业贷前信用评级的指标体系构建提出了具体框架，针对重要的贷前行业分析提出了详细方案，对贷前信用评估和贷后风险管理均做了详细的分析。只有正确地进行贷款分类，完善贷前调查、贷中审查、贷后控制的整个流程和方法，农信社才能及时准确地把握整个环节中可能出现的问题，才能有效地控制信贷风险。

第8章　农村企业贷款五级分类模型研究

乡镇企业是农村信用社的重要贷款客户群体，特别是在乡镇经济比较发达的地区（如江苏省的苏南地区）。然而，乡镇企业的财务制度不健全，而且经营风险很高，因此建立农村企业贷款五级分类模型，对于加强信用社的企业贷款管理、降低企业贷款风险具有重要的意义。

8.1　农村企业贷款分类过程

从贷款五级分类的基本流程来看，农村企业贷款分类流程和农户贷款分类流程基本相似（图 8-1），因此不再赘述。但是，由于两者是农村信用社面对的不同

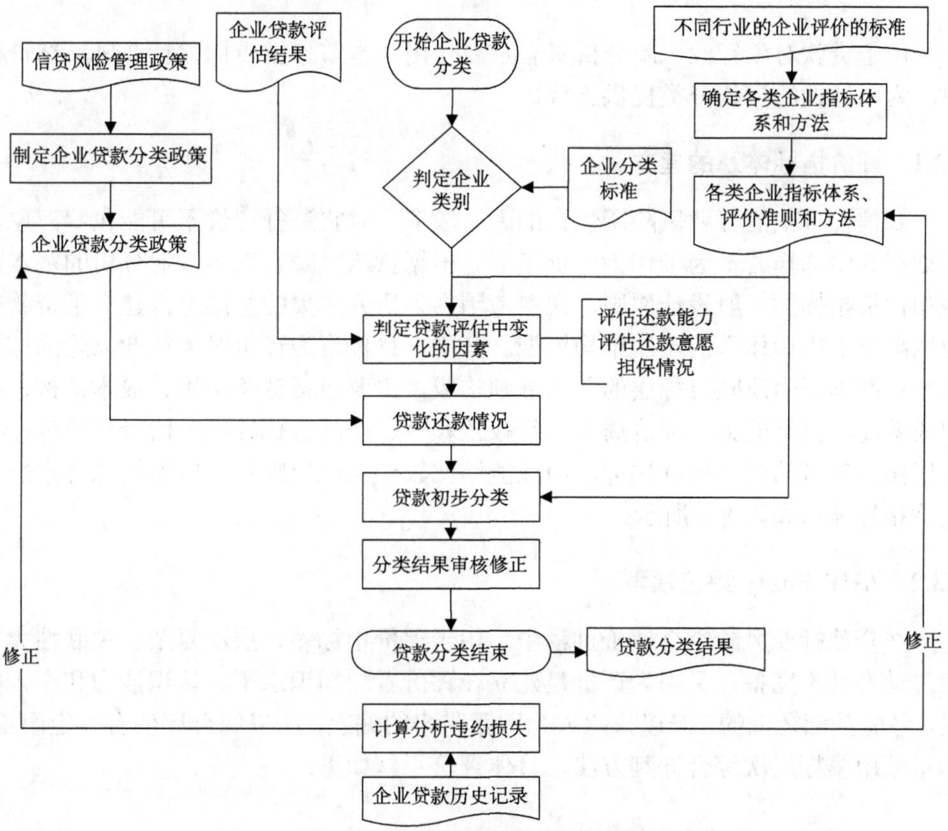

图 8-1　农村企业贷款分类流程

贷款对象，因此在贷款五级分类的依据——指标体系和分析内容方面却有很大的不同。首先这是由于企业贷款在农信社的贷款资产中占有比较重要的比例，因此必须给予足够的关注；其次是由于企业贷款分析更加注重对财务和非财务因素的分析，需要关注借款企业所属的行业风险以及企业自身的经营风险和财务报表分析等，这些是农户贷款分类中无须考虑的问题。

8.2 农村企业贷款分类关键因素

农村企业贷款分类需要重点考虑的关键因素包括所属行业的风险分析、还款可能性分析、财务因素分析、现金流量分析、非财务因素分析、抵押担保分析、综合分析等内容，具体分析流程如图 7-5 所示，主要涉及的分析方法和分析内容参见第 7 章相关部分，在此不再重复。

8.3 农村企业行业风险评价模型

由于贷款对象行业风险分析具有重要作用，本节拟重点构建行业风险评价模型，为农信社的贷款分类提供支持。

8.3.1 评价指标体系的建立

农信社贷款的行业风险所包含的因子较多，对它进行评价不可能包罗万象，必须在其中选择若干因子作为评价指标。根据贷款风险管理中行业分析的基本内涵和评价指标的一般设计原则，在参考国内外研究成果的基础上，建立了贷款行业风险评价指标体系的层次结构模型。其中，目标层为评价对象行业风险的综合水平；准则层由反映目标层的各项准则构成，主要包括竞争结构、成本结构、行业成熟度、盈利能力、经济周期、行业依赖性、产品替代性以及监管环境等；指标层由各领域的具体指标构成，由此能够比较全面地反映行业风险的综合水平。具体指标体系如表 8-1 所示。

8.3.2 AHP-Fuzzy 评价模型

在贷款行业风险综合评价过程中，由于评价指标多、层次复杂、关联性大、信息动态且不完备，又因为评价是建立在评价者的知识水平、认识能力和个人偏爱、经验基础之上的，难以排除人为因素带来的偏差，所以综合评估有一定困难。本章采用模糊层次综合评判方法，具体评价步骤如下：

表 8-1　农信社贷款行业风险评价指标体系及种植业风险的专家评分

目标层	准则层	指标说明	指标层	专家 1	专家 2	专家 3	专家 4	专家 5
行业综合风险水平 U	行业竞争结构 U_1（0.14）	越接近完全竞争的行业，其企业规模相对越小，产品同质性越高，价格控制能力也越低，贷款的风险也相对越高	u_{11} 行业集中度（0.25）	2	2.5	2.5	3	3
			u_{12} 行业差异度（0.41）	4	4	3.5	4	3.5
			u_{13} 价格控制能力（0.34）	3	3	3.5	2.5	3.5
	行业成本结构 U_2（0.13）	固定成本比例大的行业经营杠杆比较高，则风险也越高。但在达到盈亏平衡点后，产量越大，盈利性越高，这时盈利前景也比较好	u_{21} 经营杠杆比率（0.55）	2	1.5	2.5	2	2.5
			u_{22} 盈亏平衡点（0.45）	4	3.5	3	3	4
	行业成熟度 U_3（0.12）	成熟行业风险低，正在成熟行业风险中等，高度成熟行业风险中等偏上，新兴行业风险较高，衰退期的行业风险最高	u_{31} 行业所处阶段（0.66）	2	3	2.5	2	3
			u_{32} 行业退出成本（0.34）	2.5	2.5	2	3	2.5
	行业盈利能力 U_4（0.19）	行业的盈利特征和盈利前景越好则风险越低，可从行业周期的角度进行分析	u_{41} 盈利特征（0.47）	1.5	2	2.5	2	2
			u_{42} 盈利前景（0.53）	2	3	2	2.5	3
	经济周期 U_5（0.11）	随经济周期波动大的行业在经济周期发生变化时受到的影响大，风险比较大	u_{51} 影响程度（0.15）	3	3.5	2	2	3.5
			u_{52} 当前所处周期（0.37）	2.5	2	3	2.5	3
			u_{53} 周期趋势（0.48）	2	3	2.5	2.5	2.5
	行业依赖性 U_6（0.10）	行业依赖性是指行业对上下游产业，或对供应商和顾客的依赖程度。行业依赖性越大，则信贷风险越高	u_{61} 依赖程度（0.75）	1.5	2	2	1	2.5
			u_{62} 依赖行业风险（0.25）	2	3	2.5	2	3
	产品替代性 U_7（0.12）	借款人所在行业有无替代产品或潜在的替代产品、替代程度如何是行业风险分析的重要因素	u_{71} 当前替代程度（0.20）	4	3.5	4	3.5	4
			u_{72} 潜在替代程度（0.45）	4	4	4	3.5	4
			u_{73} 替代成本高低（0.35）	2	2.5	3	1.5	3
	监管环境 U_8（0.09）	监管环境是指法律和政策对行业的支持或限制，以及其变动的可能性。如果对行业依赖性比较大，则政策变化时对行业的影响比较大	u_{81} 当前环境（0.36）	4	3.5	3.5	3	4
			u_{82} 环境变化可能（0.15）	1.5	2	2	2.5	2
			u_{83} 影响程度（0.49）	2.5	2	2	3	2.5

1. 确定评价指标集

根据前面建立的综合指标体系，评价指标集为：

准则层的指标集：$U=\{U_1,U_2,U_3,U_4,U_5,U_6,U_7,U_8\}$；

指标层的指标集：$U_i=\{U_{i1},U_{i2},\cdots,U_{ik}\}$（$i=1,2,\cdots,8$，其中，$k$ 为某个准则层下指标的数目)。

2. 确定指标评分等级 V

在评价行业风险时，如果没有统一的评价标准，将不便于进行综合比较和评价。为此，在本章中，所有指标都分为高、中高、中等、较低、低五个等级，对应分值分别为 5，4，3，2 和 1，指标等级介于两相邻等级之间时，相应评分值为 4.5，3.5，2.5 和 1.5。评价时，具体的等级标准由各专家根据经验确定，不同等级标准表示该指标对行业风险的影响程度。

3. 确定各评价指标的权重

一般来说，影响评价对象的各个指标的程度是不同的。某些指标较为重要，考虑的分量重一些，而另一些指标分量则轻一些。所以应根据各指标的重要程度赋予其相对应的权重。权重集可以通过主观赋权法、AHP 法、客观赋权法或组合赋权法等方法获得。本章首先构造如图 8-2 所示的评价指标层次结构图，然后通过专家咨询和 AHP 的方法确定指标权重，具体可表述为：

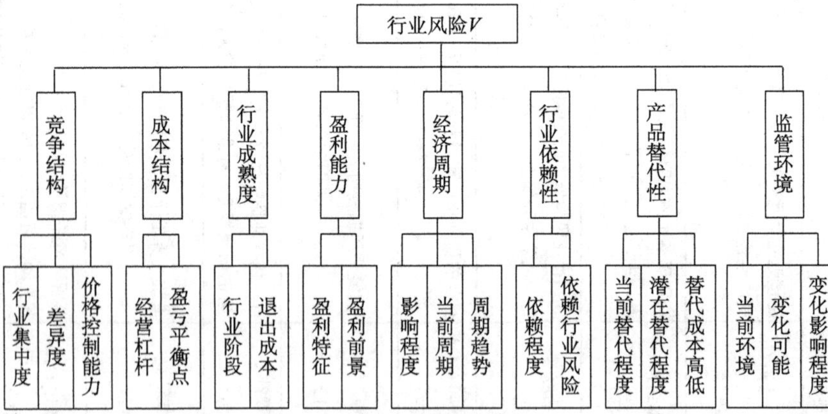

图 8-2　行业风险评价层次结构

准则层的权重集：$W=\{W_1,W_2,W_3,W_4,W_5,W_6,W_7,W_8\}$；

指标层的权重集：$W_i=\{W_{i1},W_{i2},\cdots,W_{ik}\}$（$i=1,2,\cdots,8$，其中，$k$ 为某个准则层下指标的数目)。其中，每层的权重集必须满足归一性和非负性。

4. 组织专家评分

组织 p 个评价者根据其专业经验对各评价指标按评价等级进行打分，并填写评价专家评分表。

5. 定义隶属度函数

设 x 为待评价样本数据，$V=(v_{jk})_{n\times p}$ 为评语矩阵，表示 n 个指标对应 p 个评语级别的临界值，$v_{jk}>v_{j(k+1)}, j=1,2,\cdots,n$。定义隶属度函数 $R=f(V,x); R=(r_{jk})_{n\times p}$，$r_{jk}\in[0,1]$，即对于样本的第 j 个评价指标的样本数据 x_j，属于第 k 个评语的隶属度为 r_{jk}。（具体参见第 4.2.4 节）

6. 单因素评价

首先从单因素出发进行评判，以确定评价对象对评语集的隶属程度，由 $R=f(V,x)$ 计算每个指标的样本值对每个评语的隶属度。

7. 模糊综合评判

为反映所有指标因素的综合影响，并考虑各个不同因素的重要程度，将各因素的权重向量 W 和模糊判决矩阵 R 进行“合成”，得到相应的综合模糊评判指标向量为：$B=W\circ R=(b_1, b_2,\cdots, b_n)$，合成算子使用 $(\cdot,\oplus)$，即实数乘法和有界加法。各个评判指标 $(b_1, b_2,\cdots, b_n)$，则具体反映了评判对象在最终评价结果上的分布状态。

8. 行业风险评价案例

以某农村信用社针对种植业的风险分析为例，首先根据如表 8-1 所示的评价指标体系，通过专家根据信用社贷款以及种植业的特点对指标的相对重要性进行评价，根据 AHP 法得出使用 1-9 标度的评价矩阵。设有 5 位专家对上述 20 个指标的重要性进行评判，分别做出判断矩阵 $F_k=\left(f_{ijk}\right)_{n\times n}$，其中 $f_{ijk}=1/f_{jik}$，$f_{iik}=1$，

$f_{ij}=\left(\prod\limits_{k=1}^{m} f_{ijk}\right)^{1/m}$，$R=(f_{ij})_{n\times n}$，其中 $i=1,2,\cdots,20, j=1,2,\cdots,20$，$k=1,2,\cdots,5$，通过专家评分统计得出各个指标的权重如表 8-1 所示。设评语集为：$V=\{V_1,V_2,V_3,V_4,V_5\}=\{$高风险，中高风险，中等风险，较低风险，低风险$\}$，对应分值分别为 5，4，3，2 和 1，指标等级介于两相邻等级之间时，相应评分值为 4.5，3.5，2.5 和 1.5。然后选择 5 位专家（包括 2 个贷款经理、1 个市场人员、1 个行业顾问、1 个风险经理）来对该农信社的种植业风险指标打分，如表 8-1 所示，

由此得到模糊评价矩阵 R。基于上述数据和前文所述模型，采用 $(\cdot,\oplus)$ 算子，进行 Fuzzy 合成运算，最终得到

$$B=W\circ R=W\circ\begin{bmatrix}W_1\circ R_1\\W_2\circ R_2\\W_3\circ R_3\\W_4\circ R_4\\W_5\circ R_5\\W_6\circ R_6\\W_7\circ R_7\\W_8\circ R_8\end{bmatrix}=\begin{bmatrix}0.14\\0.13\\0.12\\0.19\\0.11\\0.10\\0.12\\0.09\end{bmatrix}^{\mathrm{T}}\begin{bmatrix}0.2&0.18&0.06&0.04&0.02\\0.4&0&0.05&0&0.05\\0.587&0.0533&0.10666&0.05333&0\\0.338&0.1125&0.1125&0.075&0.1125\\0.397&0.2644&0.11332&0.03777&0.03777\\0.306&0.408&0.034&0.034&0.068\\0.40&0.20&0.09999&0.05&0\\0.21&0.14&0.12&0.34&0.19\end{bmatrix}$$

$$=\left(0.35583\quad 0.166655\quad 0.0877382\quad 0.0704043\quad 0.058722\right)$$

由于本章规定评语集 V 对应的分数 $V_1=5$，$V_2=4$，$V_3=3$，$V_4=2$，$V_5=1$，则最终评价结果 $V'=BV^{\mathrm{T}}$=2.908515。由此可以看出，农信社在种植业贷款中的行业风险处于中等略微偏下水平，因此信贷过程应比较慎重，需要考虑使用抵押或担保的方式进一步降低其贷款风险。

8.4　农村企业贷款五级分类模型

8.4.1　农村企业贷款分类指标构建

通过 7.6.1 节的分析，初步构建了农村企业贷款还款可能性分析的架构。由此可知，贷款五级分类是依据大量的财务指标和非财务指标共同构建的，结合 7.6.1 节的分析，可构建如表 8-2 所示的农村企业贷款五级分类指标体系。

表 8-2　农村企业贷款五级分类指标体系

<table>
<tr><th>一级指标</th><th>二级指标</th><th>三级指标</th></tr>
<tr><td rowspan="9">财务状况</td><td rowspan="5">偿债能力</td><td>流动比率</td></tr>
<tr><td>速动比率</td></tr>
<tr><td>现金比率</td></tr>
<tr><td>资产负债比率</td></tr>
<tr><td>产权比率</td></tr>
<tr><td rowspan="4">盈利能力</td><td>销售利润率</td></tr>
<tr><td>营业利润率</td></tr>
<tr><td>净利润率</td></tr>
<tr><td>成本费用利润率</td></tr>
</table>

续表

一级指标	二级指标	三级指标
财务状况	营运能力	固定资产周转率
		应收账款周转率
		存货周转率
		资产报酬率
现金流量状况	经营活动	现金净流量
	投资活动	现金净流量
	融资活动	现金净流量
非财务状况	经营风险	市场份额
		采购环节
		生产环节
		销售环节
	管理风险	组织形式
		管理层素质
		风险控制能力
		经营管理作风
信用支持状况	贷款方式	
	按期偿还率	
	还款记录	
	贷款用途	
	贷款形态	
	贷款额度	
	还款方式	
发展能力和潜力状况	销售收入增长率	
	利润增长率	
	发展规划与实施条件	
	同业市场竞争力	

每个指标设置优秀、良好、一般、较低、较差五个等级，分别设置分数为：8～10 分、6～8 分、4～6 分、2～4 分、0～2 分。分值标准设置既要有定性标准，又要有定量标准，并同时考虑到行业标准。

8.4.2　农村企业贷款五级分类设置

根据贷款分类指导原则，可设立如表 8-3 所示的等级分类标准，即 AA（正常类贷款）、A（关注类贷款）、BB（次级类贷款）、B（可疑类贷款）、C（损失类贷款）。

表 8-3　农村企业贷款五级分类设置说明

等级	分值说明	等级描述
AA（正常）	[80，100]	贷款风险状况优良，具有足够高的偿债能力和偿还意愿
A（关注）	[65，80）	贷款风险状况良好，具有较强的偿债能力和偿还意愿
BB（次级）	[55，65）	贷款风险状况一般，具有一定的偿债能力和偿还意愿
B（可疑）	[50，55）	贷款风险状况较差，偿还能力不足，偿还意愿不强烈
C（损失）	[0，50）	贷款风险状况极差，已经无力偿还欠款，无偿还意愿

8.4.3　基于 AHP-Fuzzy 的企业贷款分类模型

1. 企业贷款五级分类评价标准值设置

在建立农村企业贷款五级分类模型时，首先必须根据不同区域设置不同的指标评分标准值。一方面是因为农村覆盖范围大，各地情况不同，不能搞全省统一，“一刀切”；另一方面，不同行业的评分标准也不相同，处于不同行业风险状态下，评分的标准也不尽相同。本节根据某地区农信社的数据调查，通过专家、信贷员、信用社主任等多方讨论，形成了如表 8-4 所示的种植业企业贷款分类指标的标准值表，相应的权重（通过专家打分，并利用 AHP 计算获得）也设置在表中，由此形成了某地区农信社的种植业企业贷款五级分类标准。

表 8-4　某地区农村种植业企业贷款五级分类评分标准值表

一级指标	二级指标	三级指标	优秀值 8～10 分	良好值 6～8 分	一般值 4～6 分	较低值 2～4 分	较差值 0～2 分
财务状况（0.2）	偿债能力（0.4）	流动比率（0.2）	≥160%	130%～160%	100%～130%	80%～100%	<80%
		速动比率（0.1）	≥100%	80%～100%	60%～80%	40%～60%	<40%
		现金比率（0.3）	≥80%	60%～80%	40%～60%	20%～40%	<20%
		资产负债比率（0.2）	≤30%	30%～50%	50%～70%	70%～90%	>90%
		产权比率（0.2）	≤40%	40%～100%	100%～200%	200%～400%	>400%

续表

一级指标	二级指标	三级指标	优秀值 8～10 分	良好值 6～8 分	一般值 4～6 分	较低值 2～4 分	较差值 0～2 分
财务状况（0.2）	盈利能力（0.3）	销售利润率（0.3）	>行业平均 1.2 倍：6～10；1.2～0.6 倍：4～6；<0.6 倍：4 以下				
		营业利润率（0.2）	>行业平均 1.2 倍：6～8；1.2～0.6 倍：3～5；<0.6 倍：3 以下				
		净利润率（0.3）	>行业平均 1.2 倍：6～10；1.2～0.6 倍：4～6；<0.6 倍：4 以下				
		成本费用利润率（0.2）	>行业平均 1.2 倍：6～10；1.2～0.6 倍：4～6；<0.6 倍：4 以下				
	营运能力（0.3）	资产周转率（0.3）	>行业平均 1.2 倍：6～8；1.2～0.6 倍：3～5；<0.6 倍：3 以下				
		应收账款周转率（0.2）	>6 次	4～6 次	2～4 次	1～2 次	1 次以下
		存货周转率（0.2）	>6 次	4～6 次	2～4 次	1～2 次	1 次以下
		资产报酬率（0.3）	>行业平均 1.2 倍：6～8；1.2～0.6 倍：3～5；<0.6 倍：3 以下				
现金流量状况（0.2）	经营活动（0.5）	现金净流量	>行业平均 1.2 倍：6～8；1.2～0.6 倍：3～5；<0.6 倍：3 以下				
	投资活动（0.3）	现金净流量	>行业平均 1.2 倍：6～8；1.2～0.6 倍：3～5；<0.6 倍：3 以下				
	融资活动（0.2）	现金净流量	>行业平均 1.2 倍：6～8；1.2～0.6 倍：3～5；<0.6 倍：3 以下				
非财务状况（0.3）	经营风险（0.5）	市场份额（0.2）	垄断	较高	高	一般	差
		采购环节（0.3）	低风险	偏低风险	中等风险	较高风险	高风险
		生产环节（0.2）	低风险	偏低风险	中等风险	较高风险	高风险
		销售环节（0.3）	低风险	偏低风险	中等风险	较高风险	高风险
	管理风险（0.5）	治理结构（0.2）	制度健全：6～8；制度不够健全：3～5；制度不健全：3 以下				
		管理层素质（0.3）	管理水平高：6～8；水平一般：3～5；水平较差：3 以下				

续表

一级指标	二级指标	三级指标	优秀值 8～10 分	良好值 6～8 分	一般值 4～6 分	较低值 2～4 分	较差值 0～2 分
非财务状况（0.3）	管理风险（0.5）	风险控制能力（0.3）	强：6～8；一般：3～5；较差：3 以下				
		经营管理作风（0.2）	稳健：6～8；一般：3～5；较差：3 以下				
信用支持状况（0.2）	贷款方式（0.2）		抵（质）押贷款：8～10；保证贷款：3～7；信用贷款：2～0				
	按期偿还率（0.1）		>95%	80%～95%	70%～79%	60%～69%	<60%
	还款记录（0.1）		优秀	良好	中等或无记录	有延期	不良
	贷款用途（0.1）		生产性：8～10；投资性：6～8；周转性：4～5；消费性：2～4				
	贷款形态（0.2）		正常：8～10；关注：3～5；次级：1～3；可疑：–8～–5；损失–10～–8				
	贷款额度（0.15）		5 万	10 万	15 万	20 万	30 万
	还款方式（0.15）		还本付息：6～8；还本不付息：3～6；还息不还本：0～3				
发展能力潜力状况（0.1）	销售收入增长率（0.2）		>10%：6～8；2%～10%：3～6；<2%：0～3				
	利润增长率（0.3）		势头良好：6～8；平均增长率：3～6；状况变差，下降迅速：0～3				
	发展规划与实施条件（0.2）		实力强：6～8；实力一般：3～6；发展艰难、实力弱：0～3				
	同业市场竞争力（0.3）		竞争小：6～8；一般性竞争环境：3～6；竞争对手强大：0～3				

对于定量指标，表 8-4 中给出了临界值，对于定性指标，设总分为 10 分，临界值分别为 10，8，6，4，2。在进行贷款五级分类时，贷款清分人员根据打分标准对上述指标分别打分，指标的情况越好，分数越高。如果某些指标没有信息则给 0 分，并可适当调整相应权值，尽可能减少对评估结果的影响。

2. 农村企业贷款五级分类算例

以下实例来源于某地区农村信用社，某企业及其贷款状况如表 8-5 所示。

表 8-5　某地区农信社某企业贷款分类示例

指标及其实际值				指标值所在区间				
一级指标	二级指标	三级指标	实际值	优秀值	良好值	一般值	较低值	较差值
财务状况	偿债能力	流动比率	140%	0.1	0.8	0.1	0	0
		速动比率	90%	0.1	0.3	0.6	0	0
		现金比率	65%	0	0.9	0.1	0	0
		资产负债比率	50%	0.1	0.8	0.1	0	0
		产权比率	100%	0	0.8	0.2	0	0

续表

指标及其实际值				指标值所在区间				
一级指标	二级指标	三级指标	实际值	优秀值	良好值	一般值	较低值	较差值
财务状况	盈利能力	销售利润率	1.1	0	0.6	0.4	0	0
		营业利润率	1.0	0	0.6	0.4	0	0
		净利润率	0.9	0	0.5	0.5	0	0
		成本费用利润率	0.7	0	0.6	0.2	0.2	0
	营运能力	资产周转率	0.8	0	0.7	0.2	0.1	0
		应收账款周转率	5 次	0.2	0.8	0	0	0
		存货周转率	5 次	0.2	0.8	0	0	0
		资产报酬率	0.7	0	0.6	0.2	0.2	0
现金流量状况	经营活动现金净流量		0.6	0	0.5	0.2	0.3	0
	投资活动现金净流量		0.7	0	0.6	0.2	0.2	0
	融资活动现金净流量		0.9	0.1	0.7	0.2	0	0
非财务状况	经营风险	市场份额	较高	0	0.8	0.2	0	0
		采购环节	偏低风险	0	0.6	0.2	0.2	0
		生产环节	偏低风险	0.1	0.7	0.2	0	0
		销售环节	偏低风险	0.1	0.6	0.2	0.1	0
	管理风险	治理结构	基本健全	0	0.6	0.2	0.2	0
		管理层素质	水平一般	0	0.6	0.2	0.2	0
		风险控制能力	一般	0.1	0.6	0.2	0.1	0
		经营管理作风	稳健	0.2	0.8	0	0	0
信用支持状况	贷款方式		抵押贷款	0.6	0.2	0.2	0	0
	按期偿还率		85%	0.2	0.8	0	0	0
	还款记录		无记录	0	0	0.8	0.2	0
	贷款用途		投资贷款	0.2	0.3	0.5	0	0
	贷款形态		正常贷款	0.5	0.2	0.3	0	0
	贷款额度		8 万	0.2	0.7	0.1	0	0
	还款方式		还本付息	0.3	0.3	0.3	0.1	0
发展能力潜力状况	销售收入增长率		9%	0.2	0.7	0.1	0	0
	利润增长趋势		平均增长率	0.2	0.6	0.2	0	0
	发展规划与实施条件		实力一般	0	0.6	0.2	0.2	0
	同业市场竞争力		一般性竞争环境	0	0.6	0.2	0.2	0

基于上述数据和前文所述模型，规定评语集 V 对应的分数 $V_1=100$，$V_2=80$，$V_3=60$，$V_4=40$，$V_5=20$。采用 $(\bullet,\oplus)$ 算子，进行 Fuzzy 合成运算，最终得到

$$Z=W\circ F=\begin{bmatrix}0.2\\0.2\\0.3\\0.2\\0.1\end{bmatrix}^{\mathrm{T}}\begin{bmatrix}0.044&0.716&0.201&0.039&0\\0.02&0.57&0.2&0.21&0\\0.06&0.65&0.18&0.11&0\\0.335&0.34&0.29&0.035&0\\0.1&0.62&0.18&0.1&0\end{bmatrix}$$
$$=\begin{pmatrix}0.1078&0.5822&0.2102&0.0998&0\end{pmatrix}$$

根据本章的评语集，最终评价结果 $V'=ZV^{\mathrm{T}}=73.96$。最终得到该企业的贷款分类等级处于 A 级，属于关注类贷款。该笔贷款风险状况良好，企业还款意愿较强并且具有较强的偿债能力。

8.5 本 章 小 结

本章简单分析了农村企业贷款分类的基本过程，详细分析了农村企业贷款分类的关键因素，并就农村信用社贷款分类管理的行业风险建立了模糊综合评价模型，然后结合某地区信用社的案例，建立农村信用社企业贷款五级分类模型并进行了算例分析。

第 9 章　项目贷款评估研究

农信社对贷款项目开展可行性研究之后，进一步开展全面评估，可有效降低违约风险，但农信社信贷员一般不大熟悉项目的贷款评估，容易导致还贷失败。所以，研究项目贷款评估方法与模型，以便指导评估实践，是非常有必要的。

9.1　概　述

1983 年，中国推出了《工业贷款项目评估手册》，国有银行陆续提出固定资产贷款必须开展贷前项目评估。虽然项目类型、规模及复杂度多种多样，导致评估内容存在差异，但总体而言，基本运作内容有通用性。

9.1.1　评估内容

主要评估内容包括：

（1）市场分析。重点讨论项目产品市场现状、前景及竞争能力和市场地位等。这是项目贷款评估报告的核心内容，是财务和风险分析的前提。

（2）技术及配套分析。重点考察项目工艺设备的先进性、合理性和安全性，以及配套技术及要件的需要及市场可得性。

（3）资金筹措分析。项目进入实质性阶段之后，贷款风险评估要予以高度重视，充分考察各项投资合理性，各种预备费用计提的依据，避免“钓鱼项目”。

（4）经济财务分析。从企业视角出发，收集估算财务数据，编制财务表格，计算技术经济指标，判断项目盈利能力和偿债能力。

（5）风险分析。包括价格、市场、竞争、政治、技术、管理、汇率等。可以灵敏度分析为基础，注重分析风险可能性。财务分析的敏感度分析后，还要定性分析企业开展项目风险以及农信社贷款发放风险。

（6）担保分析。如采用担保，还需分析担保人信用；如采用抵押，还需分析抵押物评估材料。

9.1.2　关联分析

实务操作中，评估工作分为多个环节，需要分工协作，分别负责考虑市场、经济、技术以及项目承担单位、担保、风险分析，最后是综合评估等。

评估各环节必须紧密联系，数据引用和信息流动充分，小组各成员精诚合作。

由于可能经常出现变更情况，如方案变动、方法变动、依据变动等，必须由项目负责人予以充分足够关注。

图 9-1 描述了各环节的关联关系，其中，投资估算、经济评价输入信息多，其输出直接提供给最终评估，各环节主要信息流动关系为：

项目背景分析获取投资人、农信社等相关方整体状况，预判项目大致风险以及相关方的基本态度等。

技术评估和市场分析结果直接服务于资金需求和筹措以及财务效益分析，由技术评估确定技术设施等预算，测算项目总体资金需求。

结合财务分析结果，评估企业资金筹措能力；由市场分析预测销售收入、生产成本等，得出项目经济效益和大致现金流。

最后综合上述各项分析，考虑企业特点，找出风险节点并提出防范措施。据此判断项目技术可行性、产品市场趋势、资金预算状况、经济效益情况以及初步判断的贷款收益情况等。

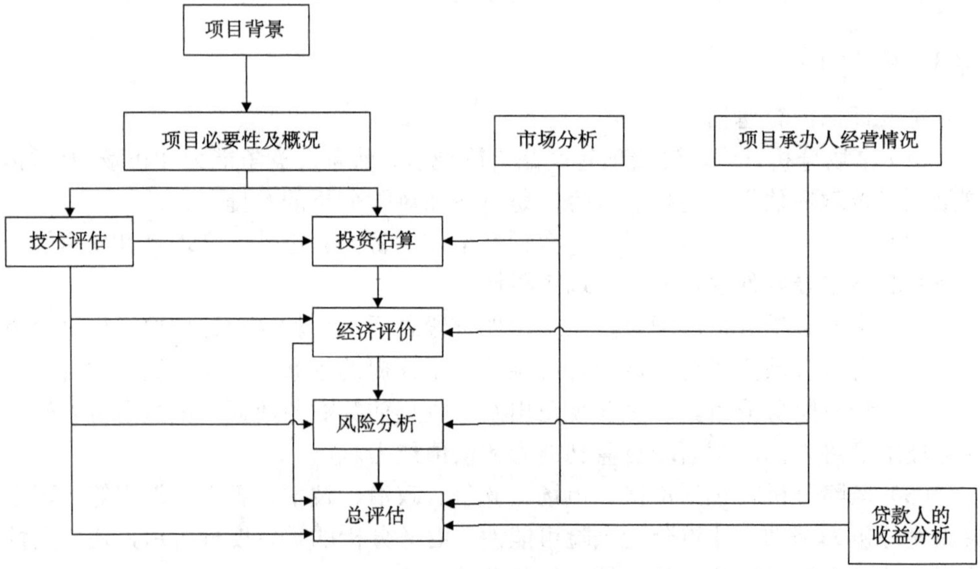

图 9-1　项目贷款评估环节

9.2　项目贷款评估分类

要进行项目贷款评估就要先对项目进行分类。因为不同类别的项目，贷款评估的具体指标一般来说是不同的。如果全部采用相同的指标或相同的指标权重，那么评估结果一定不准确，会给贷款带来安全风险。项目分类一般首先分为农户客户的项目和企业客户的项目，然后再对企业客户的项目按行业进一步细分。

9.2.1 农户客户项目贷款风险

农户个人的项目规模和金额相对来说较小，需要考虑的因素没有企业那么全面。比如农户发展养殖业，要考虑因素很多，下面以养鸡为例分析。

首先，要分析市场，估计市场需求量，以此确定养殖规模。对养鸡专业户来说，市场需求就是成品鸡和蛋上市时，目标市场所能够容纳的供应量。其主要风险表现如下：

（1）市场风险。

滞销： 如果鸡蛋不能及时销售，那么鸡蛋存储成本增加甚至导致鸡蛋变质，会造成经济损失；出笼肉鸡不能及时销售就得继续饲养，也会造成成本增加、收益减少。

需求变化： 消费习惯、收入和需求弹性等因素综合决定需求量，但这些因素也具有高度的不确定性。

（2）自然灾害。养殖业对自然因素高度敏感。生物生长和繁殖规律、干旱、瘟疫、高温或低温等，都会影响养殖业项目，造成养殖业项目投资效益不稳定，甚至是投资失败。比如，禽流感造成禽类大量死亡，对养鸡专业户来说，损失是极其惨重的。

（3）技术风险。养殖业项目是技术密集型的，但从业人员普遍技术能力较低，可能导致项目运营成本较高而产品质量和数量却较低。例如，对养鸡专业户来说，有很多技术是必须掌握的，如疾病的防治，各个生长期饲料的配比，鸡舍的温度、湿度以及光线的强度等。

（4）竞争风险。竞争风险主要体现在项目产品的竞争力上，表现为同类产品和竞争对手的变化，如本年度养鸡的效益非常好，这必然导致其他农户的进入，从而引起竞争风险，这可能导致下一年度肉鸡的价格快速下跌。

（5）政策风险。宏观政策因素影响很大，国际贸易冲突影响也大，如农业政策中的畜产品价格政策、环保评价政策、全国兽药（抗菌药）的综合治理行动规划、兽药国标化等变化，经过传导最终会直接影响到鸡类产品的生产价格。

上述五点是农户个人投资需要考虑的主要风险因素，开展农信社农户个人项目贷款时，农信社也需要认真考虑这些风险。

9.2.2 企业客户项目贷款风险

乡镇企业是农信社贷款的主要企业客户，由于乡镇企业种类繁多，有必要根据行业进行细分，不同行业投资项目不同，其风险评估方法、指标、权重也不尽相同。乡镇企业由于规模相对较小而数目较多，可将其按行业初步分为农场、矿业、化工、房地产等类型。由于行业划分不可能尽善尽美，为提高兼容性，可先从细分行业中分析项目的共性，形成通用型项目贷款评估标准，在此基础上，根据行业的不同，增加调减标准指标。

1. 通用型项目的评估标准

通用型项目的评估标准可为一些小规模的、不常见的项目开展贷款评估提供参考，具体流程如图 9-2 所示。

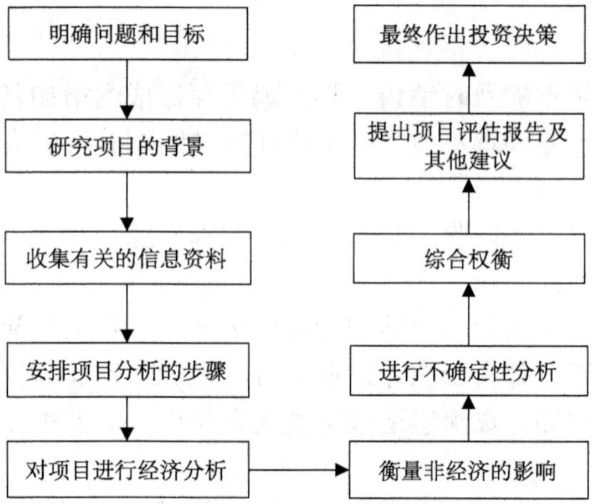

图 9-2　通用型项目的评估流程图

通用型项目评估的重要指标与评分如表 9-1 所示，指标分值与风险等级评定如表 9-2 所示。

表 9-1　通用型项目评估的重要指标与评分

一级指标	二级指标	分数
1. 项目基本情况（30）	（1）项目经理素质	9
	（2）投资计划的合理性	7
	（3）项目概况评价	7
	（4）市场前景预测	7
2. 项目工艺技术水平（20）	（1）先进适用性	8
	（2）经济合理性	6
	（3）建设条件评价	6

续表

一级指标	二级指标	分数
3. 项目财务评价（40）	（1）净现值	10
	（2）财务内部收益率	9
	（3）贷款偿还期	12
	（4）项目抗风险能力	9
4. 项目经济评价（10）	（1）经济内部收益率	5
	（2）社会效益综合评价	5

表 9-2　指标分值与风险等级评定

风险等级	指标总分值	含义
AAA	[90，100]	风险极低，偿债能力极强
AA	[80，90）	风险低，偿债能力强
A	[70，80）	风险较低，偿债能力较强
BBB	[60，70）	风险一般，偿债能力一般
BB	[50，60）	风险高，偿债能力差
B	[0，50）	风险很高，偿债能力很差

构建风险等级评价指标新体系。根据现有项目风险等级评定法的可取之处及存在的误区，可构建表 9-3 所示的风险等级评价指标体系。

表 9-3　项目贷款风险等级评定

指标	变量	权重
项目经理素质	B1	11
（1）学历	C1	1
（2）经验	C2	3
（3）业绩	C3	3.5
（4）领导班子	C4	3.5
市场前景预测	B2	11
产业政策评价	B3	6
项目工艺技术水平	B4	18
（1）先进适用性	C5	9
（2）建设条件	C6	9
项目财务评价	B5	49

续表

指标	变量	权重
（1）累计债务覆盖率	C7	7
（2）项目债务承受比率	C8	7
（3）财务内部收益率（FIRR）	C9	14
贷款偿还期	X1（0-1）	
（1）净现值 NPV<0 的概率	C10	7
（2）资产负债率	C11	7
（3）速动比率	C12	7
经济内部收益率（EIRR）	X2（0-1）	
社会效益综合评价	B6	5
增加就业效果	C13	5
环境影响	X3（0-1）	

2. 涉农项目贷款评估

1）涉农项目投资特点

（1）涉农项目承担主体规模小、数量多、经营分散、抵御风险能力差。涉农项目经营群体中各农户经营形式不同，经营管理水平不同，承担风险能力也不同，给项目经济评价和风险分析带来复杂性。

（2）具有季节性和周期性。农业靠天吃饭，具有季节性和周期性特征。因此，按照特定周期从事农业生产，任何一个环节都可能影响到涉农项目投资的全局。

（3）自然灾害风险强且突出。涉农项目投资主要以农业生产为主，容易受到各种自然灾害风险的影响，如气象灾害、病虫害、杂草等。这些因素对涉农项目投资的影响很大，是造成农业投资项目失败的主要原因。

（4）具有多层次交错特性。在涉农项目中，农户是一层，为农户群体生产经营服务的企业或其他经济组织是另一层，两层次各自独立经营，相互联系依存，自负盈亏。另外，许多涉农项目属于综合开发项目，包括多个层次，不同层次的风险不仅影响本层次，而且也会影响到其他层次，易于产生连锁反应。

（5）风险时间跨度长。涉农项目投资周期长，不确定因素多，效益和费用的预测误差大。

2）涉农项目投资风险的因素

如前所述，涉农项目风险因素主要包括自然灾害风险、技术风险、市场风险（季节性滞销、生产资料质量变化、需求量变化、供给量变化）、竞争风险、资源风险、政策调整风险、经营管理风险等。

3）涉农项目风险指标分析

涉农项目贷款评估指标包括：

（1）单位土地面积产量

计算：$单位土地面积产量=\frac{农作物总产量（总产值）}{农作物耕地（播种面积）}$

作用：单位土地面积农作物产量反映农业集约化和土地生产率。

标准：给定劳动消耗下，产量越高，土地利用越高效。

（2）单位土地面积纯收入

计算：$单位土地面积纯收入=\frac{农作物产品产值-农作物产品成本}{农作物耕地（播种面积）}$

作用：综合反映土地利用效率。

标准：效率越高，土地利用越高效。

（3）水资源消耗

地面径流计算：计算每亩灌溉面积的水量。

地下水消耗计算：地下水量/灌区总水量；或年利用水量/可开采水量。

（4）经济性指标

①财务内部收益率

计算：$财务内部收益率=I_1+(I_2-I_1)\frac{|\mathrm{NPV}_1|}{|\mathrm{NPV}_1|+|\mathrm{NPV}_2|}$

其中，I_1 为低折现率，I_2 为高折现率，$|\mathrm{NPV}_1|$为低折现率现值，$|\mathrm{NPV}_2|$为高折现率现值。

作用：用于衡量项目盈利标准的指标，即项目的确切盈利率。

标准：内部收益率越大于行业基准收益率越好，应高于贷款利率。

②净现值

计算：$净现值=\sum_{i=1}^{n}(\mathrm{CI}-\mathrm{CO})_i(1+i_\mathrm{c})^{1+i}$

其中，CI 为流入量，CO 为流出量，i_c 为基准收益率，n 为计算周期。

作用：用计算期内净现金流量总和衡量项目收益是否超过行业平均水平。

标准：净现值越高越好。

③投资回收期

计算：

$$投资回收期=累计净现金流量开始出现正值的年份数-1+\frac{上年累计净现金流量的绝对值}{当年净现金流量}$$

作用：净收益收回了全部投资所需时长，度量项目清偿潜力。

标准：投资回收期越短越好。

④固投借款偿还期：

$$\text{固投借款偿还期} = \text{偿还后开始出现盈余年份数} - 1 + \frac{\text{当年应偿还贷款额}}{\text{当年可用于还款的收益额}}$$

作用：评估运用利润折旧基金等偿还固投借款本金利息所需时间。

标准：固投借款偿还期越短越好。

⑤经营内部收益率

计算：$\sum_{i=1}^{n}(\mathrm{CI}-\mathrm{CO})_i(1+\mathrm{EIRR})^{-i}=0$

其中，$(\mathrm{CI}-\mathrm{CO})_i$ 为第 i 年的净现金流量，n 为计算期。

作用：计算期内项目净现值为零时的折现率。

标准：大于或等于社会折现率为好。

⑥工程经济效益费用比

计算：$R_0=\dfrac{B_0}{K_0+C_0}$

其中，K_0 为投资折算总价，C_0 为运行费折算总价，B_0 为效益折算总价。

作用：折算到基准年的总效益/总费用，据此评定方案经济性。

标准：R_0 越大越好。

3. 化工企业项目贷款评估

这里选择造纸企业作为典型，因为小型造纸企业具有化工和乡镇企业特色，它的分析指标基本适用于乡镇化工企业的项目贷款风险评估。

（1）评估市场机会。主要分析产品进口状况、需求状况、产品价格与人均收入比较、在建生产能力，由此基本能预测出未来市场的大致情况。

（2）评估技术可行性。综合分析技术方案的合理性、灵活性、可靠性。分析技术路线与生产设备、操作人员等的成熟度与匹配性，判断项目的技术可行性。

（3）评估经济可行性。根据选定的技术路线，估计总投资以及资金的筹措方案及其成本等因素，综合分析项目在资金方面的可行性。

（4）评估财务可行性。研究分析现金流量表、资产负债表、损益表、成本费用估算表等，预测未来资金运行状况，预判未来收益。

（5）评估不确定性。项目评价数据来源多数是预测或估算的，存在不确定性和偏差的可能，因此有必要评估项目的不确定性，主要包括评估敏感性、风险概率、盈亏平衡。

9.3 本章小结

项目贷款评估着眼于项目投资活动的全过程考察，根本目的是服务于贷款机构发放、管理项目贷款。一般情况下，贷款发放到企业时并不要求企业设置专门账户管理项目贷款，贷款资金与企业自有资金合为一体。由于偿还贷款主体是企业整体而不是贷款项目，没有必要要求使用项目产生的现金流来偿还贷款。因此，专门的项目贷款评估实际上是信贷机构出于对项目风险的担心和对于企业偿债能力的不信任。本章以农信社针对农村客户可能面临个人项目贷款或者企业项目贷款为例，分析产生贷款风险的主要因素及其相应的评估思路，为农信社项目贷款风险评估提供参考。农信社贷款给客户产生的是债权而不是股权，因此对于风险应更为敏感。判断一个项目是否可以给予贷款和信用支持，与项目未来产生的现金流、项目形成的资产、项目的信用保证条件等密切相关。更重要的是，同样的项目由不同的人去承担，会产生完全不同的结果，项目好是必要条件，但并非充分条件。由合适的人做合适的项目才会得到预期的好结果。因此，项目贷款风险评估是农信社信贷管理中的重要内容，必须加以重视。

第 10 章　信贷管理信息系统

10.1　信贷管理信息系统的目标

信贷管理需要建立贷款对象的经济指标档案、贷款档案、规章制度执行档案、企业信用评级等各种资料和数据。这些工作既复杂又烦琐，随着农信社贷款管理业务量增大，信息量也随之增多，迫切需要高效的信息系统作为支持。然而，农信社由于投入不足和人员知识结构等原因，信贷管理信息系统存在的问题有：客户信息不集中，分散在各个子系统中；信贷风险计量支撑有限，对风险识别、评价、预警及处理多是手工操作，计算工作量大，信贷风险度量难度大，反馈慢，不利于辅助决策；对信贷人员友好度不够，无法提供如数据仓库、在线分析等以支持信贷人员的信息处理工作；数据分析能力不够，分析方法比较简单，无法提供方法库和模型库，以支持管理人员决策分析。总体上看，信贷管理系统需要达到多方面的目标，如面向客户服务、面向流程管理、面向风险管理、面向管理决策等。

10.1.1　面向客户服务

在贷款机构面临竞争不断加剧的背景下，客观上要求农信社提高客户服务水平，并对优质客户展开主动营销，提供个性化服务。而在风险管理方面，也要求农信社尽可能掌握借款客户的各种相关信息以及变动情况。然而，由于各类客户信息零散分布在客户信息系统、贷款系统、存款系统、结算系统、公共信息系统中，要了解客户全貌，及时跟踪客户信息的变动情况确有困难。

因此，农信社信贷管理信息系统应该和其他信息系统尽可能地整合起来，按“大客户”理念面向客户提供服务。将各子系统中客户的相关信息统一保存和管理，保证各类信贷人员和管理人员能够按照权限获得客户相关信息。在统一客户信息管理系统基础上，按照客户服务流程而不是按照职能功能来设计信息系统。这样才能保证信贷管理系统能够真正地做到面向客户，提高服务水平和服务效率。

10.1.2　面向流程管理

考察农信社信贷业务可以发现，信贷管理信息系统是个工作流系统。由于农信社信贷业务客户对象类型多、动态化、风险管理要求高，有效的信贷风险管理必然要求对不同的客户区别对待，实现个性化服务，这些都要求基于不同客户建立不同的工作流程。因此，信贷业务流程需要在信贷风险管理政策、风险管理文化、规章等一系列文件和环境的约束下，针对特定客户对象设定符合信贷风险管理要求的信贷业务流程并工作流化，以便信贷业务处理。另一方面，信贷业务管理又有严格分权处理的特点。贷款申请、贷款调查、贷款审查、贷款审批、贷后追踪、贷款收回、不良贷款管理等业务操作流程都需按权责要求实行分离，并且各个环节均需严格审批。因此，信贷管理信息系统对流程安全性和灵活性的要求比较高，即既要严格定义流程中各种角色权限，还要能适应流程中各环节灵活变动要求。

10.1.3　面向风险管理

风险管理是信贷管理系统的核心，也是首要目标。信贷管理系统要在客户信息和流程管理方面为风险管理提供支持。统一的客户信息管理方便为贷款机构提供客户基本信息，用于风险评估，反映客户在农信社中所有贷款情况、历史评级和还款情况等信息，使得计算单笔贷款、贷款组合、关联贷款的风险成为可能。同时，严格业务处理流程还可以从根本上防止人情贷款、高风险贷款的发生。

面向风险管理还要求信贷管理系统必须包括完善实用的信贷风险评估、识别和管理模型，用于评估信用等级，评估贷款及贷款组合的损失可能和损失率等。

10.1.4　面向管理决策

在信贷风险管理过程中，管理决策是最重要的，也是最困难的，信贷管理系统必须提供多层次的支持信息。例如，在单笔贷款风险评估决策中，虽然可以使用数学模型进行定量分析，但是有相当多的因素，如经济状况变动、各种风险组合等是难以使用模型完全衡量的。因此，必须由信贷风险管理人员在信贷管理系统的支持下，获取并分析各方面的信息，结合自己的经验进行主观判断，最后做出决策。信贷管理系统还要能够有效地将决策参考反馈给管理人员，使得管理人员能够通过反馈信息进一步提高决策的准确性。

10.2　信贷管理信息系统的组成

根据农信社信贷风险管理的需求分析和目标设计，信贷管理信息系统需要包括的功能模块有：客户信息管理系统、信用评级系统、贷款评估系统、信贷账务处理系统、贷款分类系统、贷款管理系统、预警监控系统等。以下详细说明各功能模块。

10.2.1　客户信息管理系统

客户信息管理系统是集成农信社贷款管理信息系统的一部分，主要负责农信社客户信贷相关业务的信息管理。包括客户提供的信贷申请资料、历史信用评级数据、历史贷款业务数据，以及客户的担保人、共同贷款人、代理人、合作伙伴等客户相关信息，客户与农信社业务联系以及与其他兄弟农信社的业务联系，客户重大事项等。同时，客户信息管理系统应该能够直接将存款、抵押担保等客户的信息集成起来。它还是农信社向客户提供贷款服务的入口，既是输入客户信息的接口，也能向客户提供各种反馈信息。因此，客户信息系统功能有：贷款客户开、销户，贷款客户信息，关联客户信息，企业主要管理人员信息，客户重大事项，企业财务报表，企业主要经济数据，信用评级情况，贷款项目评分等。

10.2.2　信用评级系统

信用评级系统是信贷管理系统中支持风险评估功能的重要组成部分，主要功能是根据借款客户的数据信息，使用一定的模型和方法，对客户还款能力等进行评价，得到其信用等级。信用评级是信贷风险管理的基础，必须能够根据农信社信贷风险管理的要求设置评级指标体系，设置等级结果，用于信用评级的模型库和方法库，便于评级结果检验和反馈的功能模块。具体包括：信用评级指标设定，客户数据输入，信用等级设定，模型库，模型配置和训练，信用等级评定，等级违约率分布计算等。

10.2.3　贷款评估系统

贷款评估系统是根据借款人的情况，按照规定的贷款审评流程，由具有权限的人员和部门进行审核，完成贷款业务的业务系统。贷款评估是贷款业务处理和信贷风险管理的关键环节，提高贷款评估的效率和准确性可以有效提高农信社的管理水平和服务水平，降低不良贷款的发生率。贷款评估要根据不同客户类别，按照农信社信贷政策和管理规定，制定不同的贷款评审流程，根据管理需要，制定统一授信政策进行授信管理。贷款评估过程实际也是信贷合同逐步审批建立的过程，因此，贷款评估系统还要有合同管理，对贷款从申请、报审、批准、发放、生效的整个业务过程进行跟踪。因此，贷款评估系统功能有：工作流定义和维护，流程授权管理，统一授信管理，数据挖掘支持，贷款审批，合同审批，评估处理状态跟踪等。

10.2.4　账务处理系统

信贷账务处理系统既是农信社会计系统的一部分，又能支持特定贷款业务功能。保持信贷系统合同信息和会计系统账户信息同步更新，保持系统数据一致性。因此，信贷账务处理系统功能有：会计分录管理和会计记账，支持自营贷款、特定贷款、委托贷款、银团贷款、承兑汇票、承兑汇票贴现、出口买方信贷等各种贷款业务的处理，计提坏账准备等非贷款关联交易处理，贷款发放，贷款计息及收息管理，贷款收回，坏账冲销，抵押、担保处理，自动收息、利息和本金自动转逾期等自动交易处理，账务处理信息查询等。由于农信社信贷业务功能模块细节非常复杂，均需要账务处理系统支持，这里不做深入讨论。

10.2.5 贷款分类系统

贷款分类系统是农信社信贷风险管理系统中的重要组成部分，通过动态跟踪借款人情况的变化，对贷款的损失可能和损失率进行评估，将贷款按照规定分为多个类别。从分类方法和系统结构上看，贷款分类系统和信用评级系统基本一致。贷款分类系统功能有：贷款分类指标设定，客户数据输入，贷款分类类别设定，模型库，模型配置和训练，贷款分类，各类别违约率和损失率分布的计算等。

10.2.6 贷款管理系统

贷款管理系统是根据贷款分类系统得到的结果，结合贷款的不同类别，由管理人员决定采取不同的管理措施。贷款管理系统还需要对贷款的催收情况、抵押物的状况等进行记录和管理。因此，贷款管理系统功能有：贷款管理流程定义，流程授权管理，贷款状态跟踪、报告，贷款处理审批，贷款处理状态跟踪、报告，抵押物状态跟踪、报告，抵押物处理审批等。

10.2.7 预警监控系统

农信社信贷风险管理过程中，仅仅对单笔贷款进行管理是远远不够的。必须结合各种其他风险因素对贷款和贷款组合，或某一类贷款，甚至是所有贷款进行风险管理，发现其中存在的风险。预警监控系统是农信社贷款综合风险量化和管理的一个部分，其功能有：宏观经济状况分析，行业经济状况分析，突发事件预测与影响分析，贷款组合信贷风险量化分析，贷款集中度风险分析，风险分散管理分析，与其他风险（市场风险、利率风险等）交叉影响分析等。

由于信贷管理系统较为复杂，下一章将重点针对信用评级和贷款分类中经常使用的分类评价系统（以五级分类系统为案例）开展分析、设计和开发研究。

10.3 本 章 小 结

农信社信贷管理系统是一个综合性相当强的信息系统，完善、集成的信贷管理信息系统可以支持信贷业务各方面需要，包括客户管理、台账记录、会计记账、风险管理、流程审核、合同管理等。但各子系统模块之间的接口和边界比较复杂，需要系统设计，分步实施。

第 11 章　农信社贷款五级分类信息系统

关于在农村信用社中使用贷款五级分类管理，目前基本上还处于探讨阶段，没有真正的实施。然而农村信用社在服务“三农”中又具有重要的作用，因此如何让信息技术辅助农村信用社信贷资产五级分类显得非常重要。

11.1　系 统 分 析

11.1.1　概述

系统分析是管理信息系统开发工作中的重要环节，系统分析的主要任务是对现行系统进行详细调查，或进行用户需求分析，将系统详细调查中所得到的文档资料集中到一起，对组织内部整体管理状况和信息处理过程进行分析。它侧重于从业务全过程的角度进行分析。分析的主要内容有：业务和数据的流程是否通畅、合理；数据、业务过程和实现管理功能之间的关系，原系统管理模式改革和新系统管理方法的实现是否具有可行性等。系统分析的目的是将用户的需求及其解决方法确定下来。需要确定的分析结果包括：开发者对于现有组织管理状况的了解、用户对信息系统功能的需求、数据和业务流程、管理功能和管理数据指标体系、新系统拟改动和新增的管理模型等。最后，提出新系统的各种方案和设想，并对所有的方案和设想进行分析、研究、比较、判断和选择，获得一个最优的新系统逻辑模型，并在用户理解计算机系统的工作流程和处理方式的情况下，将它明确地表达成书面资料——系统分析报告。

系统分析的方法有很多[48]，按照时间过程来分可以划分为生命周期法和原型法；按照关键分析要素可以划分为面向过程方法（processing oriented，PO）、面向数据方法（data oriented，DO）和面向对象方法（object oriented，OO）。在生命周期法和原型法中间，还有处于过渡状态的阶段生命周期法、阶段原型法等；而原型法按照对原型结果的处理方式，又可以分为试验原型法和演进原型法，其特点是：力图首先构建一个可扩充的、灵活的、交互式的系统原型，并不断改进和扩充，直到全部实现用户的功能要求。面向过程方法、面向数据方法和面向对象方法的区别是在系统分析时关注的要点不同，PO 是从分析用户的业务处理过程入手，DO 是从分析用户产生的数据要求入手，而 OO 则从描述用户对象特征、构建类体系入手。

结构化方法最突出的特点是强调系统开发过程的整体性和全局性，开发过程应划分清晰、要求明确、容易进行控制。但是结构化方法也有其缺点和不足，例如对前期错误反馈较慢，文档量太大等。因而结构化方法比较适合于较大项目的开发，因为对这类项目而言，能否管理和控制好整个项目是开发成败的关键，文档也是后期维护修改必不可少的工具，而且对于一个大型系统来说，如果不经过系统分析来进行整体性划分，想要直接用原型来一个一个模拟或合理完整地确定系统的对象（面向对象方法）是很困难的。所以，对规模较大、功能比较复杂的系统最好采用结构化方法，可以实现对整个系统的合理规划和过程控制。

原型化方法比较适用于小型系统和某些局部系统的开发，特别适合于对系统功能要求不高但用户界面丰富的系统。原型化方法本身的特点决定了将其应用于开发一个大的系统是不太可能的，它的特点和长处是应对用户要求的多次模拟和修改，因而除了可以被单独应用在小型系统中之外，还可以与结构化方法结合在一起使用，作为前期调查用户需求的工具，是对结构化开发方法的发展和补充。

面向对象方法以对象为基础，利用特定的软件工具直接完成从对象客体的描述到软件结构之间的转换，这是面向对象方法最主要的特点。面向对象方法的应用解决了传统结构化方法中，客观世界描述工具与软件结构的不一致性问题，缩短了开发周期，解决了从分析和设计到软件模块结构之间多次转换映射的繁杂过程，是一种很有发展前途的系统开发方法。但是同原型化方法一样，面向对象方法需要一定的软件基础支持才可以应用。另外，在大型的信息系统开发中，如果不经过自顶向下的整体划分，而是一开始就采用自底向上的面向对象方法，同样也会造成系统结构不合理、各部分关系失调等问题。

由于结构化程序设计比较成熟，本章结合结构化设计以及原型法的优点，分析和设计农村信用社的贷款五级分类信息系统。

11.1.2　系统目标分析

农村信用社贷款五级分类系统的总体目标就是对农村信用社的贷款资产进行分类管理，降低和分散信用社的金融风险。结合前文研究的农户贷款和农村企业贷款分类模型，建立计算机辅助分类决策支持系统，从而为农信社的贷款管理提供决策支持。

11.1.3　系统需求分析

1. 贷款信息管理

一般说来，很多信用社已经逐步普及了基本的业务处理信息系统，因此贷款信息可从农信社贷款台账系统中获取。为了安全，必须将贷款台账信息中涉及贷款分类的数据抽取出来，以防分类系统影响台账系统安全、稳定运行。值得注意的是，贷款信息中包含了贷款的还款过程信息，这对系统的贷款分类具有重要的作用。该模块包含了台账数据抽取模块、还款信息抽取模块、贷款数据与处理模块以及贷款数据的维护模块。

2. 客户信息管理

农信社客户主要包括两类，即农户和农村企业，值得注意的是，这里的农户不仅仅指一般的农民，还包括农村中的一些作坊式的小企业等，毕竟农村中的个体户、小企业是没有财务报表的，因此很难使用企业贷款分类方法对其贷款进行分类管理。由此可知，该模块包括农户信息管理和农村企业信息管理两个模块。

3. 贷款分类管理

贷款分类系统通过动态跟踪借款人情况的变化，对贷款的损失可能和损失率进行评估，将贷款按照规定分为多个类别。主要包括以下功能：

（1）分类指标设定。用以设定贷款分类的指标。针对农户和企业贷款建立了分类的模型，提供了相应的分类指标。但考虑到系统的实用性，将分类指标的设置调整为动态设置，用户可以根据需要或判断设置相应的分类指标。

（2）分类类别设置。设置贷款分类的类别，本章设置为五类，用户也可以根据自己的需要或者信用社的管理需要将贷款的类别设置成四类或十类等。

（3）分类数据输入。提供分类数据输入的接口，主要用于提供样本数据和分类数据，分类模型训练时必须提供样本数据，在本系统中，样本数据单独进行管理，动态调整和增加或删除。

（4）模型配置和训练。提供分类的数学模型。本章主要提供了基于 AHP-Fuzzy 的综合评价分类模型，然而在实际应用中还有其他诸如多变量统计分类模型、基于人工智能的分类模型等。本系统考虑到未来的可扩展性，特别提供了模型配置与训练的模块，以便用户可以增加或调整分类方法。

（5）分类模型库。将训练好的模型存入模型库中，系统在需要时直接调用相应的分类模型。

（6）贷款分类。输入贷款数据和客户数据，对客户某笔贷款进行分类设置。

（7）各类别违约率、损失率分布计算。通过统计数据和信贷人员的经验估计各个类别违约率和损失率分布情况，以便进行模型的调整和比较。

因此，贷款分类管理信息系统的功能关系可以描述为图 11-1 所示。

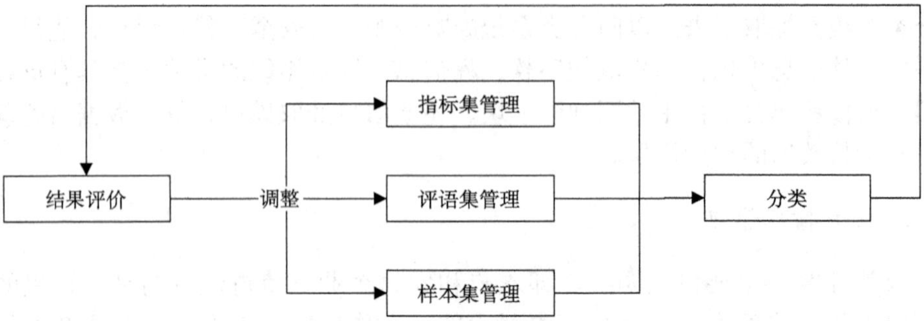

图 11-1　系统功能模块关系

4. 系统接口管理

贷款分类系统的接口主要体现在以下几个方面：

（1）指标集接口。由于贷款分类所需的指标来自农户数据或企业在申请贷款时提供的各种财务数据和非财务数据，也可能包括其他数据如行业数据、国民经济数据。而且指标可能是合成比率，例如可能使用企业财务数据中的不同指标构成的新的财务比率。因此，指标集管理模块需要设计同其他系统的接口，确定指标集中的每个比率如何由业务处理系统中的哪些指标计算产生的。指标集接口的方式可以根据样本集接口的方式来选择。

（2）样本集接口。由于贷款农户数据以及贷款企业的各种财务数据是由信贷业务处理系统输入的，为了使这些数据构成信用评级或贷款分类的评价指标，就可能需要和业务处理系统接口，可以采取如下处理方式：

①不接口，业务处理系统中输入的数据按照评价需要的指标集重新计算，手工输入系统中，如果样本集与业务处理系统不接口的话，指标集也不必接口。

②数据导入，在不接口方式下手工输入数据比较困难，可以考虑将指定数据从业务处理系统中导出，然后再导入系统中。但是由于指标集可能是业务处理系统中的多个财务指标构成的比率，因此，数据要经过转换才能导入。如果在业务处理系统导出数据时进行处理，则样本集应该与业务处理系统进行接口，业务处理系统直接导出符合样本集输入要求的数据，在这种情况下，数据可以直接在数据库之间转换。如果在业务处理系统导出原始数据文件后手工进行处理，得到符合样本集要求的数据，则样本集不必进行接口。

③接口，在没有进行完全接口的情况下，业务处理系统中的数据与分类管理系统中的数据存在不同步情况，而且每当改变了指标集后，必须重新同步数据，这对需要动态调整指标集以获得最好的分类效果是非常不利的。最好的解决方法是实现样本集的完全接口，即分类管理系统中的样本数据实际上是按照样本集定

义的信贷业务系统上的一个动态逻辑视图（可以通过自动同步数据实现）。此时，指标集也需要和业务处理系统进行接口。

（3）评语集接口。贷款分类的分类结果要在风险管理中使用，需要指出的是，本系统贷款分类结果可能是一个中间结果，需要经过调整、修正才能成为最终的评价结果并在风险管理中使用。因此，评语集可以进行接口，评价结果可以不进行接口，最后以文档形式输出评价结果。如果其他系统需要直接使用分类结果，则需要进行接口，评语集的接口方式与结果的使用方式有关，基本思路和样本集、指标集的接口方式相似。

如果其他系统要直接使用分类结果，即分类结果直接输入其他系统中，则评语集要和其他系统直接接口，即评语集中的每个评语类别要与其他系统输入评语的每个类别直接联系。

如果其他系统通过数据导入方式使用分类结果或通过手工输入分类结果方式使用分类结果的话，则评语集与其他系统不必直接联系。

11.2　系 统 设 计

11.2.1　设计要求原则

系统设计是信息系统开发过程中的又一个重要阶段。在这个阶段中，将要根据前一阶段系统分析的成果，在已获准的系统分析报告的基础上，进行新系统的设计，包括系统总体结构的设计、系统模块的设计以及数据库的设计等内容。系统设计的主要目的就是为下一阶段的系统实现（如编程、调试、试运行等）制定蓝图。设计所遵循的原则就是在各种技术手段和实施方法的比较中权衡利弊，精心设计，在科学、合理地设计总体模型的基础上，尽可能提高系统的运行效率、可靠性、健壮性、可操作性、可维护性、可扩充性。因此，设计遵循以下几点考虑：

（1）系统运行效率。系统的运行效率主要包括程序的执行效率和数据的存取效率，主要体现为系统的响应时间。由于农村信用社的贷款数据量比较大，特别是会涉及系统的数据抽取，因此后台数据库的设计效率对系统的运行效率影响比较大。本项目在数据库设计中首先尽量按照第三范式进行规范化设计，以消除冗余数据。其次应对经常进行查询操作而数据量大的表或视图建立合适的数据索引；在不影响数据一致性的地方可以允许一定量的冗余数据存在，以减少对数据库访问时的一些费时的连续操作；合理进行硬件的配置（包括数据库服务器的配置和分布式数据库所基于的网络配置）。

（2）系统可靠性。系统提供良好的备份和恢复界面以及较为强大的用户权限管理体系，以进一步提高系统的可靠性，硬件系统可靠性可采用双机热备份的方式，这在贷款分类系统正式运行以后可以采用相应的策略。

（3）可操作性。使用友好一致的用户界面，设置简单的信息提示框，在用户输入数据不规范时提示输入的规范格式，在用户越权操作时提示用户结束这些操作，给出程序运行的状态提示，确保用户知道程序正在运行中。另外，在程序设计中尽量方便用户的操作，提高用户的工作效率。

（4）可维护性。为提高系统的可维护性，本项目首先采用模块化设计方法，提高模块的独立性；其次采用结构化程序设计思路，提高程序的可理解性；再次在程序中加强注释，以提高程序的可读性。通过上述策略提高程序的可维护性。

11.2.2 总体结构设计

农信社贷款五级分类系统主要包括 6 个模块：贷款信息管理、客户信息管理、贷款分类管理、查询统计、系统维护、帮助模块，系统总体结构如图 11-2 所示。

1. 贷款信息管理模块

主要包括贷款信息抽取模块、还款记录抽取模块等，各模块都必须具备信息维护以及查询等功能。

2. 客户信息管理模块

主要包括贷款农户信息维护、贷款企业信息维护、行业信息维护、区域信息维护等模块，每个模块都包含相应信息的插入、删除、修改、查询等功能。

3. 贷款分类管理模块

该模块是本系统的核心，主要包括以下功能模块。

1）指标集管理

指标集是用于贷款分类的指标集合。由于不同类型的对象使用的指标体系不同（如对农户进行贷款分类和对企业进行贷款分类所使用的指标体系就不同）。因此，指标体系需要按照样本的类别进行分类，不同类别对象使用的指标体系应该不同。由于指标体系的选择、确定是一个经验积累的过程，因此，必须允许动态地设置指标体系（包括临时改变与永久改变），可以向系统中添加、删除指标，或是临时将某个指标从集合中剔除。

指标集管理的主要功能包括：

（1）检索指标：按类别获得系统中所有的指标列表，将指标显示给客户。

（2）添加指标：向系统中指定类别添加新的指标。

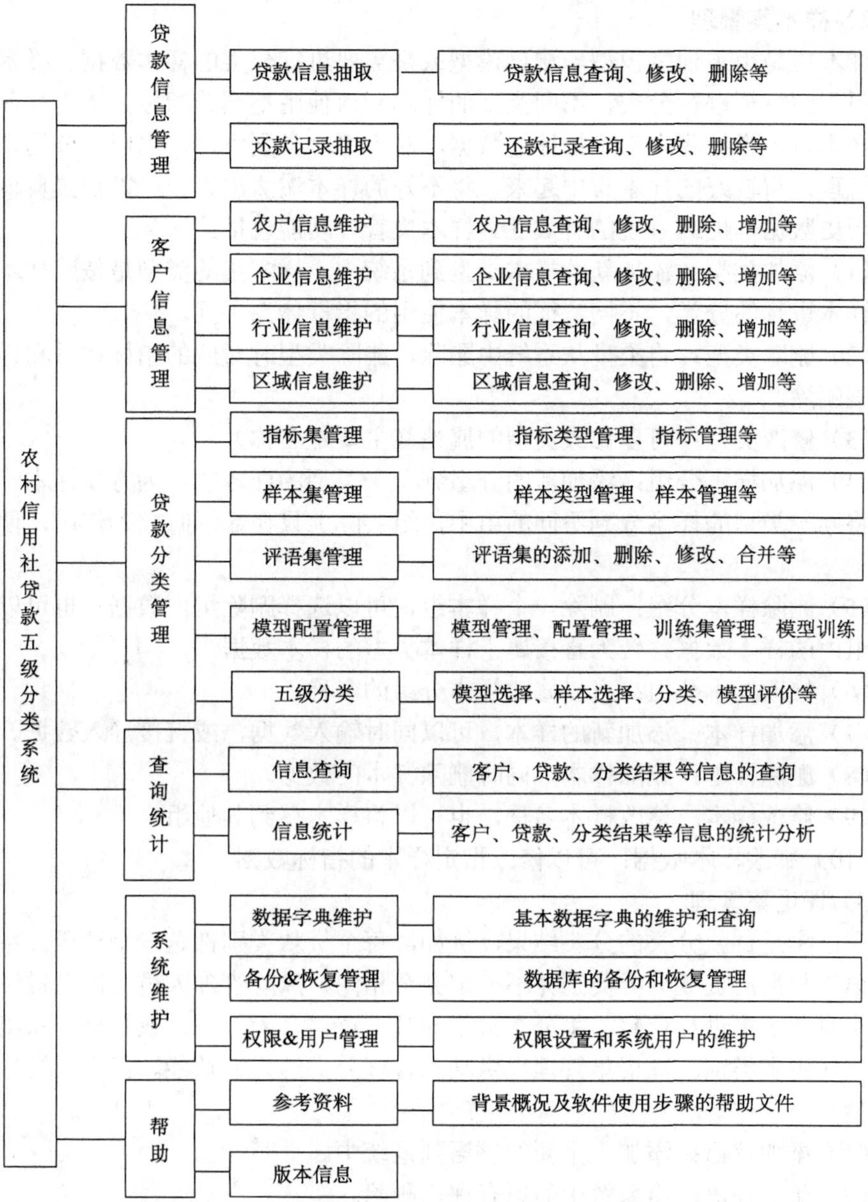

图 11-2　系统总体结构

（3）删除指标：删除系统中现有指标，删除指标时原有数据应删除。

（4）修改指标：修改指标的属性，指标的关键属性是“名称”及“是否可用”，如果将指标设为不可用，则在评价时该指标不用于分类。

2）样本集管理

样本集是用于训练模型、测试模型或是需要进行分类的样本数据。样本集应该按照不同特征进行分类，不同类型的样本应该使用不同的指标体系进行评价。每个样本包含指标集中设定指标的数据。对于每个类别内部，也应该分为几个组进行管理，将较好的样本集中起来，将不好的样本淘汰出去，可以积累典型、有效的历史数据，提高系统的有效性。样本集管理功能包括：

（1）添加类型：添加新的样本类型到系统中。样本集的类型是按照样本的特征对样本进行的分类，不同特征的样本使用的指标体系不同。

（2）删除类型：将类型从系统中删除，删除类型时对应的指标体系和样本集都应该删除。

（3）修改类型：可以修改类型的属性（主要是名称）。

（4）添加样本分组：添加新的分组到一个类型的样本中。为方便样本管理，可以将同一类型的样本分到不同的组中，组实际上只在显示时起到作用，便于管理。

（5）删除样本分组：删除一个样本组，可以选择删除组内数据，也可以选择保留组内的样本数据，转为直接属于样本类型的样本数据。

（6）修改样本分组：可以修改样本分组的名称。

（7）添加样本：添加新的样本，可以同时输入数据，或直接导入数据。

（8）删除样本：删除样本，同时删除样本的数据。

（9）修改样本：修改样本名称，也可以将样本移到其他组。

（10）修改样本数据：可以修改指定样本的指标数据。

3）评语集管理

评语集是贷款分类的分类结果，例如，每个贷款类别都是一个评语。系统中的评语集与最后贷款分类类别并不一定完全相同，风险管理人员可以通过评价分类结果对评语集进行调整，将分布密集的几个评语合为一个，或是将分布离散的评语分成更多类别。评语集管理提供动态管理分类结果的功能。评语集管理的功能包括：

（1）添加评语：添加一个新的评语到系统中。

（2）删除评语：将系统中的原有评语删除。

（3）修改评语：修改评语的名称。

（4）合并评语：将两个评语合成一个评语（可以看作将原有评语删除，建立一个新的评语，而分类为原评语的类别全部改成新评语的类别）。

4）模型配置管理

对于多数模型都需要进行参数配置，不同的参数对模型的评价效果有很大影响，因此必须能够对模型配置进行修改。考虑到系统中可能添加其他模型，因此，模型的配置应该比较灵活，能够适应添加模型的需要。模型配置应包含以下功能：

（1）模型管理：系统中的模型可以使用模型库的形式保存在数据库中，这样的灵活性最大，但是难度比较高，性能也不一定能满足要求。因此，系统中的模型应该实现为组件。较高级的模型管理功能可以实现将组件动态地"插入"系统中，从而做到在系统中添加、删除模型。如果模型不实现为可插入的组件，则只能固定地编写入系统，这种较低级的模型管理不能提供动态的模型加入功能，要添加新的模型只能通过修改模型部分的源代码实现。如果使用.NET 框架，低级模式向高级模式扩展是比较容易的。模型管理功能包括：

①**添加模型**：将新的模型添加到系统中。对于非组件模式来说，添加的模型只能是已经编写在模型代码中的。

②**删除模型**：将模型从系统中删除。对于非组件模式来说，删除并没有将模型实际删除，只是不可用而已。

（2）配置管理：对于每个模型，需要提供数个参数项，一种方法是为每个模型的参数建立数据库表，用于保存参数，另一种方法是通过配置管理将所有参数保存在一起。配置管理的主要功能包括：

①**参数重置**：由于某个模型需要使用的参数集一般是固定的，因此，可以手动添加的参数如果不在参数集中，是没有意义的。而如果删除了某个参数或添加的参数不够，则模型又无法运行。因此，模型的参数集配置不需要添加、删除参数的功能，而应该由模型说明自己需要哪些参数。参数重置功能就是模型为自己建立需要的参数集的功能。

②**修改参数值**：修改模型的参数值。

（3）训练集管理：对于多数模型，都需要选择样本构成训练集，训练集管理就是提供客户为模型选择训练样本的功能。

（4）模型训练：配置好参数并选择好训练样本后，需要对模型进行训练，训练结果可以作为配置参数值保存下来。

5）五级分类

五级分类是系统的核心功能，在设置好参数和训练集以后，可以选择模型对选择的样本进行分类并进行结果评价，分类包括以下功能：

（1）模型选择：可以选择指定模型进行分类。

（2）样本选择：可以选择单独的样本或按组选择样本进行分类。

（3）分类：使用选定的模型对选定样本进行分类，分类后可以显示出按选定的样本的分组显示分类结果，便于对比。

（4）模型评价：可以使用两种评价方式，一是对以前就有分类的样本，显示出模型的分类错误率。二是根据样本的违约概率（对信用评级）或违约损失率（对贷款分类）在不同评语之间的分布对模型进行评价。

（5）结果保存：对于分类结果，可以保存起来。

4. 查询统计模块

主要包括对贷款信息、客户信息、分类信息等数据库的原始数据、中间数据以及分类结果数据的查询、统计分析，以便用户能够从系统中获得他需要的信息以供决策支持。

5. 系统维护模块

主要包括系统的数据字典维护、数据备份&恢复、用户管理、权限管理等。

6. 帮助模块

帮助模块包括参考资料和版本信息，参考资料包括帮助文件、系统功能、系统使用步骤等内容。

11.2.3　应用架构设计

整个系统的应用体系的结构设计为三个层面，即表现层、业务层和数据层。表现层是与用户交互的层面，它包括 Windows 用户界面的设计；业务层服务于系统业务的开发和处理，本系统采用微软公司的企业级开发工具.NET；数据层主要服务于系统的数据和文件的管理，采用 Microsoft 公司的 SQL Server 2010 作为存储和管理数据库的引擎。

11.2.4　运行环境设计

系统硬件配置：系统可在单机上运行，PIV1.2GB，40GB 以上硬盘，128MB 以上内存。

软件配置：软件已经编译过，在 Windows 7 以上操作系统下可以直接运行。

11.2.5　数据库设计

数据库系统作为信息系统的核心，要保证全系统的正常运行，就必须对整个系统复杂多样的数据实施有效的管理，满足各功能模块对数据所提出的准确、可靠、完整、共享以及使用方面的要求。设计系统的数据库结构和文件组织就是要根据文件的不同用途、使用要求、数据量、技术水平等方面的条件，决定文件的结构、类别、载体、组织方式，文件的维护和保密级别等一系列要素。数据库设计包括需求分析、概念设计、逻辑设计和物理设计四个步骤，如图 11-3 所示。

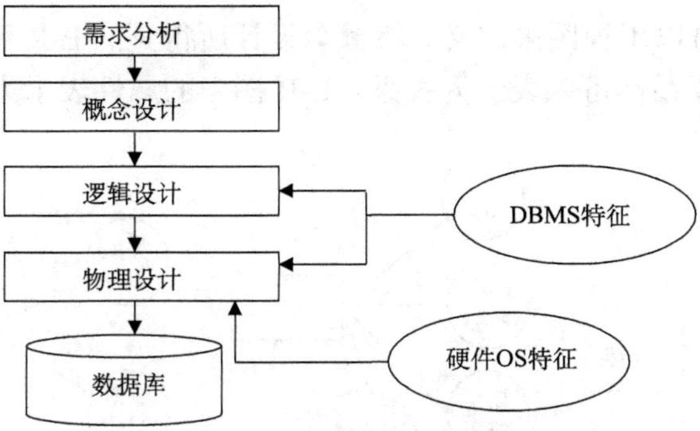

图 11-3　数据库设计过程

（1）需求分析阶段：该阶段是数据库设计中最为重要的一个阶段，其主要任务是确定系统目标，了解用户对系统的总体要求，深入分析现行业务流程和用户的需求，为后续工作打下良好的基础。

（2）概念设计阶段：在详细调查和分析数据与功能需求的基础上对客观世界的抽象，它独立于数据库的逻辑结构，也独立于具体的数据库操作系统。概念模型是对实际应用对象的形象而具体的描述。

（3）逻辑设计阶段：将数据库的概念结构转换成特定数据库管理系统能够处理的数据模型，这一数据模型是经过规范化处理的，去掉了大部分的冗余数据，大部分数据结构以第三范式的形式存在。

（4）物理设计阶段：此阶段是为逻辑结构设计所得到的逻辑数据模型选择一个最适合应用的物理结构。包括确定数据的存储结构、选择存取路径、确定数据存放的位置、确定存储分配等内容。

1. 数据库概念设计

进行数据库的概念设计，必须选择适当的数据模型。层次模型、网状模型和关系模型各有其优缺点，但是关系模型的使用最为广泛，因此本系统采用关系模型，主要采用 E-R 图模型描述本系统的概念模型。由于整个系统的 E-R 图较为复杂，为节省篇幅，本章列出分类管理模块中的 E-R 图如图 11-4 和图 11-5 所示。

2. 数据库逻辑设计

数据库逻辑设计阶段的主要任务，是将概念数据模型转换为与数据库管理系统（database management system，DBMS）有关的逻辑数据模型。同时，进一步解决数据模式设计中的一些问题，如数据模式的规范化、满足 DBMS 的各种限制和约束等。最终的结果将以数据定义语言（data definition language，DDL）来表达，而外模式则可以用视图来定义。将概念设计所得到的E-R图转换为等价的关系模型，实体和联系都可以表示为关系，E-R图中的属性表示为关系的属性。

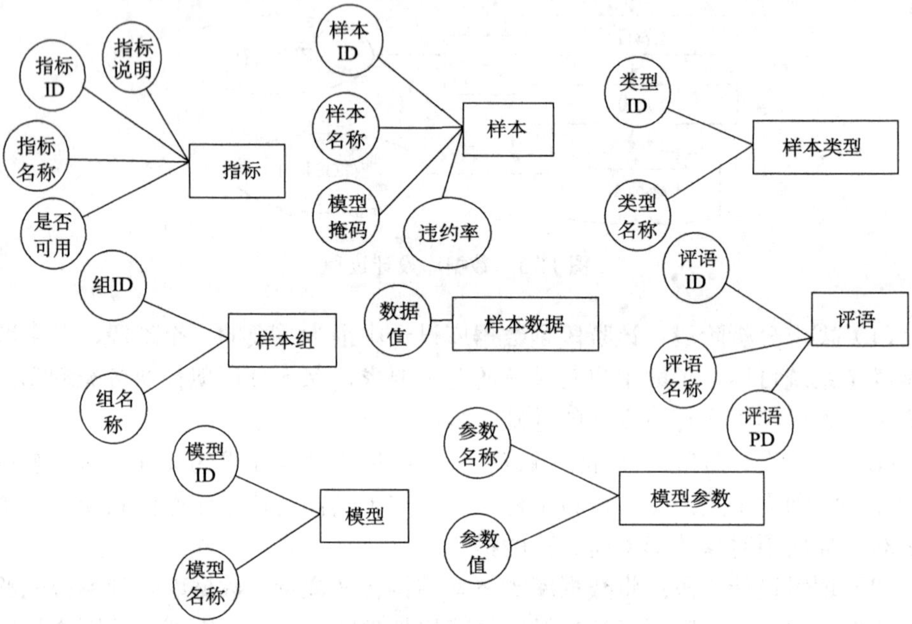

图11-4　分类模型的E-R图

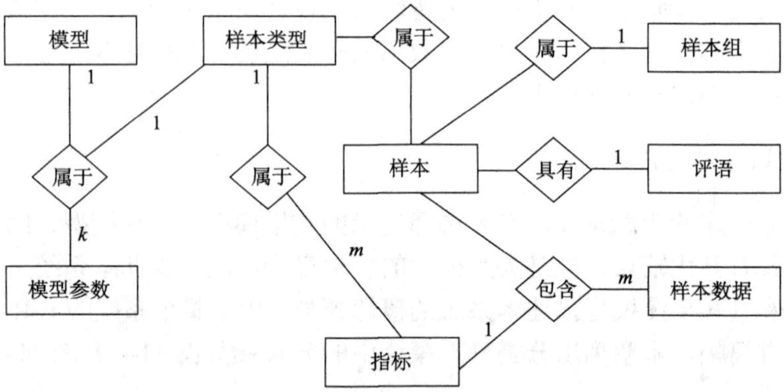

图11-5　分类模型的总体E-R图

以图11-5所示的E-R图为例，通过逻辑设计可形成如下的数据字典（表11-1）和相应数据库表（表11-2～表11-9）。

表 11-1　五级分类模块数据字典

1．指标	2．样本	3．样本类型	4．样本组
1）名称：指标 ID 字段名称：IndexID 数据类型：长整型 2）名称：指标名称 字段名称：IndexName 数据类型：字符串型 3）名称：是否可用 字段名称：Enable 数据类型：逻辑型 4）名称：指标说明 字段名称：IndexDes 数据类型：字符串型	1）名称：样本 ID 字段名称：SampleID 数据类型：长整型 2）名称：样本名称 字段名称：SampleName 数据类型：字符串型 3）名称：模型掩码 字段名称：ModalMask 数据类型：长整型 4）名称：违约概率 字段名称：PDorLGD 数据类型：双精度型	1）名称：类型 ID 字段名称：TypeID 数据类型：长整型 2）名称：类型名称 字段名称：TypeName 数据类型：字符串型	1）名称：组 ID 字段名称：GroupID 数据类型：长整型 2）名称：组名称 字段名称：GroupName 数据类型：字符串型
5．样本数据	6．评语	7．模型	8．模型参数
1）名称：数据值 字段名称：DValue 数据类型：双精度型	1）名称：评语 ID 字段名称：RatingID 数据类型：长整型 2）名称：评语名称 字段名称：RatingName 数据类型：字符串型 3）名称：评语 PD 字段名称：AVGPDorLGD 数据类型：双精度型	1）名称：模型 ID 字段名称：ModalID 数据类型：长整型 2）名称：模型名称 字段名称：ModalName 数据类型：字符串型	1）名称：参数名称 字段名称：ParaName 数据类型：字符串型 2）名称：参数值 字段名称：ParaValue 数据类型：双精度型

表 11-2　指标表（表名：Table_Index）

字段名称	数据类型	键	说明
IndexID	长整型	主键	自动生成
IndexName	字符串型		
Enable	逻辑型		
IndexDes	字符串型		
TypeID	长整型	外键	

表 11-3　样本表（表名：Table_Sample）

字段名称	数据类型	键	说明
SampleID	长整型	主键	自动生成
SampleName	字符串型		

续表

字段名称	数据类型	键	说明
ModalMask	长整型		默认值为0
PDorLGD	双精度型		
TypeID	长整型	外键	
GroupID	长整型	外键	
RatingID	长整型	外键	默认值为0

表 11-4　样本类型表（表名：Table_Type）

字段名称	数据类型	键	说明
TypeID	长整型	主键	自动生成
TypeName	字符串型		

表 11-5　样本组表（表名：Table_Group）

字段名称	数据类型	键	说明
GroupID	长整型	主键	自动生成
GroupName	字符串型		

表 11-6　样本数据表（表名：Table_SampleValue）

字段名称	数据类型	键	说明
IndexID	长整型	主键	
SampleID	长整型	外键	
DValue	双精度型		

表 11-7　评语表（表名：Table_Rating）

字段名称	数据类型	键	说明
RatingID	长整型	主键	自动生成
RatingName	字符串型		
AVGPDorLGD	双精度型		

表 11-8　模型表（表名：Table_Model）

字段名称	数据类型	键	说明
ModalID	长整型	主键	自动生成
ModalName	字符串型		

表 11-9　模型参数表（表名：Table_ModelPara）

字段名称	字段类型	键	说明
ParaID	长整型	主键	自动生成
TypeID	长整型	外键	
ModalID	长整型	外键	
ParaName	字符串型		
ParaValue	双精度型		

3. 数据库物理设计

对于一个给定的逻辑数据模型，选取一个最适合应用环境的物理结构的过程，称为数据库的物理设计。所谓物理设计主要是指数据库在物理设备上的存储结构和存取方法。如果说数据库的逻辑结构、逻辑设计是面向现实世界、面向用户的话，那么数据库的物理设计则是面向计算机世界的。数据库的物理设计的主要内容包括：①分区设计：就是要把数据库分解为更小、更易管理的数据段。数据库数据一般分布在大容量磁盘或者磁盘阵列上，如何设计分布策略是分区设计所要研究的关键。②簇集设计：簇集是某些表或某个表的公共列，因为在公共列中具有相同值的所有行在数据库中是存储在一起的，所以簇集可以减少存储表所需要的时间和空间。由于簇集的表在 SQL 语句中经常进行 JOIN 操作，所以，多簇集表可以改进连接性能。对于单表簇集也能减少访问磁盘的次数。③索引设计：关系型数据库中索引对查询的影响是巨大的，建立索引数量、索引类型、被索引列的选择等均是索引设计要考虑的问题。索引一方面能够帮助查询代码更快地找到满足条件的行，避免大关系上的表扫描；另一方面，索引影响 INSERT、UPDATE 等操作的效率，DBMS 将付出一定的代价来维护索引。因此在本项目的物理设计中必须充分考虑数据库的存储空间、存取时间、维护代价等因素。

11.3　系 统 实 现

在程序设计时，主要根据编程工具.NET 的特点，进行合理的界面设计，利用面向对象技术与.NET 控件。在用.NET 编程时，尽量采用顺序结构、分支结构和循环结构，这样程序的模块化结构比较好，易于理解和维护。

11.3.1　面向对象模型

20 世纪 80 年代末以来，随着面向对象技术成为研究热点，出现了几十种支持软件开发的面向对象方法。.NET 支持面向对象的编程方法。面向对象方法支持三种基本的活动：识别对象和类，描述对象和类之间的关系，以及通过描述每个类的功能定义对象的行为。

当重要的对象被发现后，可以通过一组互相关联的模型详细表示类之间的关系和对象的行为，这些模型从四个不同的侧面表示了软件的体系结构：静态逻辑、动态逻辑、静态物理和动态物理。静态逻辑模型描述实例化（类成员关系）、关联、聚集（整体/部分）和一般化（继承）等关系，这被称为对象模型。一般化关系表示属性和方法的继承关系。定义对象模型的图形符号体系通常是从用于数据建模的实体关系图中导出的。对设计十分重要的约束，如基数（一对一、一对多、多对多），也在对象模型中表示。

在开发农村信用社贷款分类系统时，利用面向对象的技术，合理地利用类，给程序的代码编写工作带来很多好处，例如，不易出错，方便控件的使用。以下为贷款分类基础系统和模型库的类设计。

11.3.2　对象模型类设计

根据面向对象模型设计的基本原理，结合贷款分类业务需求，分别设计一般类，如表 11-10～表 11-27 所示。由此构成系统程序设计的基础。

1. 一般类设计

表 11-10　基类设计

<table>
<tr><th>数据类型 ERowState</th><th>说明</th></tr>
<tr><td>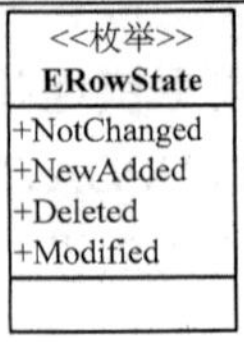
</td><td>ERowState 类型表示一个数据行的更新状态。
NotChanged 表示未做改变
NewAdded 表示是新插入的行
Deleted 表示该行已被删除
Modified 表示该行做了修改
数据行处于不同状态，在保存到数据库时需要调用不同的 SQL 语句</td></tr>
<tr><th>基类 CBasicRow</th><th>说明</th></tr>
<tr><td>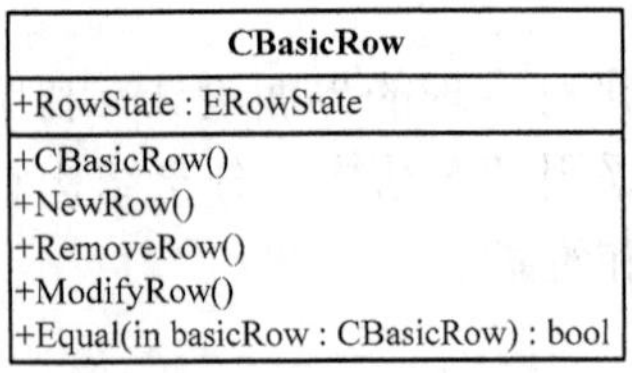
</td><td>CBasicRow 表示由数据表中的一行所生成的对象，该类的基本职责是记录数据行的基本状态，以便行集对象根据这些状态为数据行生成 SQL 语句永久化到数据库中。
只读属性 RowState：表示行的更新状态
构造方法：将 RowState 设置为 NotChanged
NewRow 方法：将 RowState 设置为 NewAdded
RemoveRow 方法：将 RowState 设置为 Deleted
ModifyRow 方法：将 RowState 设置为 Modified
虚方法 Equal：判断参数中的行对象是否与自己相同</td></tr>
</table>

续表

基类 CBasicRowSet	说明
CBasicRowSet +Items : CBasicRow #DeletedItems : CBasicRow +CBasicRowSet() +Add(in basicRow : CBasicRow) +Remove(in basicRow : CBasicRow) +Save()	CBasicRowSet 表示由 SQL 语句生成的一个行集，该类的基本职责是作为数个数据行的容器，负责数据行的添加、删除，并把数据行的更改提交到数据库中。 只读属性 Items：是包含若干个 CBasicRow 类型对象列表 只读保护属性 DeletedItems：包含被删除的行的列表 构造方法：创建 Items 和 DeletedItems 列表对象 Add 方法：将新行加入 Items 中，调用 NewRow 方法 Remove 方法：将非 NewAdded 状态行移到 DeletedItems 列表并调用 RemoveRow，对 NewAdded 状态行直接删除 虚方法 Save：根据每个行的 RowState 属性分别生成 SQL 语句，保存到数据库中

表 11-11　指标类设计

CIndex 类：派生自 CBasicRow 类	说明
CIndex +IndexID : int +TypeID : int +IndexName : string +Enabled : bool +CIndex(in indexName : string, in enabled : bool) +CIndex(in indexName : string, in enabled : bool, in indexID : int, in tpyeID : int) +Equal(in basicRow : CBasicRow) : bool +GetIndexByID(in indexID : int) : CIndex	CIndex 类表示 Table_Index 中一行将数据关系转换为对象关系，该类的基本职责是表示系统中的一个“指标”，维护“指标”的临时状态。该类还需要返回指定的指标，为 CSampleValue 类提供协作。 只读属性 IndexID：指标 ID，对于新建对象为 0 只读属性 TypeID：类型 ID 属性 IndexName：指标名称，修改时调用 ModifyRow 属性 Enabled：是否可用，修改时调用 ModifyRow 构造方法 1：创建新的 CIndex 对象给属性赋值，并调用 NewRow 构造方法 2：创建新的 CIndex 对象给属性赋值 重载方法 Equal：判断两个 CIndex 对象是否相同，即 IndexID 和 TypeID 相同 类方法 GetIndexByID，根据指标 ID 创建 CIndex 对象
CIndexs 类：派生自 CBasicRowSet 类	**说明**
CIndexs +Save() +GetIndexsByTypeID(in typeID : int) : CIndex	CIndexs 类是 CIndex 类的集合类，负责行集的获取和保存，该类的基本职责是作为 CIndex 对象的容器，提供 CIndex 对象永久化到数据库的方法。该类还需要返回指定类型的 CIndexs 对象，为 CType 类提供协作。 重载基类方法 Save：将行集保存到数据库 类方法 GetIndexsByTypeID：根据类型检索生成 CIndexs 对象

表 11-12　类型类设计

CType 类：派生自 CBasicRow 类	说明
CType +TypeID : int +TypeName : string +Indexs : CIndexs +Groups : CGroup +CType(in typeName : string) +CType(in typeID : int, in typeName : string) +Equal(in basicRow : CBasicRow) : bool -GetTypeIndexs() : CIndexs -GetTypeGroups() : CGroups	CType 类表示 Table_Type 中的一行将数据关系转换为对象关系，该类的基本职责是表示系统中的一个“类型”，维护“类型”的临时状态。 只读属性 TypeID：类型 ID，对于新建对象为 0 属性 TypeName：类型名称，修改时调用 ModifyRow 属性 Indexs：类型包含的指标集合 属性 Groups：类型包含的分组集合 构造方法 1：创建新的 CType 对象给属性赋值，并调用 NewRow 构造方法 2：创建新的 CType 对象给属性赋值 重载方法 Equal：判断两个 CType 对象是否相同，即 TypeID 是否相同 私有方法 GetTypeIndexs，获取类型包含的指标集合，用于初始化 Indexs 属性 私有方法 GetTypeGroups，获取类型包含的组集合，用于初始化 Groups 属性
CTypes 类：派生自 CBasicRowSet 类	**说明**
CTypes +Save() +GetAllTypes() : CTypes	CTypes 类是 CType 类的集合类，负责行集的获取和保存，该类的主要职责是作为数个 CType 对象的容器，提供 CType 对象永久化到数据库的方法。该类还需要返回系统中所有类型，作为客户获得系统中类型的接口。 重载方法 Save：将行集保存到数据库 类方法 GetAllTypes：获取系统中所有的类别，生成 CTypes 对象

表 11-13　分组类设计

CGroup 类：派生自 CBasicRow 类	说明
CGroup +GroupID : int +GroupName : string +Samples : CSamples +CGroup(in groupName : string) +CGroup(in groupID : int, in groupName : string) +Equal(in basicRow : CBasicRow) : bool -GetGroupSamples() : CSamples	CGroup 类表示 Table_Group 中的一行将数据关系转换为对象关系，该类的基本职责是表示系统中的一个“组”，维护“组”的临时状态。 只读属性 GroupID：组 ID，对于新建对象为 0 属性 GroupName：组名称，修改时调用 ModifyRow 属性 Samples：类型包含的样本集合 构造方法 1：创建新的 CGroup 对象给属性赋值并调用 NewRow 构造方法 2：创建新的 CGroup 对象给属性赋值 重载方法 Equal：判断两个 CGroup 对象是否相同，即 GroupID 是否相同 私有方法 GetGroupSamples，获取组包含的样本集合，用于初始化 Samples 属性

续表

CGroups 类：派生自 CBasicRowSet 类	说明
CGroups +Save() +GetGroupsByTypeID(in typeID : int) : CGroups	CGroups 类是 CGroup 类的集合类，负责行集的获取和保存，该类的主要职责是作为数个 CGroup 对象的容器，提供 CGroup 对象永久化到数据库的方法。该类还需要返回指定类型的分组对象，为 CType 类提供协作。 重载方法 Save：将行集保存到数据库 类方法 GetGroupsByTypeID：根据类型检索生成 CGroups 对象

表 11-14　样本类设计

CSample 类：派生自 CBasicRow 类	说明
CSample +SampleID : int +RatingID : int +TypeID : int +GroupID : int +SampleName : string +PDorLGD : double +ModalMask : int +Rating : CRating +SampleValues : CSampleValues +CSample(in sampleName : string) +CSample(in sampleID : int, in sampleName : string, in typeID : int, in groupID : int, in ratingID : int, in modalMask : int) +Equal(in basicRow : CBasicRow) : bool +MoveToGroup(in group : CGroup) +AddToTrainSet(in modal : CModal) +RemoveFromTrainSet(in sample : CSample) -GetSampleValues() : CSampleValues	CSample 类表示 Table_Sample 中的一行将数据关系转换为对象关系，该类的基本职责是表示系统中的一个“样本”，维护“样本”的临时状态。该类还需要可以更改样本组，将样本加入模型的训练集中或移出。 只读属性 SampleID：样本 ID，对于新建对象为 0 只读属性 RatingID：评语 ID，对于新建对象为 0 只读属性 TypeID：类型 ID，对于新建对象为 0 只读属性 GroupID：组 ID，对于新建对象为 0 属性 SampleName：样本名称，修改时调用 ModifyRow 属性 PDorLGD：违约概率或违约损失率，用于评价分类结果，修改时调用 ModifyRow 只读属性 ModalMask：模型掩码 属性 Rating：样本对应的评语对象 属性 SampleValues：样本包含的样本数据集合 构造方法 1：创建新的 CSample 对象给属性赋值并调用 NewRow 构造方法 2：创建新的 CSample 对象给属性赋值 重载方法 Equal：判断两个 CSample 对象是否相同，即 SampleID 是否相同 方法 MoveToGroup：改变样本所属的组 方法 AddToTrainSet：将样本加入模型的训练样本集，实际只是修改 ModalMask 属性，并调用 ModifyRow 方法 RemoveFromTrainSet：将样本移出模型的训练样本集，实际只是修改 ModalMask 属性，并调用 ModifyRow 私有方法 GetSampleValues：获取组包含的样本数据集合，用于初始化 SampleValues 属性

续表

CSamples 类：派生自 CBasicRowSet 类	说明
CSamples +Save() +GetSamplesByTypeID() : CSamples +GetSamplesByModal(in modal : CModal) : CModals	CSamples 类是 CSample 类的集合类，负责行集的获取和保存，该类主要职责是作为数个 CSample 对象容器，提供 CSample 对象永久化到数据库的方法。该类需要返回指定类型或模型的样本对象。 重载基类方法 Save：将行集保存到数据库 类方法 GetSamplesByTypeID：根据类型检索生成 CSamples 对象 类方法 GetSamplesByModal：根据模型检索生成 CModals 对象

表 11-15　样本数据类设计

CSampleValue 类：派生自 CBasicRow 类	说明
CSampleValue -SampleID : int -IndexID : int +DValue : double +Index : CIndex +CSampleValue(in sampleID : int, in indexID : int, in dValue : double) +Equal(in basicRow : CBasicRow)	CSampleValue 类表示 Table_SampleValue 中的一行将数据关系转换为对象关系，该类的基本职责是表示系统中的一个“样本数据”，维护“样本数据”的临时状态。 只读属性 SampleID：样本 ID 只读属性 IndexID：指标 ID 属性 DValue：样本数据值，修改时调用 ModifyRow 属性 Index：样本数据对应的指标 构造方法：创建新的 CType 对象给属性赋值 重载方法 Equal：判断两个 CSampleValue 对象是否相同，即 SampleID 和 IndexID 是否相同
CSampleValues 类：派生 CBasicRowSet 类	**说明**
CSampleValues +Save() +GetSampleValuesBySampleID(in sampleID : int)	CSampleValues 类是 CSampleValue 类的集合类，负责行集的获取和保存，该类的主要职责是作为数个 CSampleValue 对象的容器，提供 CSampleValue 对象永久化到数据库的方法。该类还需要返回指定样本的样本数据，为 CSampleValue 类提供协作。 重载基类方法 Save：将行集保存到数据库 类方法 GetSampleValuesBySampleID：根据样本检索样本数据生成 CSampleValues 对象

表 11-16　评语类设计

CRating 类：派生自 CBasicRow 类	说明
CRating +RatingID : int +RatingName : string +AVGPDorLGD : double +CRating(in ratingName : int) +CRating(in ratingID : int, in ratingName : string) +Equal() : bool +GetRatingByID(in ratingID : int) : CRating	CRating 类表示 Table_Rating 中的一行将数据关系转换为对象关系，该类的基本职责是表示系统中的一个“评语”，维护“评语”的临时状态。该类还需要返回指定的评语对象，为 CSample 类提供协作。 只读属性 RatingID：评语 ID，对于新建对象为 0 属性 RatingName：评语名称，修改时调用 ModifyRow 属性 AVGPDorLGD：平均 PD，修改时调用 ModifyRow 构造方法 1：创建新的 CRating 对象给属性赋值，并调用 NewRow 构造方法 2：创建新的 CRating 对象给属性赋值 重载方法 Equal：判断两个 CRating 对象是否相同，即 RatingID 是否相同 类方法 GetRatingByID：获取指定评语 IDCRating 对象

续表

CRatings 类：派生自 CBasicRowSet 类	说明
CRatings +Save() +GetAllRatings() : CRatings	CRatings 类是 CRating 类的集合类，负责行集的获取和保存，该类的主要职责是作为数个 CRating 对象的容器，提供 CRating 对象永久化到数据库的方法。该类需返回所有评语，作为客户获得系统中评语的接口。 重载基类方法 Save：将行集保存到数据库 类方法 GetAllRatings：检索评语生成 CRatings 对象

表 11-17　模型类设计

CModal 类：派生自 CBasicRow 类	说明
CModal +ModalID : int +ModalName : string +CModal(in modalName : string) +CModal(in modalID : int, in modalName : string) +Equal(in basicRow : CBasicRow) +ConstructParas(in modalType : CType) : CModalParas +GetModalTrainSet(in modalType : CType) : CSamples +ResultDistribute(in samples : CSamples) : CRatings	CModal 类表示 Table_Modal 中的一行将数据关系转换为对象关系，该类的基本职责是表示系统中的一个“模型”，维护“模型”的临时状态。 只读属性 ModalID：模型 ID，对于新建对象为 0 属性 ModalName：模型名称，修改时调用 ModifyRow 构造方法 1：创建新的 CModal 对象给属性赋值，并调用 NewRow 构造方法 2：创建新的 CModal 对象给属性赋值 重载方法 Equal：判断两个 CModal 对象是否相同，即 ModalID 是否相同 虚方法 ConstructParas：由派生类实现，构造参数集 GetModalTrainSet 方法：获取模型训练样本集合 ResultDistribute 方法：计算模型分类结果在每个评语的平均 PD 分布
CModals 类：派生自 CBasicRowSet 类	**说明**
CModals +Save() +GetAllModals() : CModals	CModals 类是 CModal 类的集合类，负责行集的获取和保存，该类的主要职责是作为数个 CModal 对象的容器，提供 CModal 对象永久化到数据库的方法。该类还需要返回系统中所有模型，作为客户获得系统中模型的接口。 重载基类方法 Save：将行集保存到数据库 类方法 GetAllModals：检索模型生成 CModals 对象

表 11-18　模型参数类设计

CModalPara 类：派生自 CBasicRow 类	说明
CModalPara +ParaID : int +TypeID : int +ModalID : int +ParaName : string +ParaValue : double +CModalPara(in ModalID : int, in TypeID : int, in ParaName : string, in ParaValue : double) +CModalPara(in ParaID : int, in ModalID : int, in TypeID : int, in ParaName : string, in ParaValue : double) +Equal(in basicRow : CBasicRow)	CModalPara 类表示 Table_ModalPara 中的一行将数据关系转换为对象关系，该类的基本职责是表示系统中的一个“模型参数”，维护“模型参数”的临时状态。 只读属性 ParaID：参数 ID，对于新建对象为 0 只读属性 TypeID：类型 ID 只读属性 ModalID：模型 ID 属性 ParaName：参数名称，修改时调用 ModifyRow 属性 ParaValue：参数值，修改时调用 ModifyRow 构造方法 1：创建新的 CModalPara 对象给属性赋值，并调用 NewRow 构造方法 2：创建新的 CModalPara 对象给属性赋值 重载方法 Equal：判断两个 CModalPara 对象是否相同，即 ParaID 是否相同

续表

CModalParas 类：生自 CBasicRowSet 类	说明
CModalParas +Save() +GetParasByModalType(in modalID : int, in typeID : int)	CModalParas 类是 CModalPara 类的集合类，负责行集获取和保存，该类职责是作为数个 CModalPara 对象容器，提供 CModalPara 对象永久化到数据库的方法。该类还需返回指定模型和类型的模型参数，为 CModal 类提供协作。 重载基类方法 Save：将行集保存到数据库 类方法 GetParasByModalType：检索指定模型和类型的参数集生成 CModalParas 对象

2. 模型类设计

表 11-19　Matrix 类设计

Matrix 类	说明
Matrix +LineCount : int +ColCount : int -a : double +Matrix(in lineCount : int, in colCount : int) +Matrix(in x : Matrix) +Matrix(in dArray : double) +Sum() : Matrix +Line(in lineNo : int) : Matrix +Column(in colNo : int) : Matrix +operator[,](in lineNo : int, in colNo : int) : double +operator+(in m1 : Matrix) : Matrix +operator-(in m1 : Matrix) : Matrix +operator*(in k : double) : Matrix +operator*(in m1 : Matrix) : Matrix +Transpose() : Matrix +Cov() : Matrix +Inverse() : Matrix +EigenValue() : Matrix +VertCat(in m1 : Matrix, in m2 : Matrix) : Matrix	Matrix 类的基本职责是实现矩阵存储及其基本运算 构造方法 1：创建指定行数和列数的矩阵，元素初始化为 0 构造方法 2：创建和参数相同的矩阵 构造方法 3：创建矩阵，使用参数二维数组初始化元素 Sum 方法：矩阵按列求和，得到一个行向量 Line 方法：获得矩阵的指定行 Column 方法：获得矩阵的指定列 operator[，]方法：下标运算，返回指定行、列处的元素 operator+方法：矩阵求和运算，返回两个矩阵的和 operator-方法：矩阵差运算，返回两个矩阵的差 operator*方法：矩阵数乘运算，返回矩阵和数的乘积 operator*方法：矩阵乘运算，返回两个矩阵的乘积 Transpose 方法：返回矩阵转置 Cov 方法：返回矩阵的协方差矩阵 Inverse 方法：返回矩阵的逆 EigenValue 方法：返回矩阵的特征值向量矩阵 类方法 VertCat：将两个矩阵按行连接，构成新矩阵

表 11-20　接口设计

IWeight 接口	说明
IWeight +GetWeights(in modalType : CType) : Matrix	IWeight 接口是权重计算模型的公共基类 GetWeights 方法由派生类重载，获得模型计算出的权重

续表

IClassify 接口	说明
IClassify +Classify(in sampleSet : Matrix) : CRating	IClassify 接口是模式分类模型的公共基类 Classify 方法由派生类重载，对输入样本进行分类

表 11-21　AHP 类设计

CModalAHP 类：派生自 CModal，IWeight	说明
CModalAHP +CModalAHP(in modalName : string) +CModalAHP(in modalID : int, in modalName : string) +ConstructParas(in modalType : CType) : CModalParas +GetWeights(in modalType : CType) : Matrix -GetEstimationMatrix() : Matrix -CalculateWeghts()	CModalAHP 类实现 AHP 模型算法，并负责配置 AHP 模型需要的参数 构造方法 1：根据名称创建模型（如果名称不是“AHP 模型”则出错），并调用 NewRow 构造方法 2：根据名称创建模型（如果名称不是“AHP 模型”则出错） 重载方法 ConstructParas：创建模型所需参数集 重载方法 GetWeights：返回权重 私有方法 GetEstimationMatrix：返回判断矩阵 私有方法 CalculateWeights：计算权重

表 11-22　熵权类设计

CModalEntropy：派生自 CModal、IWeight	说明
CModalEntropy +CModalEntropy(in modalName : string) +CModalEntropy(in modalID : int, in modalName : string) +ConstructParas(in modalType : CType) : CModalParas +GetWeights(in modalType : CType) : Matrix -GetTrainSet(in modalType : CType) : Matrix -CalculateWeights(in modalType : CType) : Matrix	CModalEntropy 类实现熵权模型算法，并负责配置熵权模型需要的参数 构造方法 1：根据名称创建模型（如果名称不是“熵权模型”则出错），并调用 NewRow 构造方法 2：根据名称创建模型（如果名称不是“熵权模型”则出错） 重载方法 ConstructParas：熵权模型没有参数，该方法直接返回空 重载方法 GetWeights：返回权重 私有方法 GetTrainSet：返回训练样本矩阵 私有方法 CalculateWeights：计算权重

表 11-23　距离判别类设计

CModalDADistance 类：派生自 CModal、IClassify	说明
CModalDADistance -muList : double -sigmaList : Matrix +CModalDADistance(in modalName : string) +CModalDADistance(in modalID : int, in modalName : string) +ConstructParas(in modalType : CType) : CModalParas +Classify(in sampleSet : Matrix) : CRating -GetTrainSet(in modalType : CType) : Matrix	CModalDADistance 类实现距离判别模型算法，并负责配置距离判别模型需要的参数 构造方法 1：根据名称创建模型（如果名称不是“距离判别模型”则出错），并调用 NewRow 构造方法 2：根据名称创建模型（如果名称不是“距离判别模型”则出错） 重载方法 ConstructParas：距离判别模型没有参数，该方法计算样本矩阵均值和协方差矩阵 重载方法 Classify：给指定样本分类 私有方法 GetTrainSet：返回训练样本矩阵

表 11-24　Fisher 判别类设计

CModalDAFisher：派生自 CModal、IClassify	说明
CModalDAFisher -pmuList : double -eList : Matrix +CModalDAFisher(in modalName : string) +CModalDAFisher(in modalID : int, in modalName : string) +ConstructParas(in modalType : CType) : CModalParas +Classify(in sampleSet : Matrix) : CRating -GetTrainSet(in modalType : CType) : Matrix	CModalDAFisher 类实现距离判别模型算法，并负责配置距离判别模型需要的参数 构造方法 1：根据名称创建模型（如果名称不是“Fisher 判别模型”则出错），并调用 NewRow 构造方法 2：根据名称创建模型（如果名称不是“Fisher 判别模型”则出错） 重载方法 ConstructParas：Fisher 判别模型没有参数，该方法计算样本矩阵均值和特征向量列表 重载方法 Classify：给指定样本分类 私有方法 GetTrainSet：返回训练样本矩阵

表 11-25　Logistic 判别类设计

CModalDALogistic：派生自 CModal、IClassify	说明
CModalDALogistic +CModalDALogistic(in modalName : string) +CModalDALogistic(in modalID : int, in modalName : string) +ConstructParas(in modalType : CType) : CModalParas +Train(inout modalParas : CModalParas) +Classify(in sampleSet : Matrix) : CRating -GetTrainSet(in modalType : CType) : Matrix	CModalDALogistic 类实现 Logistic 判别模型算法，并负责配置 Logistic 判别模型需要的参数 构造方法 1：根据名称创建模型（如果名称不是“Logistic 判别模型”则出错），并调用 NewRow 构造方法 2：根据名称创建模型（如果名称不是“Logistic 判别模型”则出错） 重载方法 ConstructParas：创建模型所需参数集 重载方法 Classify：给指定样本分类 Train 方法：根据训练集计算参数 私有方法 GetTrainSet：返回训练样本矩阵

表 11-26　BP 神经网络类设计

CModalBPANN：派生自 CModal、IClassify	说明
CModalBPANN +CModalBPANN(in modalName : string) +CModalBPANN(in modalID : int, in modalName : string) +ConstructParas(in modalType : CType) : CModalParas +Train(inout modalParas : CModalParas) +Classify(in sampleSet : Matrix) : CRating -GetTrainSet(in modalType : CType) : Matrix	CModalBPANN 类实现 BP 网络模型算法，并负责配置 BP 网络模型需要的参数 构造方法 1：根据名称创建模型（如果名称不是“BP 神经网络模型”则出错），并调用 NewRow 构造方法 2：根据名称创建模型（如果名称不是“BP 神经网络模型”则出错） 重载方法 ConstructParas：创建模型所需参数集 重载方法 Classify：给指定样本分类 Train 方法：根据训练集计算参数 私有方法 GetTrainSet：返回训练样本矩阵

表 11-27　模糊综合评价类设计

CModalFuzzyComp：派生自 CModal、IClassify	说明
CModalFuzzyComp -weights : Matrix +CModalFuzzyComp(in modalName : string) +CModalFuzzyComp(in modalID : int, in modalName : string) +ConstructParas(in modalType : CType) : CModalParas +SetWeights(in weightModal : IWeight) +Classify(in sampleSet : Matrix) : CRating	CModalFuzzyComp 类实现模糊综合评判模型算法，并负责配置模糊综合评判模型需要的参数 私有属性 weights：保存权重 构造方法 1：根据名称创建模型（如果名称不是“模糊综合评判模型”则出错），并调用 NewRow 构造方法 2：根据名称创建模型（如果名称不是“模糊综合评判模型”则出错） 重载方法 ConstructParas：创建参数列表 重载方法 Classify：给指定样本分类 SetWeights 方法：使用指定模型计算出来的权重初始化 weights 属性

11.3.3　类协作设计

根据面向对象程序设计要求，各类数据库模型和算法模型之间有相互协作调用关系。据此，根据系统功能模块要求，具体设计如下所述。

1. 样本集管理

（1）按类别和分组检索样本协作类设计，具体如图 11-6～图 11-9 所示。

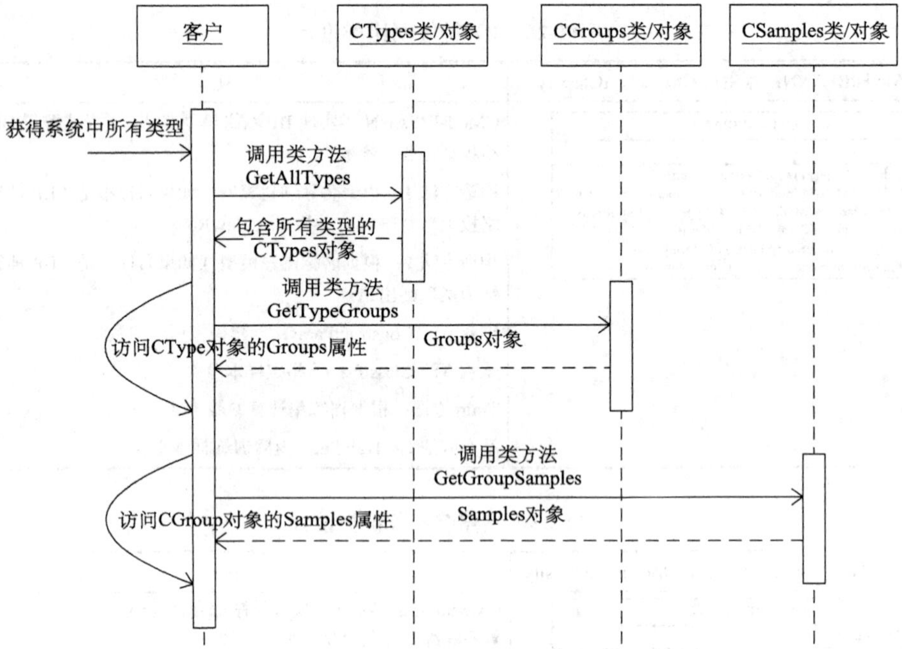

图 11-6　总体协作关系

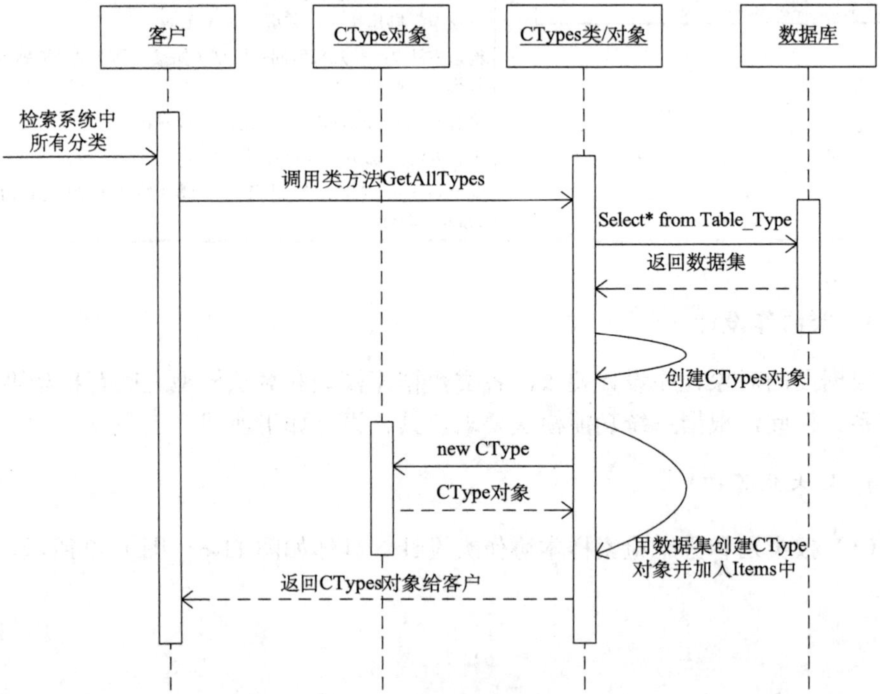

图 11-7　获得所有类型

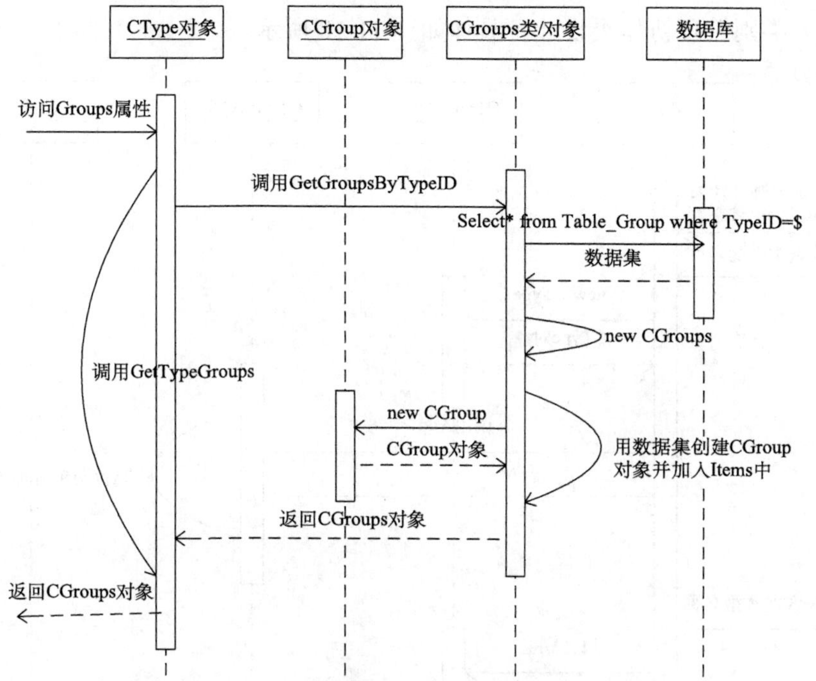

图 11-8　访问 CType 对象的 Groups 属性

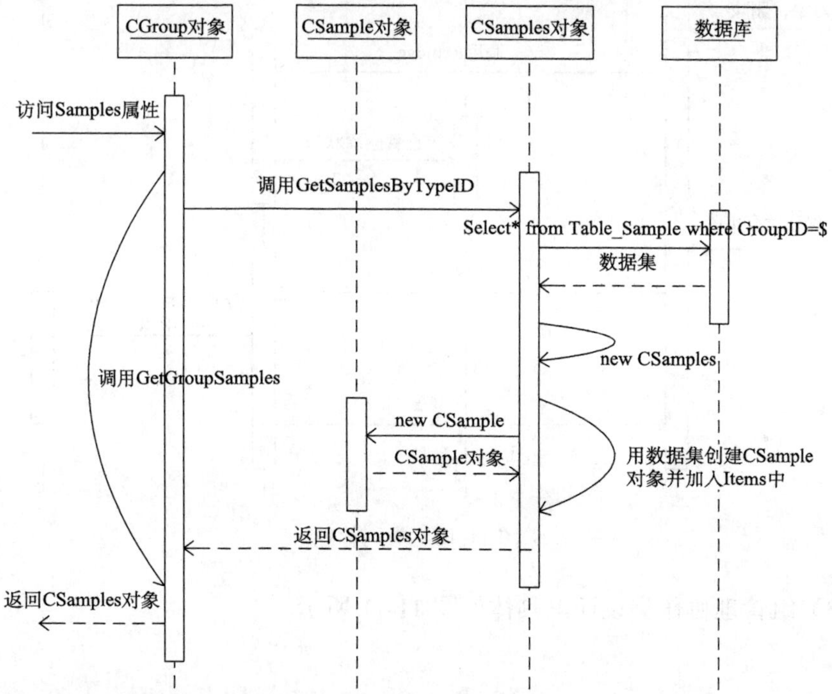

图 11-9　访问 CGroup 对象的 Samples 属性

（2）类别管理协作类设计，具体如图 11-10 所示。

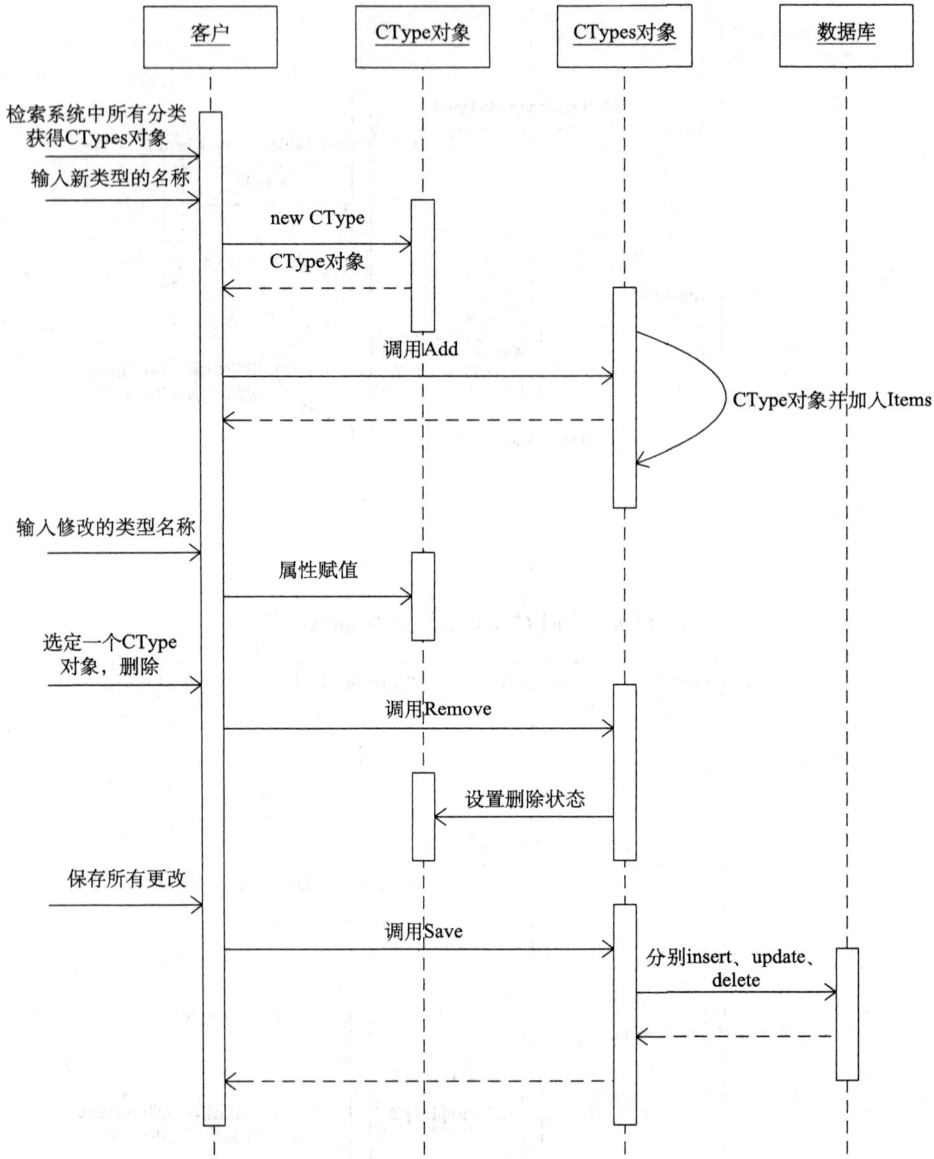

图 11-10　类别管理

（3）组管理协作类设计，具体如图 11-11 所示。

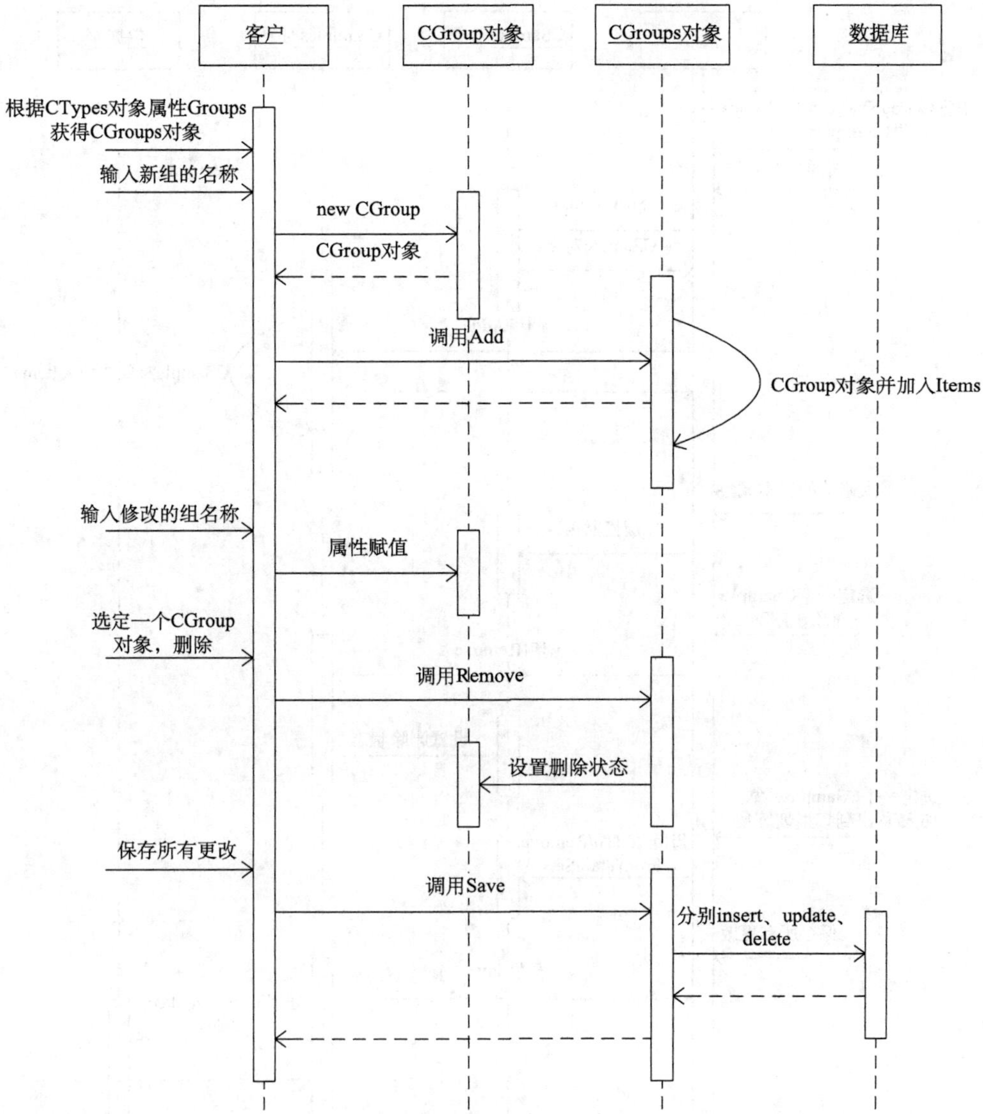

图 11-11　组管理

（4）样本集管理协作类设计，具体如图 11-12 所示。

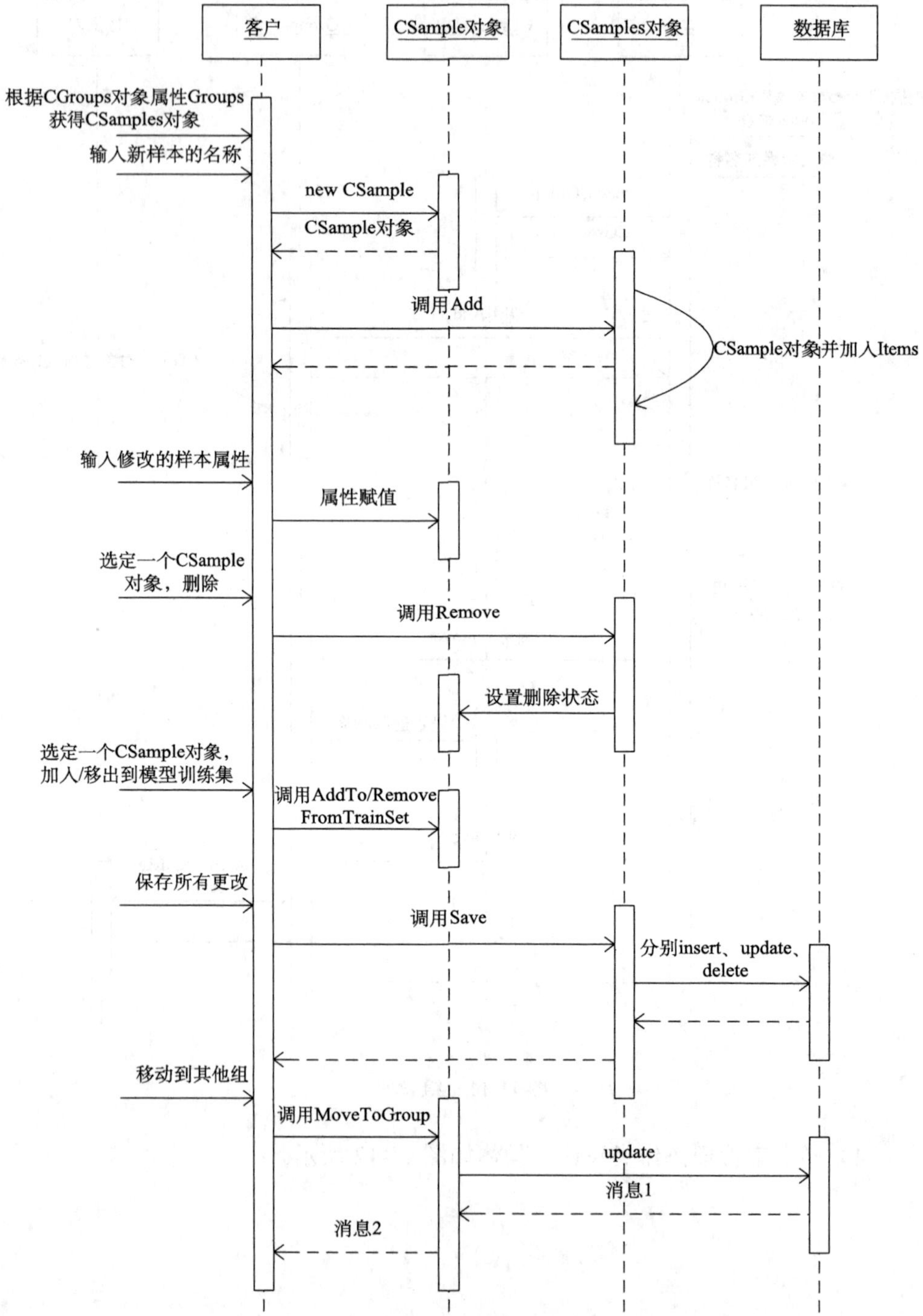

客户
CSample对象
CSamples对象
数据库
根据CGroups对象属性Groups获得CSamples对象
输入新样本的名称
new CSample
CSample对象
调用Add
CSample对象并加入Items
输入修改的样本属性
属性赋值
选定一个CSample对象，删除
调用Remove
设置删除状态
选定一个CSample对象，加入/移出到模型训练集
调用AddTo/RemoveFromTrainSet
保存所有更改
调用Save
分别insert、update、delete
移动到其他组
调用MoveToGroup
update
消息1
消息2

图 11-12　样本集管理

（5）样本评语检索协作类设计，具体如图 11-13 所示。

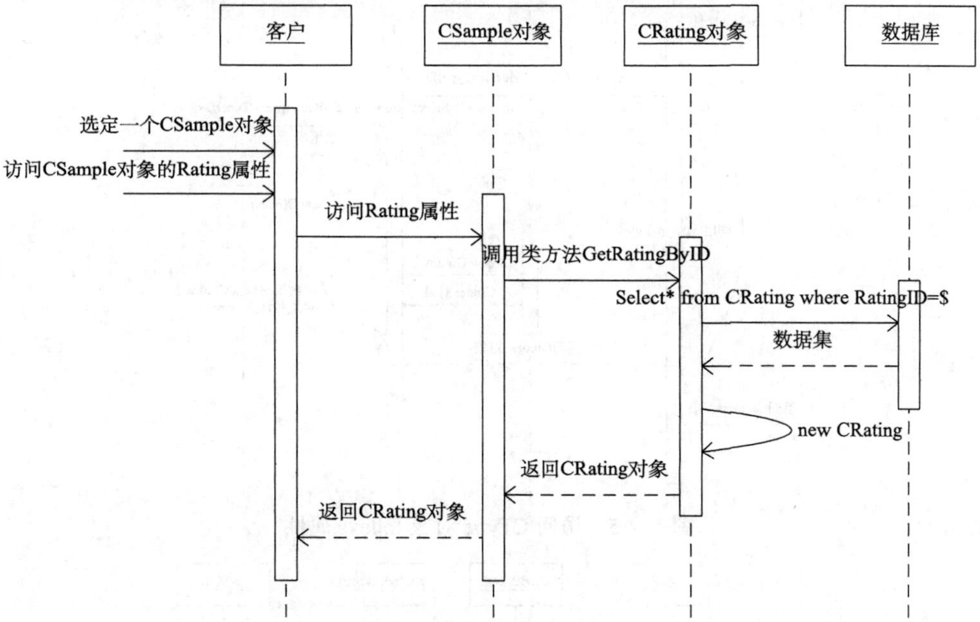

图 11-13　样本评语检索

2. 指标集管理

（1）按分类检索所有指标的协作类设计，具体如图 11-14、图 11-15 所示。

（2）指标集管理的协作类设计如图 11-16 所示。

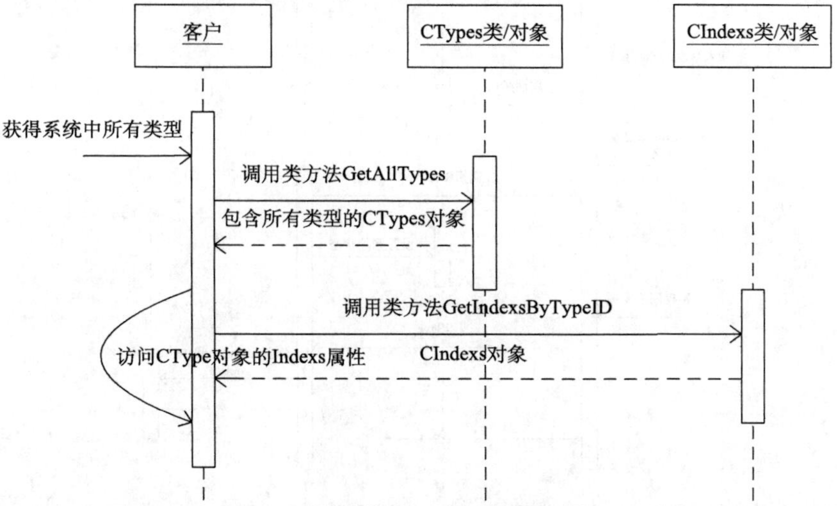

图 11-14　总体协作

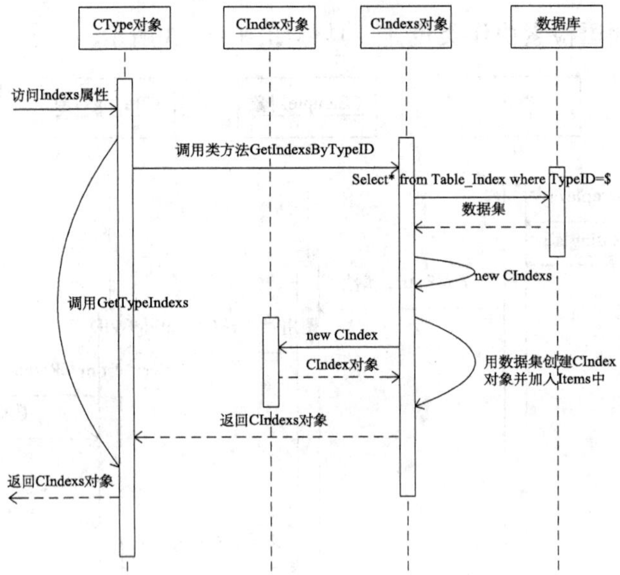

图 11-15　访问 CType 对象 Indexs 属性

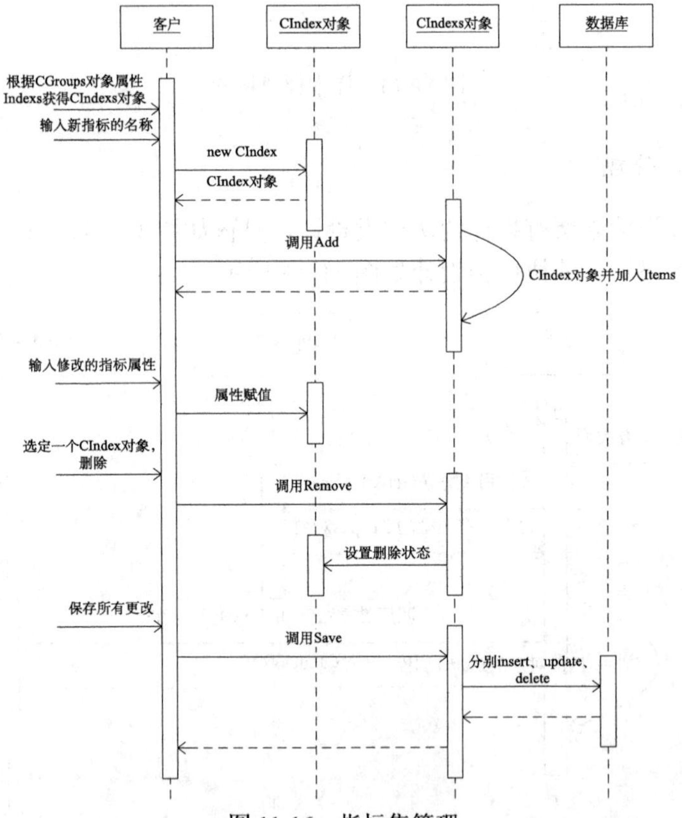

图 11-16　指标集管理

3. 评语集管理

（1）检索所有评语的协作类设计如图 11-17 所示。

（2）评语管理的协作类设计如图 11-18 所示。

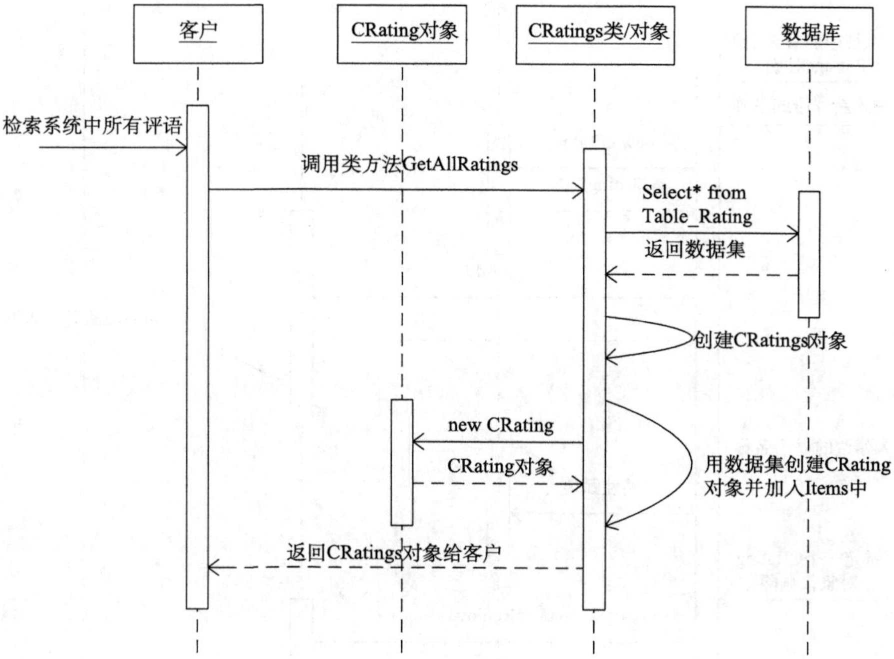

图 11-17　检索所有评语

4. 样本数据管理

（1）样本数据检索的协作类设计如图 11-19 所示。

（2）样本数据管理的协作类设计如图 11-20、图 11-21 所示。

5. 模型管理

（1）模型检索的协作类设计如图 11-22 所示。

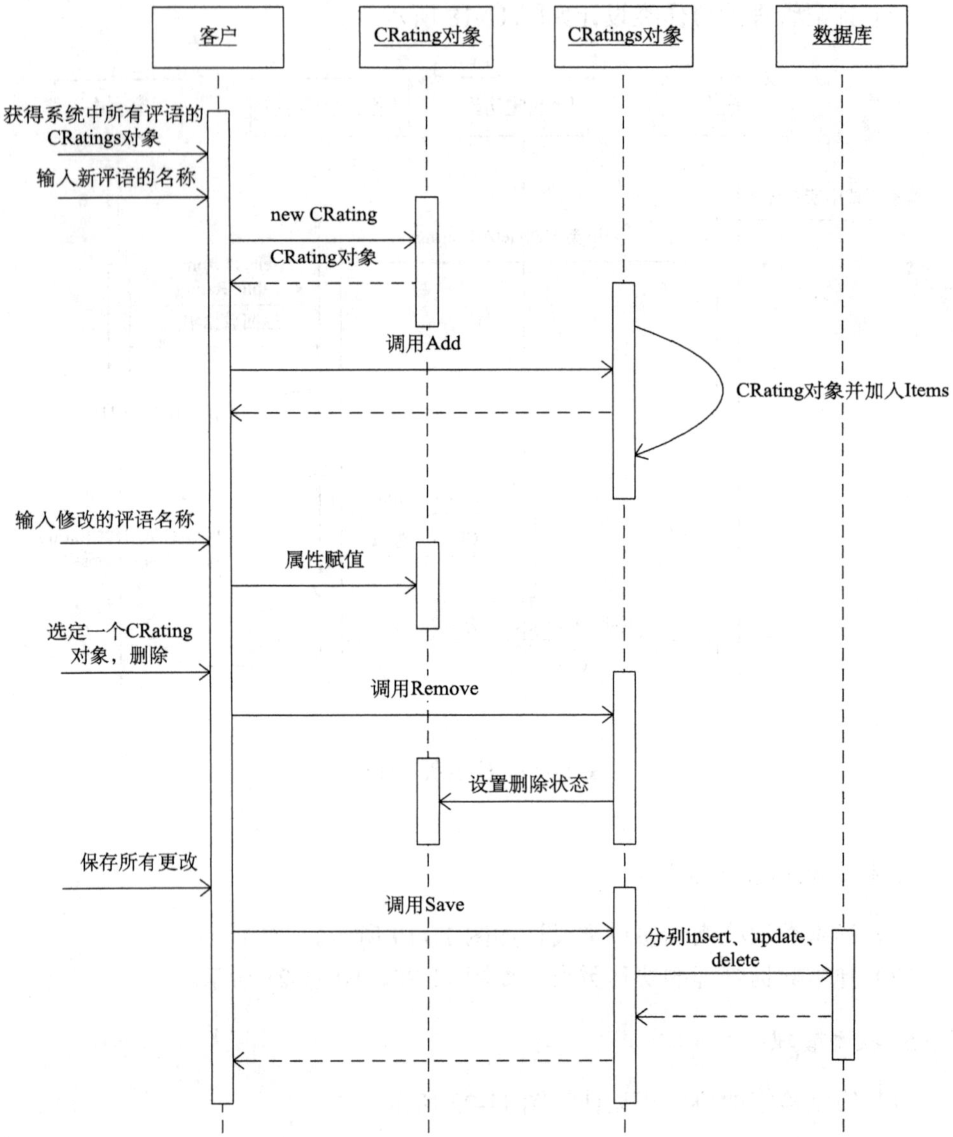

客户
CRating对象
CRatings对象
数据库
获得系统中所有评语的CRatings对象
输入新评语的名称
new CRating
CRating对象
调用Add
CRating对象并加入Items
输入修改的评语名称
属性赋值
选定一个CRating对象，删除
调用Remove
设置删除状态
保存所有更改
调用Save
分别insert、update、delete

图 11-18　评语管理

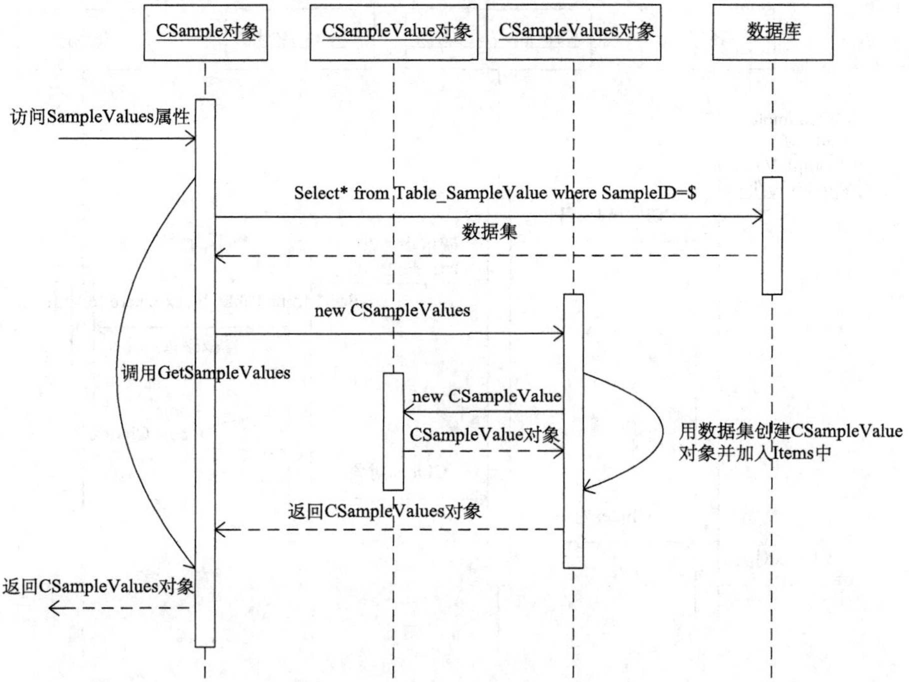

图 11-19　样本数据检索

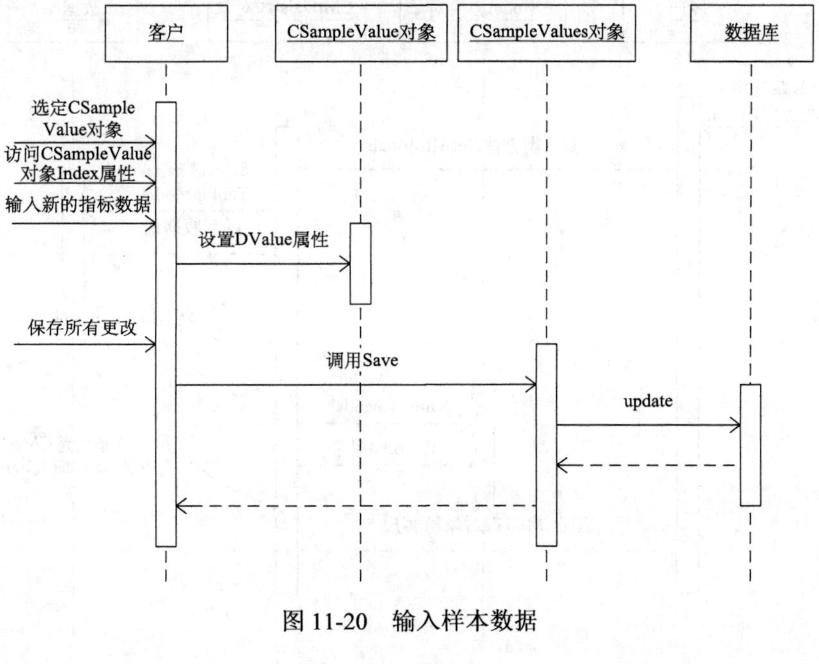

图 11-20　输入样本数据

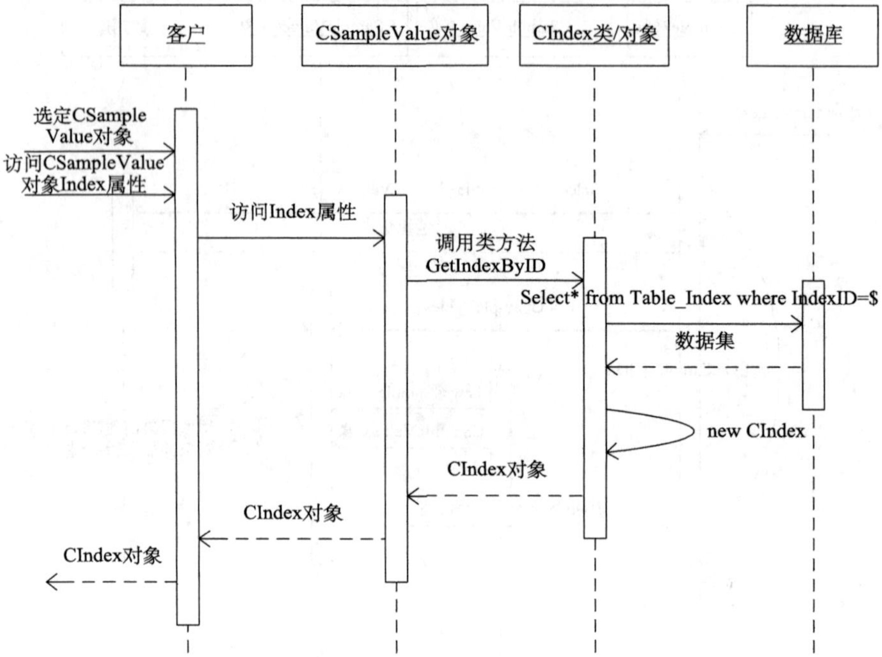

图 11-21　访问 Index 属性

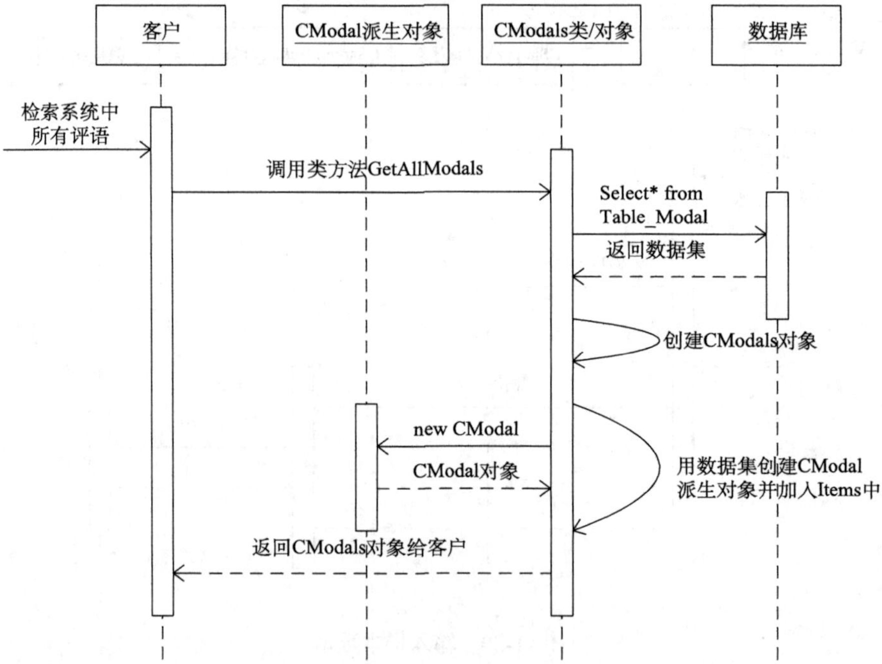

图 11-22　模型检索

（2）模型管理的协作类设计如图 11-23 所示。

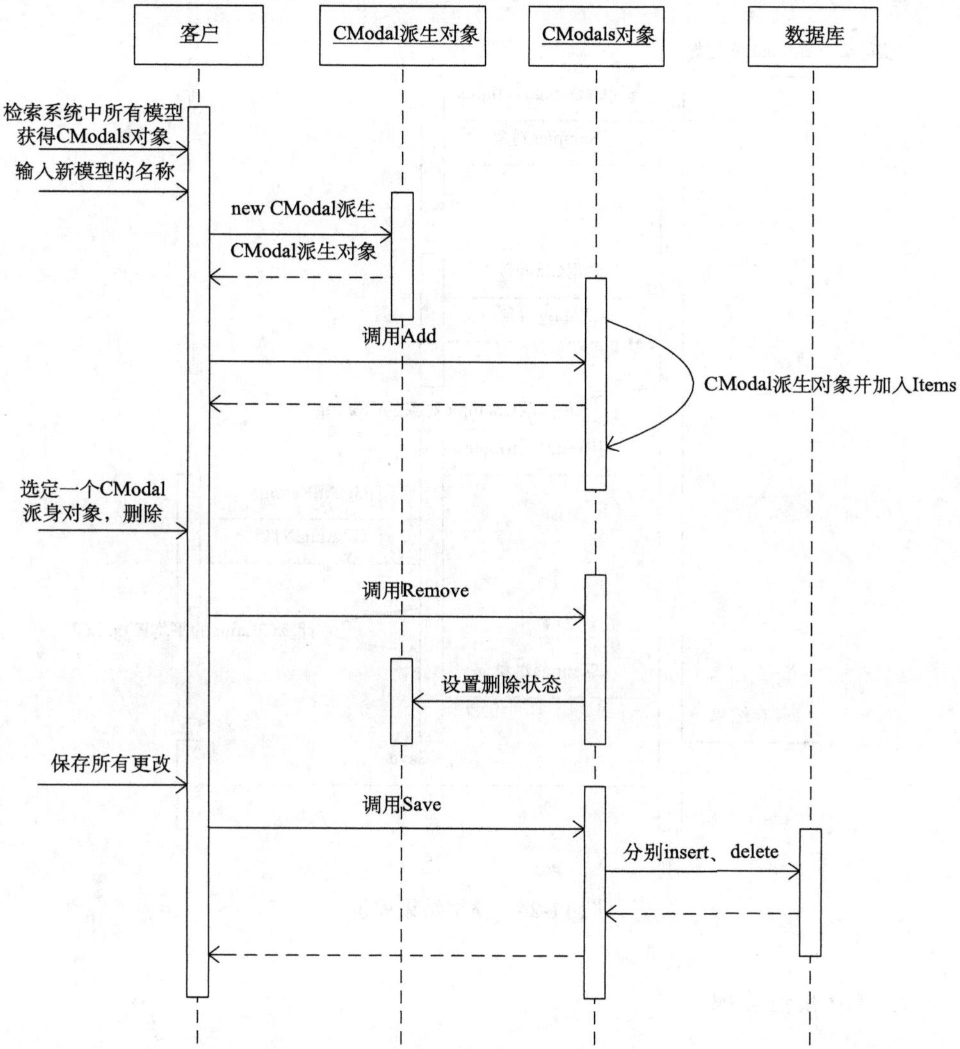

图 11-23　模型管理

（3）模型结果评价的协作类设计如图 11-24 所示。

6. 模型参数管理

参数检索、管理的协作类设计如图 11-25 所示。

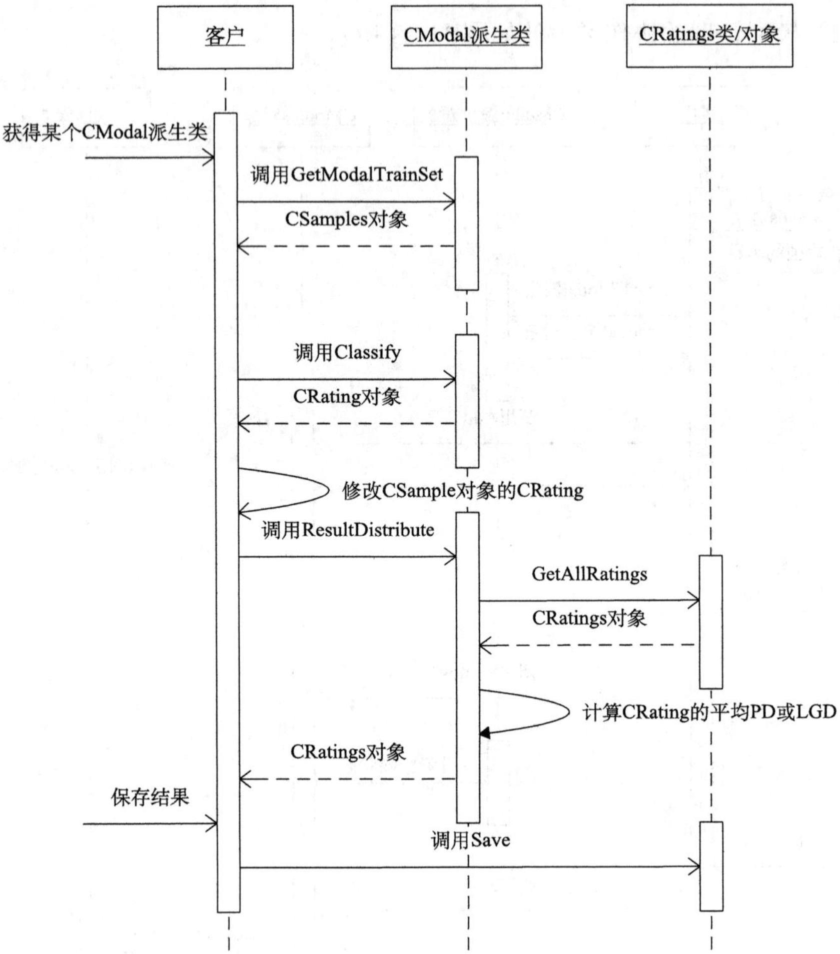

图 11-24　模型结果评价

7. AHP 模型管理

AHP 模型管理的协作类设计如图 11-26 和图 11-27 所示。

8. 熵权模型

由于熵权模型不需要参数配置，只需为其选择训练样本集，因此熵权模型协作类设计如图 11-28 所示。

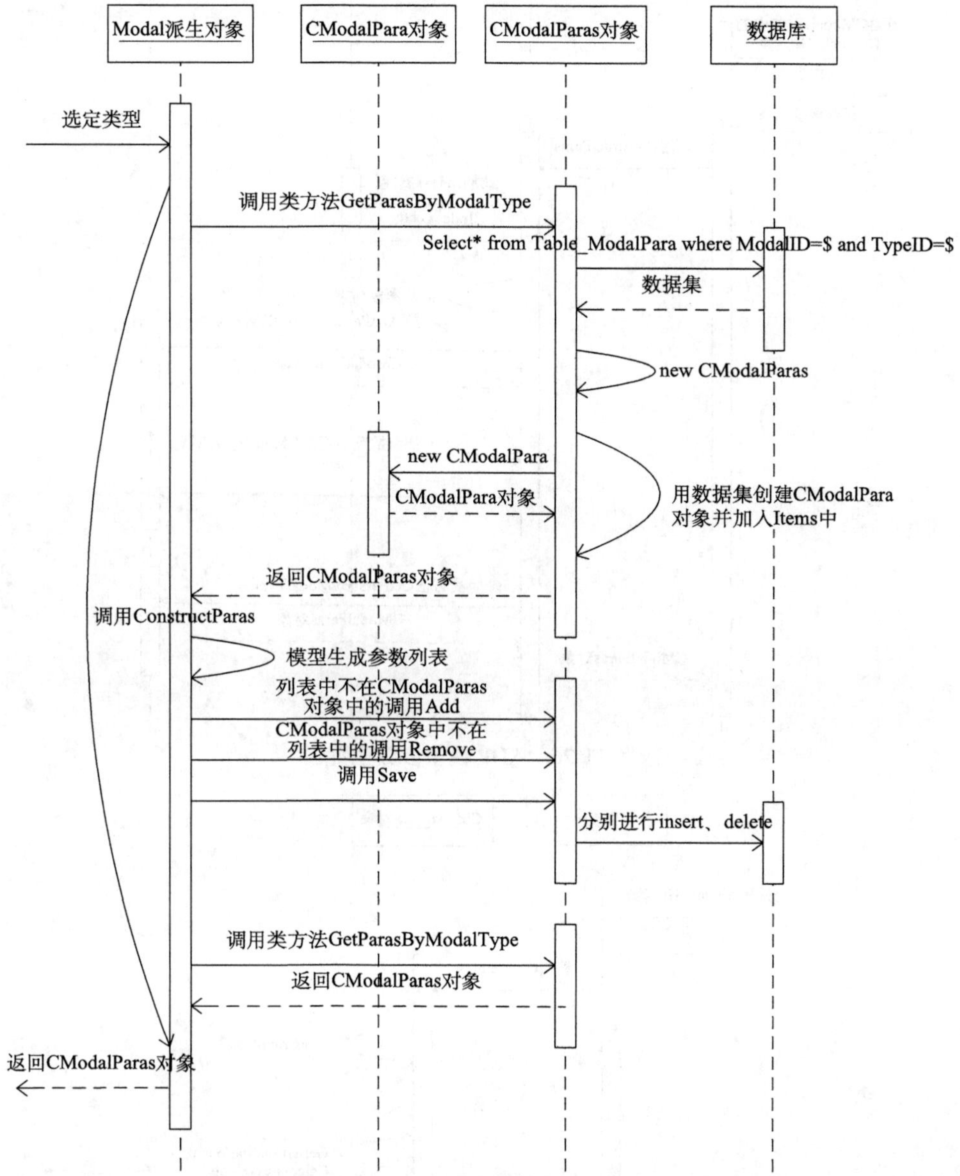

图 11-25　参数检索、管理

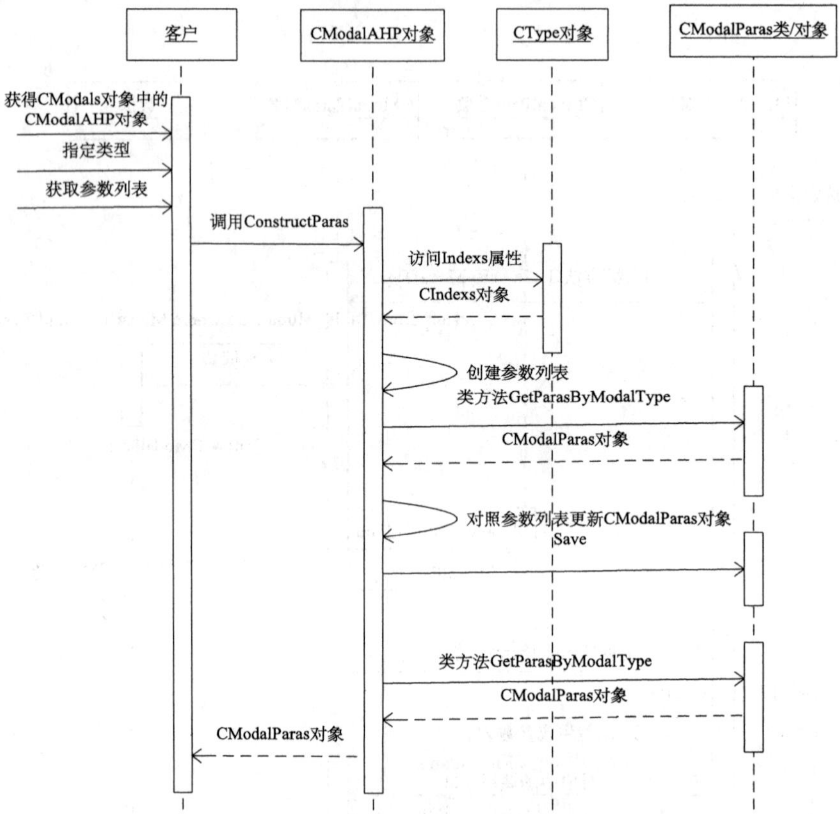

图 11-26　AHP 模型参数配置

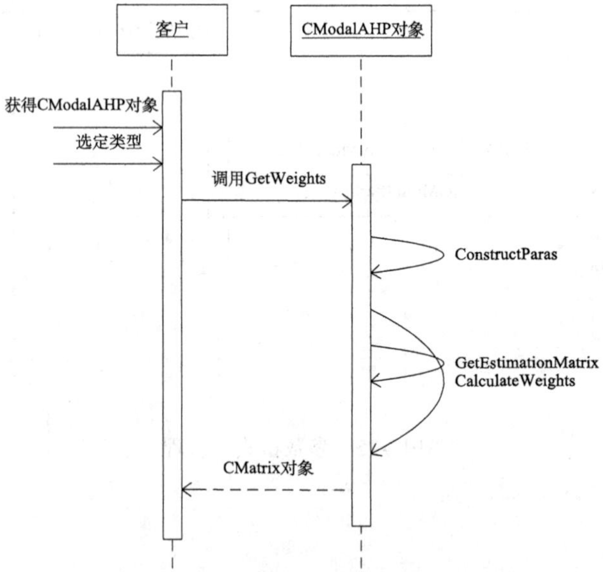

图 11-27　AHP 模型权重计算

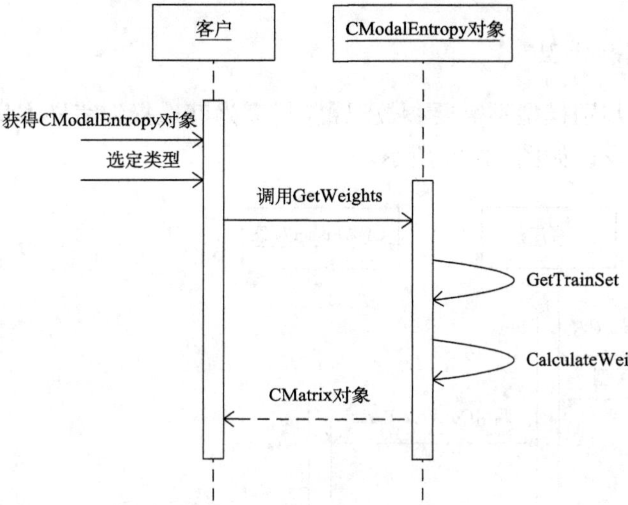

图 11-28　熵权模型权重计算

9. 距离判别模型

由于距离判别模型不需要参数配置，只需为其选择训练样本集，因此距离判别模型协作类设计如图 11-29 所示。

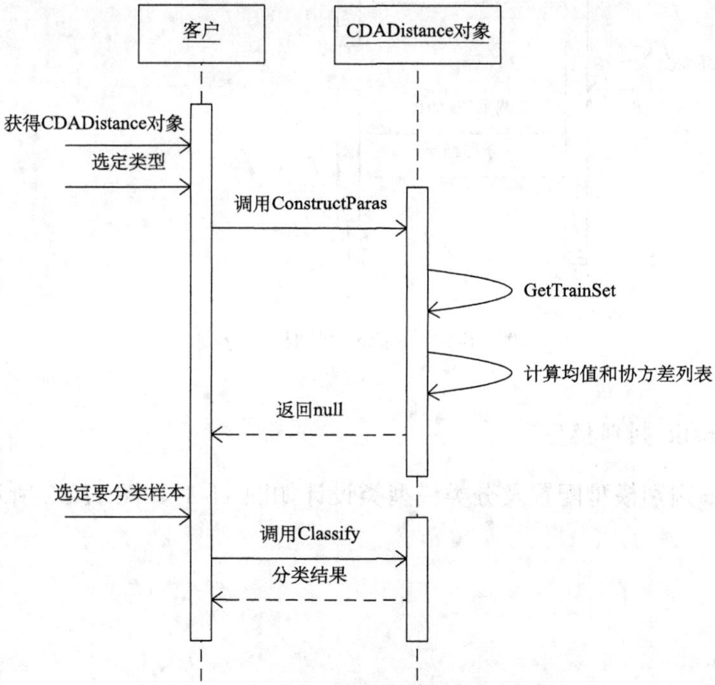

图 11-29　距离判别模型分类

10. Fisher 判别模型

由于 Fisher 判别模型不需要参数配置，只需为其选择训练样本集，因此 Fisher 判别模型协作类设计如图 11-30 所示。

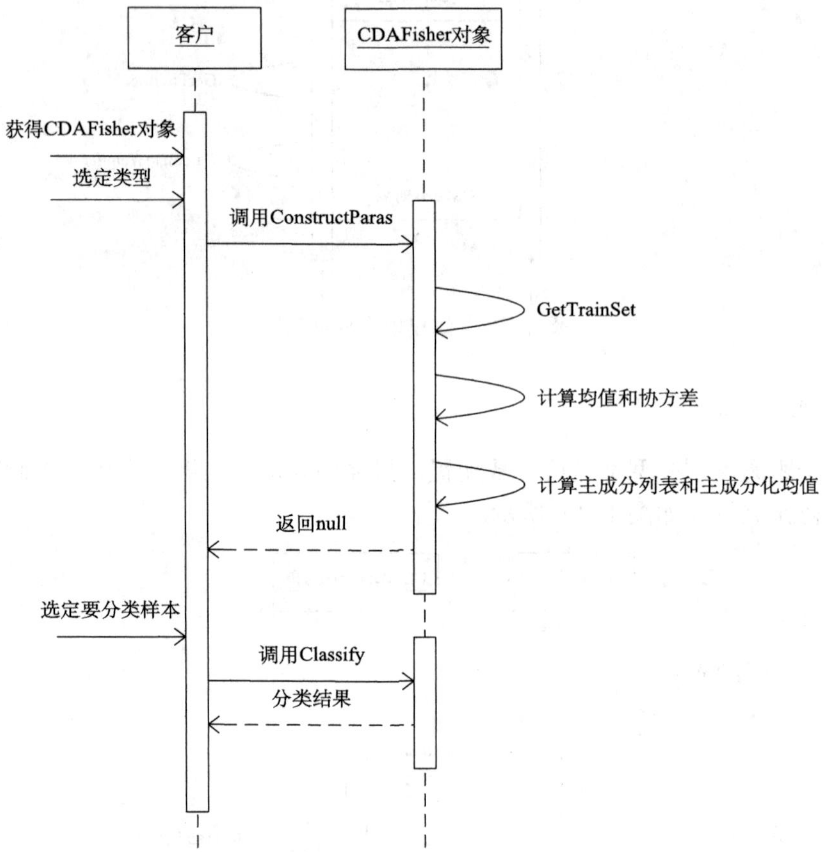

图 11-30　Fisher 判别模型分类

11. Logistic 判别模型

Logistic 判别模型配置及分类模型类设计如图 11-31、图 11-32 所示。

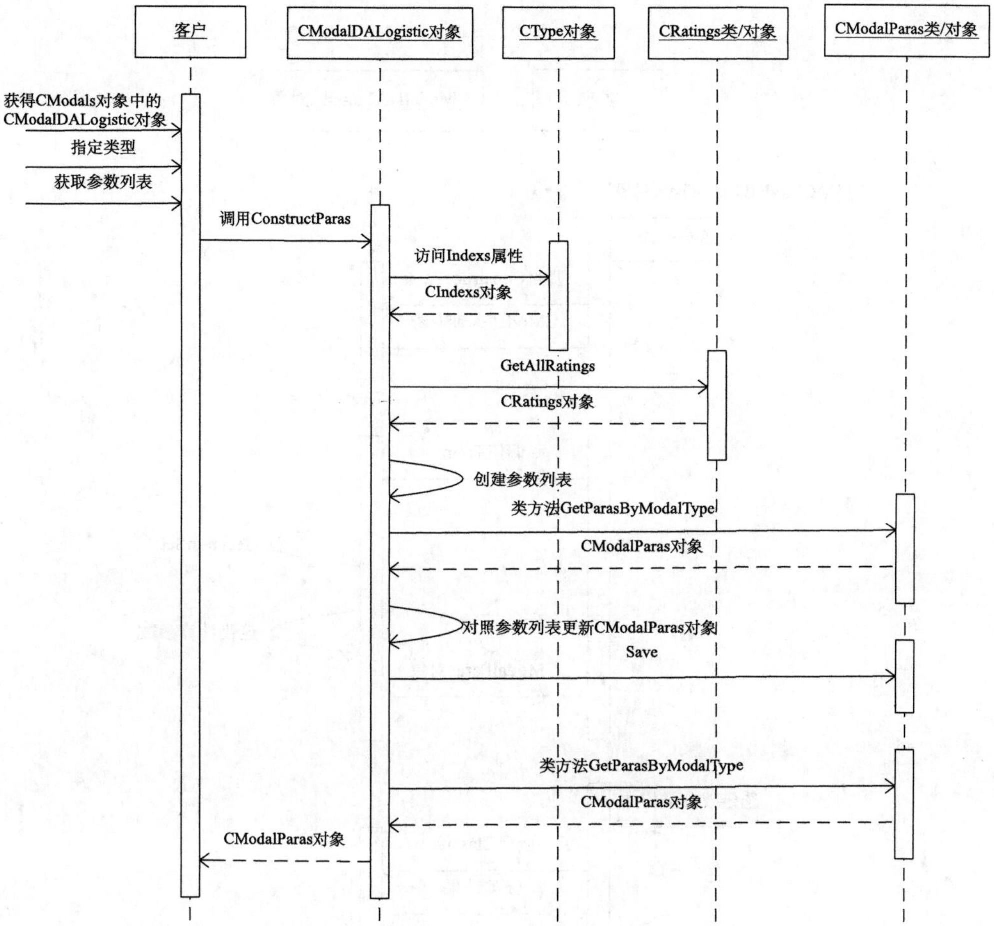

图 11-31　Logistic 判别模型配置

12. BP 神经网络模型

BP 神经网络模型配置及分类模型类设计如图 11-33、图 11-34 所示。

13. 模糊综合评判模型

模糊综合评判模型配置及分类模型类设计如图 11-35、图 11-36 所示。

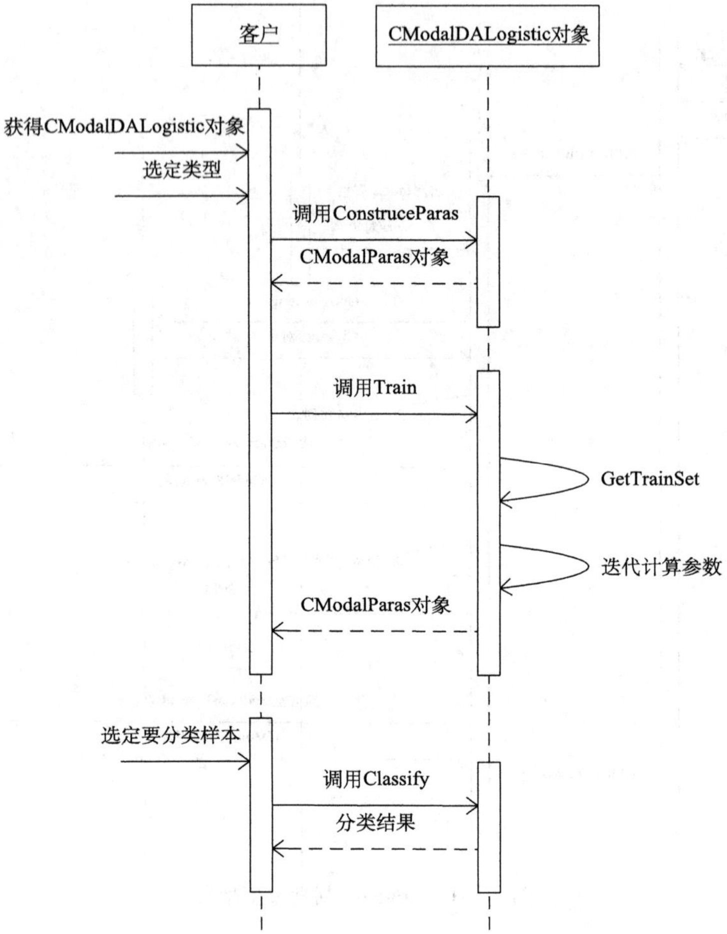

图 11-32　Logistic 判别模型分类

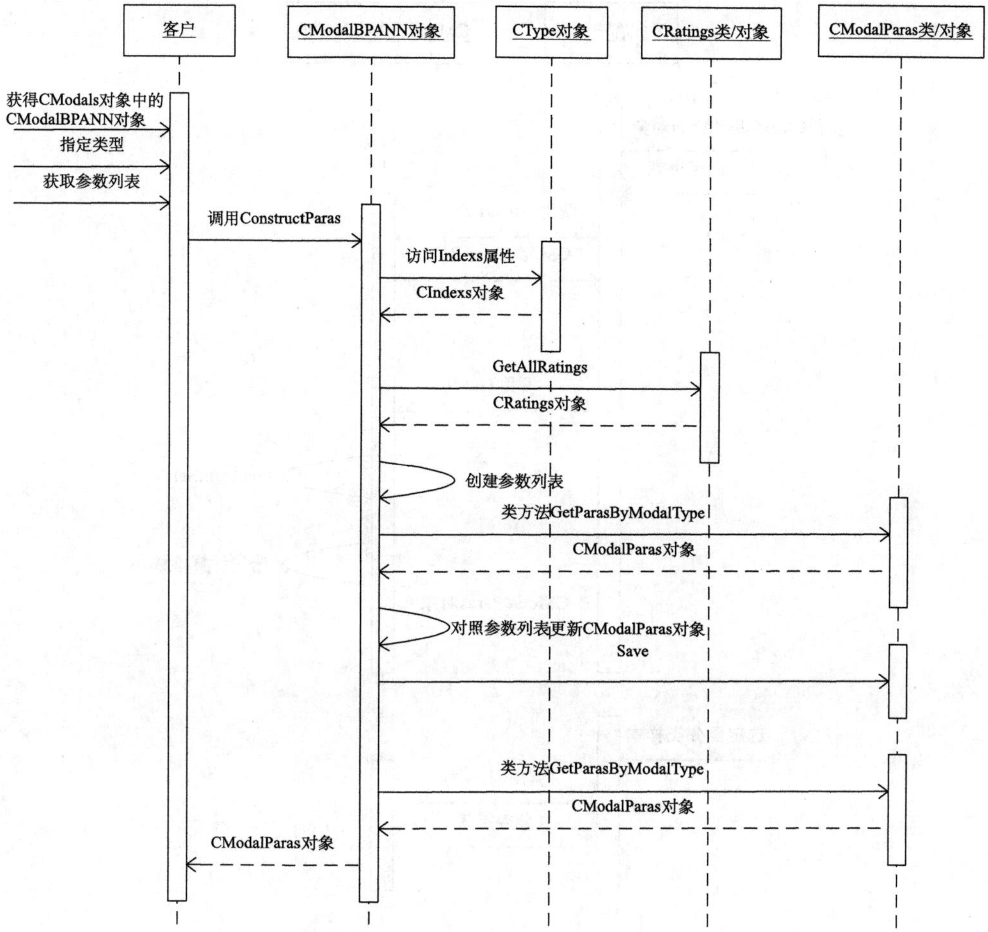

图 11-33　BP 神经网络模型参数配置

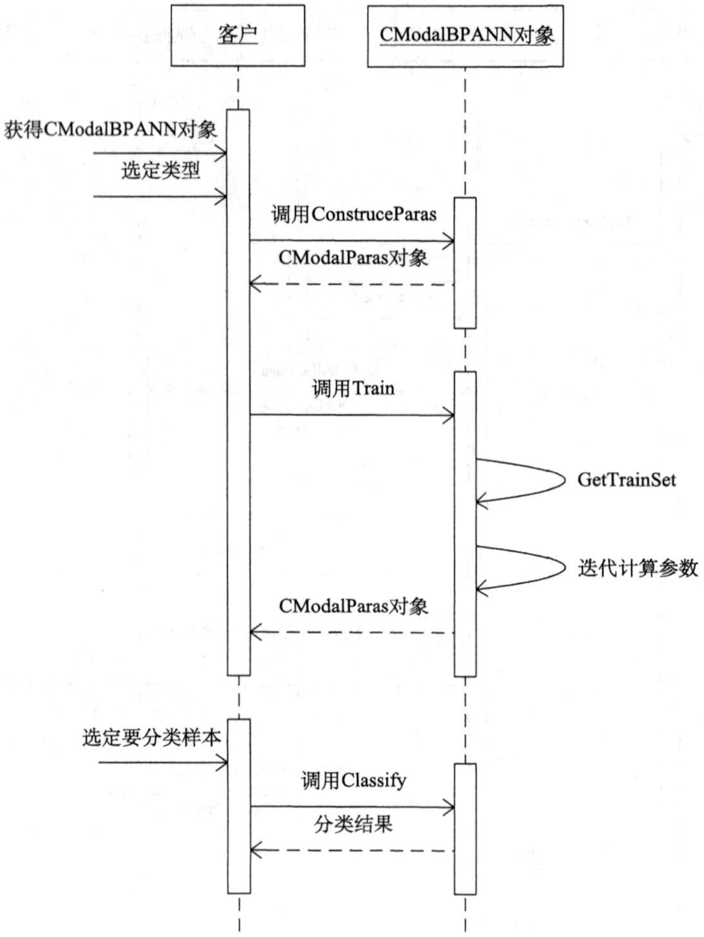

图 11-34 BP 神经网判别模型分类

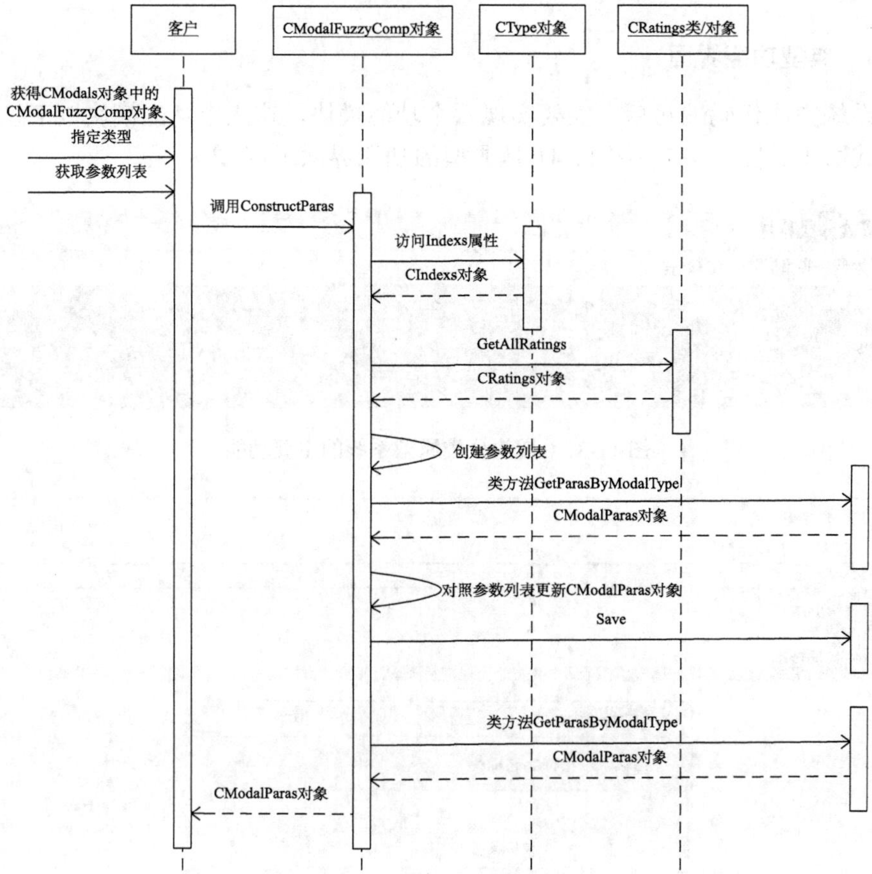

图 11-35　模糊综合评判参数配置

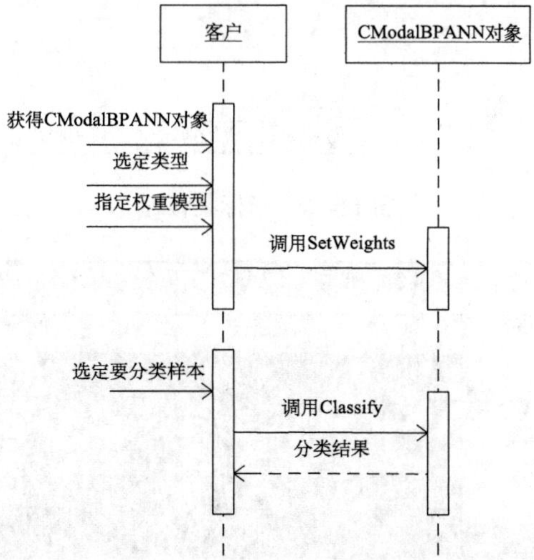

图 11-36　模糊综合评判分类

11.3.4　典型功能界面

系统完成代码编写后，主要实现六个功能模块，这六个功能模块以下拉菜单的方式给出。图 11-37～图 11-41 是典型的功能界面示例。

图 11-37　贷款分类原型系统的主要功能

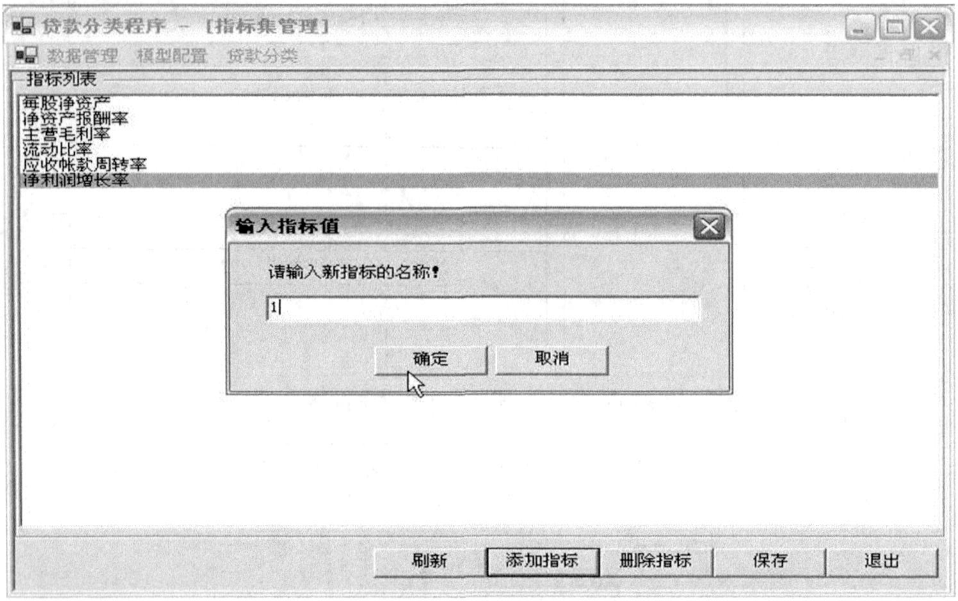

图 11-38　指标集管理

图 11-39　模型配置管理

图 11-40　样本集管理

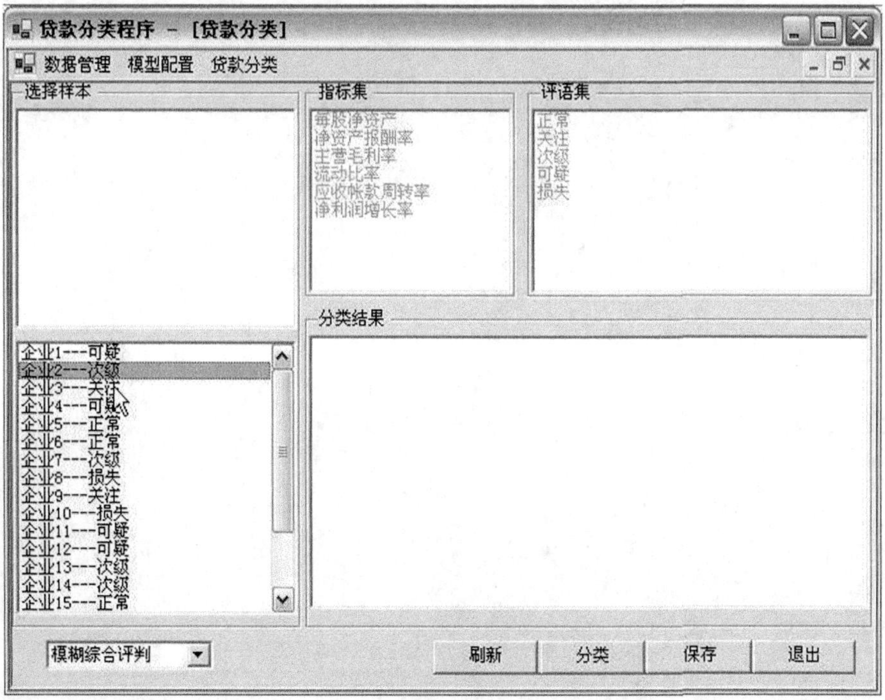

图 11-41　分类结果

11.4　本 章 小 结

本章首先对贷款分类软件进行系统分析，提出了该系统应该具备贷款信息管理、客户信息管理、贷款分类管理以及系统接口管理等功能模块；然后对贷款分类软件的结构、应用架构、运行环境以及数据库等方面进行了系统设计；最后进行了贷款分类软件的对象模型设计并予以系统实现。通过本章的研究，将农信社贷款五级分类系统的核心内容进行了分析、设计和实现，初步建立了农信社贷款五级分类的原型系统。本原型系统中的一些评估模型既可以用于贷款分类，也可以用于信用评价。

参 考 文 献

[1] 杨钧杰. 农村信用社不良贷款风险控制研究[D]. 昆明: 云南大学, 2016.

[2] 王健. 农村信用社信贷风险管理若干问题研究[D]. 南京: 东南大学, 2005.

[3] 王娓娓. 农村信用社贷款五级分类系统研究[D]. 南京: 东南大学, 2006.

[4] 郑杰. 贷款风险分类的管理与应用[M]. 北京: 中国金融出版社, 2002.

[5] 张坚. 从联邦德国商业银行看中国商业银行信贷资产风险管理[J]. 新疆金融, 1995, (10): 51-53.

[6] 党均章. 美国中小商业银行信贷风险管理经验的启示[J]. 开发研究, 2006, (6): 126-128.

[7] 胡晔. 按市场原则构建风险管理机制与管理理念——澳大利亚联邦银行风险管理机制与文化考察及启示[J]. 金融论坛, 2004, 9(4): 22-27.

[8] 周希凡, 段兵. 法国兴业银行的风险管理体系[J]. 农村金融研究, 2006, (5): 28-30.

[9] 张景. 商业银行信贷风险管理的国际经验及启示——以新加坡大华银行为例[J]. 现代金融, 2010, (12): 45-46.

[10] 鲍静海, 吴丽华. 德、法、美、日合作金融组织制度比较及借鉴[J]. 国际金融研究, 2010, (4): 48-53.

[11] 张文锋, 张勇. 商业银行贷款质量分类方法再反思[J]. 上海金融, 2015, (9): 104-108.

[12] 巴曙松. 巴塞尔新资本协议研究[M]. 北京: 中国金融出版社, 2003.

[13] Xia Y, Liu C, Li Y Y, et al. A boosted decision tree approach using Bayesian hyper-parameter optimization for credit scoring[J]. Expert Systems with Applications, 2017, 78: 225-241.

[14] Maldonado S, Bravo C, Lopez J, et al. Integrated framework for profit-based feature selection and SVM classification in credit scoring[J]. Decision Support Systems, 2017, 104: 113-121.

[15] Baesens B, Setiono R, Mues C, et al. Using neural network rule extraction and decision tables for credit-risk evaluation[J]. Management Science, 2003, 49(3): 312-329.

[16] Kammoun A, Triki I. Credit scoring models for a tunisian microfinance institution: comparison between artificial neural network and logistic regression[J]. Review of Economics & Finance, 2016, 6: 61-78.

[17] Hurley M, Adebayo J. Credit scoring in the era of big data[J]. Yale Journal of Law & Technology, 2016, 18: 148-216.

[18] Roman D, Stefano G. Towards a reference architecture for trusted data marketplaces: the credit scoring perspective[C]//2nd International Conference on Open and Big Data (OBD), Vienna, Austria, 2016.

[19] Lanzarini L C, Monte A V, Bariviera A F, et al. Simplifying credit scoring rules using LVQ+PSO[J]. Social Science Electronic Publishing, 2017, 46(1): 8-16.

[20] Ogi K, Toshiro M, Hibiki N. Effect of firm age in credit scoring model for small sized firms[J]. Transactions of the Operations Research Society of Japan, 2016, 59: 134-159.

[21] Óskarsdóttir M, Bravo C, Sarraute C, et al. The value of big data for credit scoring: enhancing financial inclusion using mobile phone data and social network analytics[J]. Applied Soft Computing, 2019, 74: 26-39.

[22] Wang C, Han D, Liu Q, et al. A deep learning approach for credit scoring of peer-to-peer lending using attention mechanism LSTM[J]. Quality Control Transactions, 2019, 7: 2161-2168.

[23] Sohn S Y, Kim D H, Yoon J H. Technology credit scoring model with fuzzy logistic regression[J]. Applied Soft Computing, 2016, 43: 150-158.

[24] Ala'raj M, Abbod M F. A new hybrid ensemble credit scoring model based on classifiers consensus system approach[J]. Expert Systems with Applications, 2016, 64: 36-55.

[25] 姜凤茹. 基于 GA-SVM 的网络借贷个人信用评估模型研究[J]. 控制工程, 2020, 27(6): 1025-1031.

[26] 霍源源, 姚添译, 李江. 基于 Probit 模型的中国制造业企业信贷风险测度研究[J]. 预测, 2019, 38(4): 76-82.

[27] 蒋辉, 马超群, 许旭庆, 等. 仿EM的多变量缺失数据填补算法及其在信用评估中的应用[J]. 中国管理科学, 2019, 27(3): 11-19.

[28] 张润驰, 杜亚斌, 薛立国, 等. 基于多属性子集选择策略的三阶段混合信用评估模型[J]. 管理工程学报, 2019, 33(2): 140-147.

[29] 熊志斌. 基于变量选择思想与元学习的信用评估集成模型研究[J]. 数理统计与管理, 2018, 37(6): 1011-1022.

[30] 赖辉, 黄宇梦, 周宗放. 基于云模型的网络信任及网络交易信用风险评估研究——以 C2C 交易模式为例[J]. 管理评论, 2017, 29(7): 225-234.

[31] 程映山. 商业银行信用风险识别、度量及贷款组合优化[D]. 重庆: 重庆大学, 2004.

[32] 何运强, 方兆本. 债券信用评级与信用风险[J]. 管理科学, 2003, 16(2): 45-50.

[33] 王珂, 孟海丽, 杨全. 模糊 CreditMetrics 模型及其在信用风险评估中的应用[J]. 金融理论与实践, 2016, (2): 59-64.

[34] 谢忠秋. Cov-AHP: 层次分析法的一种改进[J]. 数量经济技术经济研究, 2015, (8): 137-148.

[35] 王伟. 我国 P2P 网络借贷平台风险评价——基于熵权法和 CRITIC 法[J]. 金融理论与实践, 2016, (12): 54-58.

[36] 李博英, 尹海涛. 领导干部自然资源资产离任审计方法研究——基于模糊综合评价理论的分析[J]. 审计与经济研究, 2016, 31(6): 28-34.

[37] 褚天. 农户贷款违约模型及其预测准确度比较——基于 Z 小额信贷机构的实证分析[D]. 南京: 南京农业大学, 2017.

[38] 施锡铨, 邹新月. 典型判别分析在企业信用风险评估中的应用[J]. 财经研究, 2001, 27(10): 53-57.

[39] 徐少锋. FISHER 判别分析在个人信用评估中的应用[J]. 统计与决策, 2006, (2): 133-135.

[40] 周小君. 基于 Bayes 判别模型和 Logistic 回归模型的银行监管评级研究[J]. 金融监管研究,

2012, (8): 71-85.
[41] 李昕, 戴一成. 基于 BP 神经网络的 P2P 网贷借款人信用风险评估研究[J]. 武汉金融, 2018, (2): 33-37.
[42] 于超, 王璐, 吴琼, 等. 基于遗传神经网络的企业信用评级模型研究[J]. 东北师大学报(自然科学版), 2013, 45(3): 62-68.
[43] 覃志. 基于案例推理系统优化的个人信用评分研究[D]. 哈尔滨: 哈尔滨工业大学, 2012.
[44] 姜琳. 美国个人信用评分系统及其对我国的启示[J]. 中国金融, 2006, (7): 66-67.
[45] 司晓平. 我国商业银行信用卡风险管理研究[D]. 济南: 山东大学, 2015.
[46] 赵晶晶. 基于 KMV 模型的我国商业银行信用风险度量的适用性研究[D]. 昆明: 云南财经大学, 2015.
[47] 李惠彬, 陈实, 曹国华. 信用评级中定量指标与定性指标间权重设计的研究[J]. 现代管理科学, 2010, (4): 90-92.
[48] 张建华. 管理信息系统[M]. 2 版. 北京: 中国电力出版社, 2014.